总编委会

顾　问：

张锦秋　　陆元鼎　　王建国　　孟建民　　王贵祥　　陈同滨

编委会主任：

常　青

编委会副主任：

沈元勤

总主编：

陆　琦　　胡永旭

委　员：（按姓氏笔画排序）

王　军	王金平	韦玉姣	冯新刚	朴玉顺	刘奔腾	关瑞明
李群(女)	李群(男)	李东禧	李树宜	杨大禹	吴小平	余翰武
张兴国	张鹏举	陆　峰	范霄鹏	金日学	周立军	郑东军
单晓刚	赵之枫	姚　赯	贾　艳	高宜生	郭　建	唐　旭
唐孝祥	黄　耘	黄文淑	黄凌江	韩　瑛	靳亦冰	雍振华
燕宁娜	戴志坚	魏　秦				

《中国传统聚落保护研究丛书　吉林聚落》

金日学　李春姬　　著

审　稿：张俊峰

序一

一、引子

中国传统文化将一个地方的环境气候和风俗民情的特质和韵味称为"风土"。《国语·周语上》韦昭注："风土，以音律省土风，风气和则土气养也"，即从当地方言的乡音民谣中便可感知一方土地、民风的文化气息，因而"风土"一词与英文的Vernacular近义。"风"指风习、风俗、风气，"土"指水土、土地、地方，所谓一方水土养育一方人，供奉一方神，从这个意义上，"风土"与西方的"场所精神（Genius Loci）"也有一定的关联性。日本近代哲学家和辻哲郎著有《风土》一书，他对"风土"的定义是自然环境气候诸因素加上"景观"，这里的"景观"应指审美角度的自然和人文两个方面，二者相融合的文化景观就是一种典型的传统聚落。

然而，在当今乡村振兴的时代大潮中，传统聚落最常见的关键词是"乡土"而非"风土"，差不多已约定俗成了。"乡土"一词是中国农耕社会中故乡、家乡、老家和乡下的意思，至今中国社会还延续着这个传统的语义。但中文"乡土"与英文Vernacular的语境存在差异，因为西方并不存在以宗法制为基础的传统乡民社会，其乡村也就不会有类似于中国"乡土"的概念内涵。而乡村的发展前景是要走出农耕语境的乡土，留住文化记忆的乡愁，延续场所精神的风土，再造生态文明的田园。再说自近代以来，乡土并不包括城里的传统聚落，比如北京的胡同，西安、成都、苏州的巷子，上海的弄堂等属于"风土"而非"乡土"的范畴。

自1930年朱启钤先生发起成立中国营造学社以来，在梁思成和刘敦桢两位学科巨擘的引领下，我国建筑界对传统民居和乡土建筑的研究持续推进，成就斐然，形成了传统建筑研究的一大专业领域。但如何使这些研究更多地关联和影响城乡建设的进程，对整个建筑类学科都是一个很大的挑战。

二、中国传统聚落的源流与特征

1. "匝居"与城乡同构

中国传统聚落营造的信史可追溯到商周时期的聚落遗址。其中有关"营造"的最早文字记载见于《诗·大雅·灵台》："经始灵台，经之营之"。这里的"经"，是策划、管控的意思；而"营"，原意即"匝居"，是围而建之的意思，例如"营窟""营市（阛、阓）""营垒""营国"等一系列聚落营造范畴的词汇。因此，古代聚落即以"匝居"的方式，形成血缘的乡村聚落，地缘的城邑聚落，以至作为国家统治中心的都邑聚落——都城。这些华夏聚落以宗庙或祠堂为空间秩序的中心，以城垣壕堑为空间领域的边界，虽层级和功用不同，但从深层构成看却大多同构，保持和发展着"匝居"的聚落营造方式，从而部分地诠释了城乡一体的"亚细亚生产方式"学说。因为，一方面，许多乡村聚落拥有城垣、堡楼、街坊、庙宇等要素，俨如一座座城邑，如从汉代的"坞堡"到明清的庄寨、围堡均是如此；另一方面，城邑甚至都邑虽然看上去坚固伟岸，依然不过是政治权力和经济活动高度集中，等级制度极为森严，壕堑防卫更加严密，水平向扩展开来的巨型村寨而已，是乡村聚落的放大升级版。

2. 聚落原型与变换

从"匝居"的外在方式到聚落的内在构成，可以看到中国传统聚落源于商周"井田制"的"井"字形空间概念及其原型意象。所谓"井田制"，即以王室收取贡赋为目的的土地经营制度和划分方式。如周代王室拥公田，公卿以下据私田，遗有周代理想的营国制度，以百亩为夫，九夫为井，九井为国（都邑）。据此制度，田野的纵横阡陌就演变为聚落内经纬交错的街衢，并围合成间、里等空间尺度及单位。后世的里坊、厢坊、街坊，以及后来的胡同、街巷和弄堂等都是这样演变而来的。但这一"井"状网格空间原型的聚落并非处处趋同，而是因地制宜，异彩纷呈，依循了"因天材，就地利，故城郭不必中规矩，道路不必中准绳"（《管子·立政篇》）的变通法则，适应地理环境和地貌条件的差异而产生拓扑变换。这就犹如某种语言，尽管"方言"各异，但"句法"和"语义"相通。或许以这样的解读，方可辨异认同、知恒通变，把握住中国传统聚落的结构本质及其演变方向。

3. 水系与聚落分布

中国传统聚落源于近水的邑居，据《史记·五帝本纪》："禹耕历山……一年而所居成聚，二年成邑，三年成都"。其中，对水畔、雷泽、河滨等的劳作场所描述，均寓意了聚落是伴水而生的文化地景。甲骨文中的"邑"字右边旁加三撇表示傍水，即"邕"字的金文来历，同样表示聚落即环水的邑居。除了统治与防卫上的考虑，古代聚落选址的首要地理条件，是必须依傍满足漕运需要，方便物资供给的水系。因此，自上古以来聚落选址一般都位于大河的二级台地或其支流的一级或二级台地上。在物流以漕运为主的古代，这些水系可以说是聚落生存的命脉，对于都城而言尤甚，如长安、洛阳、汴梁（开封）沿黄河及其支流东西走向一字排开，建康（南京）、江都（扬州）濒临江淮，北京（涿郡）和临安（杭州）则处于南北大运河的两端。实际上历代中心聚落——都城在空间上的移动，均因应了文化地理的条件和漕运线路的兴衰，并与社会动荡、族际战争和人口迁徙相伴随。

4. 乡村风土聚落

在中国古代，与城邑聚落不同的是，乡村聚落社会是按血缘关系和经济共同体为纽带所形成的聚居系统，聚族而居的社会秩序和居住形式仰赖宗法制度维系，特别是自宋代以来，程朱理学倡导"敬宗收族"，形成了以祠堂、族田和族谱为核心的宗族组织及其聚居制度，宗法的社会结构更加趋于自组织化。但由于特定地域下的自然环境（如气候、地貌、水土、材料等）和人文环境（如宗法、宗教、数术、仪式等）的差异，聚落中的宗法秩序和空间布局亦有着同中有异的呈现方式，营造活动很少有统一法式的约束，较之城邑营造更加因地制宜，灵活多变，因而在与自然地景融为一体的有机生长中，保留了纯朴的古风和浓郁的地方性，可以说是千姿百态，谱系纷呈，表现了与西方的"场所精神"相类似的地方特质。以下按地理纬度和等降水量线，将中国各地域的聚落建筑分为四个区段。

1）农耕—游牧混合地区，即400毫米等降水量线以北半干旱北方地区的聚落建筑。如昆仑山南北侧和蒙古草原上游牧民族的帐幕、蒙古包；塔里木盆地周缘突厥语族—东伊朗民族的木构平顶阿以旺住宅；青藏高原上的藏式碉房，甘青地区各族建筑元素相混合的"庄窠"式缓坡顶两合院与三合院，以及青藏高原东部边缘的羌式碉房及合院等。

2）西北、华北和东北地区，即400毫米等降水量线以南至800毫米等降水量线以北之间半湿润北方地区的聚落建筑。如豫、晋、陕、甘各式窑洞，木构坡顶及包砖土坯（胡墼）墙房屋组成的晋系狭长四合院；东北、京、冀、鲁、豫木构坡顶、平顶、囤顶建筑构成的宽敞四合院等。

3）西南、江淮、江南地区，即800毫米等降水量线以南湿润地区的聚落建筑，如川、黔、桂、滇地区，以穿斗体系、干阑—吊脚为显著特征的楼居及合院，藏缅语族各民族的"土掌房""一颗印"（"窨子屋"）"三坊一照壁"等合院；湘、赣、闽北地区"四水归堂"的天井合院或"土库"建筑；江淮地区介于南北方之间的合院和圩堡；徽州地区以堂楼为中心，高耸的马头墙、墙厦、精工木雕、楼面地砖为特色的天井合院；江浙地区穿斗—抬梁混合式的多进厅堂和宅园等。

4）华南地区，即大部处于1600毫米等降水量线范围的高湿多雨地区聚落建筑，如闽南、粤北地区客家、潮汕（闽系）聚落以夯土墙和木屋架构成的大厝、土楼、土堡、围龙屋；粤南广府地区大屋、天井、冷巷构成的合院群等。

总体而言，延续至今的乡村传统聚落基本上都是明清以来的遗存，说明经过两晋南北朝开始的由北而南为主流的历次民族、民系大迁徙，明清时期各地乡村建筑相对稳定的地域分布格局已基本形成，可以从民间流传的营造匠书和聚落族谱中得到印证。如元明之际的《鲁般营造正式》、明万历年间的《鲁班经匠家镜》和清末民初的《营造法原》等，对江南地方的民间建筑影响尤其广泛。

至于少数民族地区的乡村传统聚落，因源于不同的文化传统，其构成及相互关系比较复杂，与汉民族聚落也存在交融现象。比如，明清两代逐渐推进"改土归流"，在南方的少数民族地区以"流官"管理制取代"土司"世袭制，推进了汉族与少数民族的异质文化交融，但后者的"熟化"（或"汉化"）程度，大大超过了前者的"夷化"。

自1930年中国营造学社成立以来，在梁思成和刘敦桢两位学科巨擘的引领下，建筑史界对乡土民居的研究成就斐然，形成了传统建筑研究的分支领域。跨世纪以来，建筑史界对传统民居的人文地理背景和建筑形态分布区系已有一些学术探讨，并有过以传统建筑结构类型为主线的地域区划专题研究。但是这些研究成果怎样对城乡改造中的遗产保护难题产生积极影响，还有待实践中的借鉴和运用。

三、城乡改造与传统聚落

1. 消亡中的乡愁载体

自19世纪末以来，直到改革开放之前，传统中国逐渐从农耕文明走向了工业文明，演变进程是相对缓慢曲折的。尽管传统聚落的宗法社会结构已经崩解，但血缘和宗族关系依然得以延续，聚落的空间结构和传统风貌依然大致如故。随着近30年来城镇化和城乡改造浪潮的冲击，传统聚落的文化特征已发生巨变，大部分古城只保留着少量的历史文化街区。作为乡村传统聚落的大多数村镇，经过撤并集聚或自发式改造，使原有的自然和社会生态系统瓦解或巨变，残留下来比较完整，较多保留着原生态风貌的多在边远山区，占比很大的部分已破败不堪，或被低质化改造，总体上正以极快的速度趋于消亡。

据中外学者的研究，民国时期的城镇化水平不过10%左右，中华人民共和国成立直到改革开放前也只达到17%左右。20世纪70年代末改革开放以来，城镇化开始飞速地发展，城镇化率2018年已达59.58%，其中城镇户籍人口42.35%（包括拥有宅基地的部分镇人口和城中村人口），与欧美约75%~85%及日本93%的城镇化率相比仍差距明显。截至2016年，我国乡村自然村仍有244.9万个，基层自治管理单位"村民委员会"52.6万个，乡村户籍人口7.63亿，常住人口5.6亿，在本地和外地谋生的农民工约2.88亿。2017年全国城乡人均收入倍差2.72，一些贫困的山区和边远地区农村人均收入与全国城乡平均收入倍差则远高于这个数字，这些地方的衰败或空村化现象更加严重（数据来源自2017年、2018年国家统计局公布的数据）。

虽然这种文明进程在任何一个走向现代化的农耕社会迟早都会发生，但是中国作为人类文明诸形态中唯一保持了连续性进化的国家，文化传统的基因和源头即存在于城乡传统聚落之中。这一"乡愁"载体的消亡，不但会使国家和地方失去身份认同的文化根基，而且会使城乡一体化发展的战略目标发生偏差。

2. 风土建成遗产

在中国传统聚落的话语体系中，"民居"是对功能类型而言，"乡土"是对乡村聚落而言，而"风土"是对城乡聚落及其文化地理背景而言，三者均属同一范畴。因此，乡村聚落也是最具文化载体性的风土聚落，呈现了各个地域环境、气候和民族、民系背景下异彩纷呈的风土特质。西方的风土建筑研究可以追溯到法国18世纪新古典主义理论家德·昆西（Quatremère de Quincy），他最早指出了建筑语言的风土（Vernacular）和习语（Idiom）属性。到了当代，英国建筑理论家兼乡村爵士乐作曲家鲍尔·奥利弗（Paul Oliver，1927—），集风土建筑研究大成，在1997年出版了覆盖全球的《世界风土建筑百科全书》（*Encyclopedia of Vernacular Architecture of the World*），他认为研究风土建筑不只是为了记录过往，对未来的文化和经济可持续发展也是不可或缺的。随后R. 布伦斯基尔（Brunskill R. W.）在2000年出版《风土建筑：一部图解的历史》一书，把20世纪以前定义为"风土建筑时代"，以大量的插图详解了数百年来英国风土建筑在农耕时期和工业化早期的形态特征。

"建成遗产"是经由营造活动所形成的建筑、聚落、景观等文化遗产本体的总称。1999年，国际古迹遗址理事会（ICOMOS）在《风土建成遗产宪章》（*Charter on the Built Vernacular Heritage*）中，首次提出了"风土建成遗产"的概念，即特定风俗和土地上所建造的文化遗产，其保护价值今已成为全球共识。首先，"聚落建筑"作为风土建成遗产的第一保护对象，是城乡历史环境的栖居场所，也是民族民系身份认同和乡愁记忆的空间载体，携带着可识别的中国传统文化基因。其次，"营造技艺"蕴含乡遗的工巧智慧精华，是对其进行保护、传承和再生的意匠源泉，而只有将传统聚落的营造技艺真正传承下去，保护才是可持续的，才能使聚落遗产长存下去。再次，"文化地景"（或文化景观Cultural Landscape）呈现聚落的环境因应特征，是人工与天工相交融的在地景观。韩国建筑师承孝相，为了表达地景建筑创意，生造了"Landscript"（地文）一词，本意是强调人的活动在土地上留下的印记，就如大地书写一般。显然，"地文"需要保护和续写，即像日本的"合掌造"民居、中国的西递—宏村那样，严格保护好聚落遗产标本，激活历史环境的"场所精神"（Spirit of Place），在新建筑中创造性地转化风土建成遗产的原型意象。

3. 国家级聚落遗产

根据住房和城乡建设部和国家文物局颁布的最新保护名录，中国传统聚落列入国家保护名录的有三大类，均可看作风土建成遗产。其一为100多处"国家重点文物保护单位"身份的传统聚落；其二为国家历史文化名城、名镇、名村，包括135座"名城"、312个"名镇"和487个"名村"；其三为6819个部分由国家财政资助保护的"传统村落"。此外，皖南古村落西递—宏村、福建土楼、开平碉楼与村落，以及红河哈尼梯田文化景观等4项乡村传统聚落及景观被收入世界文化遗产名录。

这其中的传统村落数量最为庞大，部分还同时具有国家级历史文化名村及重点文物保护单位的身份。其分布特点为：南方约占全国总量的78%，大大多于北方；山区多于平原、盆地，如晋、湘、滇、黔、闽的山区占比超过全国总量的二分之一；方言区多于官话区，如晋系方言区约占北方各官话区总和的40%左右；工业化、城镇化起步较晚的地区多于起步较早的地区，如西北地区多于东北地区；城乡人均收入倍差相对较高的地区多于发展水平相近的较低地区，如贵州、云南处于全国传统村落数量排名前列。

上述的三大类传统聚落遗产保护系列中的前两类，有着相应的国家保护法规及实施细则，生存问题相对无虞。而第三类——传统村落量大面广，没有直接的相应保护法规作保障，其生存问题看似有国家财政资助，实际状况则堪忧。

四、传统聚落的保护与活化

1. 模式与问题

对风土建成遗产的专项保护，比较典型的首推北欧斯堪的纳维亚半岛的挪威和瑞典，这里在第二次世界大战前最早以民俗博物馆的方式，保护和展示当地的风土建筑，这种方式随后风靡欧洲大陆和英国。1952年英国"古迹委员会"将18世纪以前的风土建筑均纳入了保护名录，特别值得注意的是，英国将乡村划为120个自然区和181个特色景观区，这是可以借鉴的乡村文化地景谱系保护策略。日本于20世纪70年代兴起的"造村运动"，是通过农业升级改造、乡村特色塑造和技术培训投入，提振乡村经济社会活力和磁力，最终使乡村聚落得到活化和再生。聚落遗产保护和传承是其中的一个部分，如长野县的妻笼宿和岐阜县的马笼宿，其风土建成遗产在存真、修缮、翻建、活化等方面皆有坚定的价值坚守和丰富的保护经验，可供中国乡村风土建成遗产保护和再生实践学习借鉴。

我国城乡风土建成遗产保护与活化前后已历20载左右，经验和教训并存，其中数量占大多数的乡村聚落遗产保护与活化主要有三种模式。第一种为国家文博体系和大型国企主导的乡村博物馆模式，如山西的丁村、陕西的党家村、湖南的张谷英村、福建的田螺坑土楼群及玉井坊郑氏大厝等，经费、法规、导则等条件较为完善，部分村民通过村委会组织参与经营活动受益。第二种为社会企业主导的风土观光综合体模式，乡村聚落遗产由企业与当地政府、村自治体——合作社以契约形式合作及分成，如安徽黟县宏村、浙江松阳县村落、山西沁水县湘峪村、福建连江县杜棠古村三落厝等。第三种为村自治体主导风土生态体验区模式，以由村自治体所属企业及乡村活化能人掌控风土观光资源，进行乡村聚落开发，村民参与其中的相对较多，受益也相对大一些，如安徽黟县西递村、山西平遥县横坡村、陕西礼泉县袁家村、山西晋城市皇城村、福建屏南县北村等。

不可忽视的是，乡村聚落遗产在保护和活化中存在一些带有普遍性的问题和挑战：一是大多没有以乡村经济、社会的改造升级为根本前提，而是过多地依赖于旅游资源的消耗；二是管理政出多门，既条块分割，又一事多管，造成一些村落一村多名，准入标准和处置方式交错低效；三是原住民生活资料——集体土地、宅基地和房屋处于不确定的流转状态，所有权和使用权分离，但土地与房屋租金普遍低廉，收益分配不成比例，原住民的公平共享诉求难以兑现，存在着大量的权益矛盾和法律纠纷，潜在的社会风险已然存在；四是维修和民宿化改造等多为村民自发行为，存在严重的安全隐患，如结构安全意识薄弱，涉及公众安全的强制性技术规范和安全施工监管缺位，消防间距、人身防护不合规范的状况随处可见，声、光、热等室内环境控制指标大都达不到基本使用要求；五是宅基地内滥建低质楼监管缺失，低质翻建率常在一半以上，严重的达70%~80%，使村落风貌严重失控，而招揽观光的利益驱动导致拆真造假现象也随处可见；六是薪火相传趋于中断，大部分营造技艺面临失传，由于种种原因，"非物质文化遗产传承人"名誉并未起到明显的弥补作用，传统意匠及技艺存续与再生尚待突破，新旧修复材料融合手段薄弱等问题普遍存在；七是同质化严重，社会资金普遍投入乡村聚落保护与再生项目的可能性有限，而传统村落依赖国家财政扶持也是很有限的，且不可持续。

2. 标本保存谱系化

当下我国城乡风土建成遗产的保护与活化，首先并不是个建筑学问题，而是涉及保护什么，如何保护，怎样活化的实质性问题，与经济、社会的可持续发展背景息息相关。从物种标本保存的战略眼光看，传统聚落保护与活化的前提是对聚落遗产标本的保存和研究。

少量被定格在某个历史时期或文化样态下的聚落遗产，比如平遥、丽江古城以及各地名镇、名村一类进入各种遗产名录，是受到严格保护的风土建成遗产标本。但这些遗产标本只是聚落遗产中极小的一部分，我们认为，实际上需将我国城乡风土建成遗产按民族、民系的语族区或方言区进行全覆盖，成体系地作分类分级梳理，为后世存续完整的风土建成遗产谱系标本，兹事体大，关及国家和地方历史身份和文化传承的根基。因此，应依风土建成遗产谱系统一甄别、筛选和认定聚落遗产，再以地景修复、聚落修补和技艺传承为基础，将之纳入再生过程。当务之急，是应对其谱系构成缘由与分布有比较系统的认知。

由于语言作为文化纽带的重要性仅次于血缘，而风土在语言学上的含义，即连接一个地方聚居群体的交流媒介"语缘"，既可代表不同的文化身份，也可作为判断各文化身份间亲疏关系的参照。因此，从文化地理学和人类学的角度，可尝试以民系方言和语族—语支为参照，对各地风土建筑做出以"语缘"为纽带的谱系分类区划。总体上看，历史上语族相近，说明有相关的文化渊源；语族的方言或语支相通，说明血缘和地缘存在关联性。传统的汉语族—方言和少数民族的语族—语支是在漫长的历史变迁中，由于地理阻隔及民族、民系迁徙所形成的。虽然建筑谱系和语言谱系是否完全对应确是个问题，但设若不同族群在语言上可以交流，则其聚落及建筑一般也会存在交互关系。

参照语言人类学家的语缘区划，汉藏语系的汉语族民族民系聚落及建筑谱系主要可分为：其一，东北、华北、西北、江淮和西南等五大官话区建筑谱系；其二，华北的晋语方言区建筑谱系；其三，江南的吴语、徽语、赣语和湘语四大方言区建筑谱系；其四，华南的闽语、粤语和客家语三大方言区建筑谱系。少数民族语族区聚落及建筑谱系主要可分为：其一，西南地区汉藏语系藏缅语族17个民族的建筑谱系，壮侗语族9个民族和苗瑶语族3个民族的建筑谱系；其二，北方地区阿尔泰语系突厥语族7个民族，蒙古语族6个民族和通古斯语族5个民族的建筑谱系等。此外，还有少量西北地区印欧语系斯拉夫语族和伊朗语族的民族的建筑谱系，以及华南地区南亚语系和南岛语系民族的建筑谱系。以这样的谱系认知方式，对风土建成遗产谱系遗产的标本系列进行谱系化的保护，是有重要意义的一种尝试。

突厥语族区建筑		其他区建筑	蒙古语族区建筑		其他区建筑	通古斯语族区建筑		其他区建筑
定居区	游牧区		定居区	游牧区		定居区	渔猎区	
北方官话区西部建筑			晋语方言区建筑			北方官话区东部建筑		
河西		关中	北部	中部	东南部	京畿	胶辽	东北
西南官话区建筑				北方官话区中部建筑		江淮官话区建筑		
滇	黔	川	鄂	豫	鲁	淮		扬
藏缅语族区建筑				湘语方言区建筑	赣语方言区建筑	徽语方言区建筑		吴语方言区建筑
藏区	羌区	彝区	其他	湘西｜湘中｜湘东	豫章｜临川｜庐陵	歙县｜婺源｜建德		苏州｜东阳｜台州
壮侗语族区建筑			客家方言区建筑			闽语方言区建筑		
壮区	侗区	其他	西部	中部	东部	闽中		闽东
苗瑶语族区建筑			粤语方言区建筑			闽语方言区建筑（闽南）		
其他区建筑			桂南	粤西	广府	潮汕	南海	台湾

我国民族民系风土建成遗产谱系分布示意图

3. 大量性传统聚落的出路

除了经典传统聚落风土建成遗产谱系的标本保存，大量性的传统聚落，特别是乡村聚落，总体上面临着景象劣化、原有建筑被大量低质改建、乡村经济和民生有待振兴的境况。因此，需要将聚落有机更新和文化地景再造，作为未来发展的主要方向。实际上，对大量性传统聚落的可持续发展而言，实践中应考虑保存有标本价值的聚落典型建筑，延承风土营造谱系所曾依存的地貌特征、空间格局和尺度肌理，再造出隐含着基质原型、适应生活变迁的新风土聚落及文化地景。

此外，传统聚落遗产管理系统和遗产归口的合理化，遗产运作的信托化，遗产基金、社会"领养"

和活化途径的模式化，营造技艺传承的制度化，以及保护技术的系列化等，都应作为传统聚落保护与再生的改进方面加以关注和实施。

五、关于丛书编纂

这部丛书是第一部关于中国传统聚落特征与保护的大型研究集锦，内容覆盖了各省市自治区传统聚落的历史溯源、地域特征与现存状态、保护与活化的方法与途径，以及未来走向的展望等。丛书中的"传统聚落"聚焦于狭义的"村"和"镇"，并可选择性地涉及"城"，即"县"或"市"的老城区，如北京的胡同和上海的弄堂。书中内容兼顾理论观点和叙述方式的历史性、逻辑性和独特性，引述材料要求真实可靠，体例同中有异，充分表达地域特征，并将之纳入史地维度和经济、社会发展的叙事语境。保护与活化内容要求选取兼顾普适性和典型性的工程实践案例，对乡村振兴中的建成遗产存续和再生问题进行全方位的讨论。由于本丛书仍是以行政区划单位作为各分册的研究范畴，难免存在少量跨省市区之间的互涵和重复内容，但作为一部大型丛书，总体上还是完整统一的，其中不少篇章都可圈可点，对乡村振兴和传统聚落的未来探索有多方面的参考价值。

（本文主要内容及参考文献见《建筑学报》2019年12期）

中国科学院院士、同济大学教授
己亥夏至于上海寓所

序二

聚落，是人类聚居和生活的场所，《汉书·沟洫志》曰："或久无害，稍筑室宅，遂成聚落"。聚落这一概念最早出现时是为了描述区别于都邑的居民点，现在已泛指人类生活地域中的村落和城镇。聚落是在各个地域内发生的社会活动、社会关系和特定的生活方式，并且是由共同的人群所组成相对独立的生活空间和领域。传统聚落主要是指具有一定历史性的城乡聚落，拥有物质形态和非物质形态的文化遗产，是先人运用自己的智慧，依据自然、气候、地理、习俗等环境因素建立的适宜的居住空间，同时具有较高的历史、文化、科学、艺术、社会、经济价值，能够反映一定历史时空的社会物质文化与精神文化的重要载体。

传统聚落是人们与自然协调过程中不断地尝试和调整所形成的，是在一定的时空条件下的总结。传统聚落是一定地域空间范围内的人文现象，它既是一种空间系统，也是一种复杂的经济、文化现象和社会发展过程。其起源、形成、发展均在特定地理环境和社会经济背景中，通过人类活动与自然相互作用下的结果，是对自然地理条件、社会治理结构、文化机制作用等多方面的缓慢调整适应，既是人类不断地适应、改造自然环境的实践积淀和智慧结晶，也是特定地域环境人地关系的空间反映。正如本套丛书之一《云南聚落》编写作者杨大禹教授所说："几乎所有的传统聚落，作为联系自然环境和人文环境的中介，从它们的地理分布、外部整体形态、内部空间结构，到聚落与周围自然环境、山水地形的紧密关系，都体现出因地制宜、和谐有机的共同规律。"这些共识是协调当地的地理条件、社会风俗与生活方式等积累而成的。在以聚居为主的生活模式下，都会充分考虑到聚落的环境特点，尽量找到资源配置最为合理、微气候最为和谐的场所。聚落形态与民居建筑形式的存在，与人们应对自然环境的生理、心理需求有着千丝万缕的联系。所以，传统聚落都能反映出在一定的地域空间环境、一定的民族和一定的历史时期所承载的建筑文化底蕴。

传统聚落作为中华文明的一种载体，凝聚着具有地域性、民族性与艺术性的布局特色和建筑风采，以及文化习俗下构成的聚落分布、空间格局、生产模式、景观形态等风情各异、千姿百态的元素。传统聚落是先人们长期适应自然，与自然和谐相处的历史见证，凝聚着中国悠久的农耕文明，展示着人们自古至今的生存智慧，可以说，传统聚落承载着中华文化精华和中华民族精神。所以，保护传统聚落就是维系中国传统文化的延续，就是在保护中华文明的根。

对于聚落空间的研究，既要把控聚落自身各种要素以及各要素之间的相互关系，也要关注聚落内部空间与聚落外部空间之间的关系,从而进一步了解单个聚落与同一个地域内其他聚落之间的关系,以便获得对聚落空间完整概念的把握。通过对传统聚落特色的系统研究,包括将传统聚落的不同历史发展阶段,各种历史文化要素和不同形态载体归纳合一,作为相互交融、贯通的体系来研究,从理论层面上梳理传统聚落各种有关形成、发展、演化的普遍规律和地区特征,挖掘其精神文化及生命智慧,发现其内在的文化价值,尊重其自身的运营机制,肯定其在现代聚落发展中的积极作用,以丰富我们对于人类聚居的认识。

  长期以来,我们的先人经过不断的实践,运用了他们的丰富智慧,无论在聚落总体布局或在民居建筑技术、艺术方面都取得了很高的成就,积累了丰富的经验。传统聚落生存智慧拥有中国优秀传统文化的内核,是体现传统建筑智慧最具特色的代表。如何重新再认识传统聚落所具有的地域性、民族性与文化多样性特征,进一步发掘潜藏其中的营建技艺、理论精华和创造智慧,寻求传统聚落的持续发展相应的理论支撑,是我们当前重要的课题。当然,蕴含着中华文化基因的传统聚落更是当代建筑文化特色形成的基础,值得我们去进行研究、总结、学习和借鉴。

  "中国传统聚落保护研究丛书"各卷作者综合运用文献研究法、调查研究法、比较研究法、定性分析法等科学研究方法,建构传统聚落研究的基本思路。采用文献分析、田野调查、理论研究与实证分析结合、系统化分析等方法,通过对学术文献、地方志、文书族谱等史料资料进行梳理筛选,对现有传统聚落进行建筑测绘、口述访谈,在吸取前人研究成果的基础上,归纳总结我国传统聚落发展特点及其背后蕴含的丰富文化和物质内涵,从整体上考虑多元文化影响下的传统聚落特征。丛书作者在编写过程中,借鉴历史学、社会学、建筑学、城乡规划学、文化地理学、景观生态学等跨学科交叉的思路,采用融合融贯的研究模式,既对传统聚落的基本共性特点归纳总结,也对受各区域条件影响的传统聚落比较分析,从整体上来把握研究对象。

  在新时代的聚落发展和建设中,对传统聚落的保护与研究就显得尤为重要。传统聚落所呈现出来的优秀空间格局与营造技艺,不仅能给聚落的保护更新提供更为合理的方法途径,同时也能为新时代的聚落建设提供更多的方式方法及可能性。探究历史文化基因的内在联系,研究传统聚落的起源、演变、特点和价值,为传统聚落的传承提出依据,以便于更好地加以保护与利用。与此同时，在弘扬与传承优秀传统文化的基础上，探寻传统聚落发展模式及其保护的策略与原则，对保护与更新提出更为具体的要求与措施，构建整体保护的格局理念，以及与其相适应的、分级分类的传统聚落保护体系，更好地把握传统聚落在当代的发展道路与方向。

"中国传统聚落保护研究丛书"的编写希望以准确翔实的史料、精确细腻的测绘、真实生动的图片来全面展示中国传统聚落悠久的历史、灿烂的文化、淳朴的民风。由于各地区的状况不同和民族差异，以及研究基础也会参差不齐，故在编写中并未要求体例、风格完全一致，而以突出各地区传统聚落自身特色，满足各地区建设的需求为主。同时，丛书的编写，也希望对全国各省、直辖市、自治区传统聚落保护与传承、历史街区与传统村落建设，以及城乡人居环境提升起到重要的参考与指导作用，这是本套丛书研究编写的目的和意义所在。

2020年11月16日

前 言

吉林是中华大地上一方神奇的北方沃土，素有白山黑水之说。东倚长白山，西卧松辽平原，发源于长白山的鸭绿江、松花江、图们江，水从山涧谷底、平原黑土上流过，浇灌着江河两岸的土地。吉林自古是个多民族、部落和部族活动地区，长白山与松花江流域一带存在诸多民族的古老部族。

远古时期的吉林，森林茂密、江河纵横，丰富的动植物为古人类从事采集和狩猎聚居生活提供了便利条件，白山黑水间留下了远古人类的足迹。早期的王府屯，中期的桦甸仙人洞，晚期的榆树周家油坊、安图石门山和龙石人沟遗址等丰富了吉林省古人类历史的内涵。商周至汉初，西团山文化、兴城文化、汉书文化为吉林这一方东北沃土赋予了多彩的青铜文化面貌。

西周初年，吉林可能存在肃慎、濊貊、东胡与山戎等各民族地方政权。除汉族以外，原住民有三大族系：一为肃慎族系，其后为挹娄、勿吉、靺鞨、女真、满族，主要居于东部；二是濊貊族系，包括源自濊貊的扶余族及其分支高句丽，扶余居西北部，高句丽居南部；三为东胡族系，有乌桓、鲜卑、契丹、室韦、蒙古等族，主要居于西部地区。战国和秦代时，东北地区设辽西、辽东等郡，吉林为西郡的塞外之地。肃慎、濊貊、东胡被称为古东北三大民族。肃慎、濊貊、东胡，由于他们种族源流和分布地区诸方面的不同，逐渐形成了各具特色而又相互影响的生产、生活习俗和文化艺术，共同促进了东北吉林文明的繁荣发展。

到了汉唐时期，夫余、高句丽、渤海等东北古代民族，上至西汉，下至隋唐，在吉林这片沃土不断政权更迭、开发建设。吉林大地有连绵的崇山峻岭和黑土平原，流淌着松花江、鸭绿江、图们江，散布其间的东团山、国内城、丸都山城、西古城、八连城等城邑聚落，成为历史发展的见证。

宋辽金时期，吉林是汉、契丹、女真各族人民纵横驰骋的舞台。辽代时，吉林的东部属东京道、西部属上京道。金代时，吉林的中、东部属上京路；四平属咸平路；白城西部属临潢府路；通化、集安、浑江等地属东京路。稠密的人口、繁荣的经济以及开放城市的大量涌现，使得各民族不断交流融合。如今，昔日的春水秋山、城邑聚落散落分布在吉林大地，他们同大漠草原和湖泊山川，共同书写着汉族、契丹、女真各族人民的遒劲雄风。

明朝为了进一步加强对东北边疆地区的管辖，实行军事征讨和"以夷制夷"的羁縻政策。明朝在东北地区共建立384个卫所，其中70多个在吉林省境内。清朝为加强东北边防设将军辖区，所辖区域为：东到日本海，南至图们江、鸭绿江，北临鄂霍次克海，西接黑龙江、哲里木盟。吉林市于清康熙十二年（1673年）建城，称为吉林乌拉。清光绪年间，逐步增设吉林府等。清顺治时期开始封禁乌拉方圆五百里，尊为"本朝发祥之圣地"。清咸丰十年（1860年）正式开禁放垦，鼓励移民实边，以振兴包括吉林在内的关外的经济。浩浩荡荡的闯关东移民拉开历史序幕，大规模关内汉民向东北迁徙，将中原文化带到吉林。同时，图们江、鸭绿江流域的朝鲜难民也流入我国疆土，在长白山周边地区繁衍生息。至此，吉林东部山区满族、汉族、朝鲜族聚落文化与中西部平原汉族、蒙古族聚落文化的格局基本形成。

吉林省地势呈东南向西北递降趋势，形成山地、丘陵、平原三大地貌类型。东部地区主要以山地和丘陵为主，分布长白山地原始森林，东北第一高峰长白山在吉林省的东南部。西部地区由台地、湖泊、草原、湿地、沙地和盐碱地构成，是吉林省重要的生态屏障。中部地区以松辽平原为主，是全省重要的产粮基地。聚落分布从空间上看集中分布在中部，呈现由中部向两侧递减的趋势。吉林传统村落大都分布在吉林省东部山区地带，这里地形起伏较大、自然环境优美、自然资源丰富、土地肥沃、水源充足，早期的村民正是受到这些自然条件的吸引选择到此繁衍生息。不便的交通使他们逐渐与外界隔离，受到外界的影响较小，因此也比较容易延续传统的风貌格局、传统文化，从而形成保护情况良好、传统文化氛围浓厚的传统聚落。

目前，吉林省有11个村落被列入"中国传统村落"名录。传统村落被认为是我国农耕文明的"活化石"，它包含着传统的生产和生活，不仅兼有物质与非物质文化遗产特性，而且在村落的各个角落里两类遗产互相融合，互相依存，是一个有机的整体。因此传统村落的遗产保护必须是整体保护。吉林省传统村落大多集中在交通不便、经济比较落后的地区，因得不到有效的保护，很多村落面临着数量锐减、人口流失、污染严重等问题。基础设施的改善、产业结构的升级、人居环境的提升、村容村貌的保护与更新是摆在传统村落面前的核心问题。从2005年的新农村建设，到"十三五"规划时期的全面脱贫攻坚，以及我国"十四五"即将迎来的全面推进乡村振兴，吉林省传统聚落正发生着翻天覆地的变化。回望过去，二十年前大多数乡村依旧笼罩在低矮的泥草房、泥泞的土路、水渠污染、尘土飞扬的环境中，农村的人口流失、农地侵占、土地闲置、村庄空心化问题都比较严重；二十年后我们的乡村面貌发生了喜人的变化，传统农房更新与新农房建设、平整的水泥路、整齐的围墙、旱厕改革成为新农村建设的标配，乡村基础设施建设得到了较大改善，农村产业结构得到了优化和升级，年轻人纷纷回乡创业，农村发展前景一片光明。但问题也是同时存在的，在乡村建设的大拆大建中，本具有民族风格和地域特色的传统民居逐渐消失，取而代之的是千篇一律的砖瓦建筑，千村一面的现象更是比比皆是。乡村振兴任重而道远。

本书重点以满族聚落、朝鲜族聚落为例展开吉林传统聚落研究，大部分案例来自吉林省东部山区和中部平原地区。其中，满族传统聚落主要分布在吉林市、四平等吉林中部，朝鲜族传统聚落分布在长白山及图们江和鸭绿江流域。各民族特殊的历史、社会因素与不同地域独特的地理、气候因素，塑造出具有浓厚地域、民族特征的吉林传统聚落形态。他们在聚落形态、居住文化、营建技艺等方面既秉承着各民族传统聚落文化，又在族群间的相互交融与互动中向白山黑水地域聚落文化流变、趋同，共同铸造了博大精深的中国传统聚落文明。

《中国传统聚落保护研究丛书 吉林聚落》一书分为六个章节，从吉林远古人类与聚落形态到近现代各民族传统聚落，本书共包含了吉林地区古人类遗址空间形态考究与不同历史时期聚落形态的特点分析，以及满族、朝鲜族、长白山等不同民族、地域传统聚落民居形态的解析，纵横涵盖了吉林地区的各种聚落文化，具有普遍性与代表性。作者历经十年时间从地域及民族二维进行吉林传统聚落考察、研究，调研了吉林及周边地区的各民族传统聚落200余个，测绘整理出传统聚落总平面图30余张，绘制出传统民居平面图630套。这些资料首次系统整理与精选，融入本书的各个章节中，资料内容新颖，历史跨度大，类型丰富。纵然前期已经掌握了很多珍贵的调研资料，但在编写过程中随着章节内容的不断调整及完善，需要增加人手进行补充调研和有关图表的完善，甚至需要求助地方博物馆、吉林省文化厅等部门提供相关聚落历史考古与文献资料，保证书稿内容的真实、准确、前沿性。高校、社会科学研究、设计院等领域近20余人参与了本书的编写、测绘、拍照与其他辅助性工作。

作为"中国传统聚落保护研究丛书"的分册，本书以准确翔实的史料、真实生动的图片、精确细腻的测绘图全面展示了吉林传统聚落悠久的历史、灿烂的文化、淳朴的民风。本书的完成将对吉林省传统聚落保护与传承、传统村落建设、乡村人居环境提升起到重要参考与指导作用。

李春姬

2020年7月25日

目 录

序 一

序 二

前 言

第一章　历史发展与聚落演变

第一节　吉林远古人类与聚落 —————— 002
　　一、吉林远古人类起源 —————— 002
　　二、原始聚落形成及文化 —————— 002
第二节　历史背景与聚落文化 —————— 009
　　一、夏商周历史与早期聚落 —————— 009
　　二、汉唐历史与防御聚落 —————— 010
　　三、辽金历史与农耕聚落 —————— 014
　　四、明清历史与城镇聚落 —————— 016
第三节　民族迁徙与聚落形成 —————— 018
　　一、清末吉林地区民族迁徙政策 —————— 018
　　二、迁徙民族聚落形成与发展 —————— 018

第二章　自然地理与聚落形成

第一节　自然、地理环境特征与聚落选址 — 022
　　一、自然环境特征 —————— 022
　　二、聚落选址因素 —————— 022
第二节　东部山区传统聚落 —————— 024
　　一、东部地理环境与聚落分布特点 —— 024
　　二、吉林省东部聚落发展历程 —————— 025
第三节　中西部平原传统聚落 —————— 027
　　一、中西部地理环境与聚落分布特点 — 027
　　二、吉林省中西部聚落发展历程 —————— 028

第三章　空间结构与聚落形态

第一节　聚落结构与构成要素 —————— 032
　　一、道路 —————— 032
　　二、广场 —————— 033
　　三、边界 —————— 033
　　四、院落 —————— 034
　　五、住宅 —————— 034
第二节　聚落形态与特点 —————— 035
　　一、按地形分类 —————— 035
　　二、按平面结构分类 —————— 036

第四章　人文环境与聚落特征

第一节　民族文化与地域分布 —————— 040
　　一、满族 —————— 040
　　二、朝鲜族 —————— 045
第二节　满族传统聚落 —————— 049

一、乌拉古镇
（松花江流域——吉林市）—— 049

二、金家满族乡
（吉林省内陆吉林市）—— 061

三、叶赫满族镇
（吉林省内陆——吉林省）—— 065

第三节 朝鲜族传统聚落 —— 072

一、长财村
（图们江流域——龙井市）—— 072

二、龙兴村
（图们江流域——安图县）—— 080

三、北大村
（图们江流域——图们市）—— 086

四、下石建村
（图们江流域——图们市）—— 098

五、梨田村
（鸭绿江流域——长白县）—— 116

六、三道阳岔村
（长白山脉——临江市）—— 131

第四节 长白山传统聚落 —— 141

一、锦江木屋村
（长白山脉——抚松县）—— 141

二、珍珠村松岭屯
（长白山脉——临江市）—— 148

三、夹皮沟村
（长白山脉——临江市）—— 160

四、西小山村转头山屯
（长白山脉——临江市）—— 167

五、火绒沟村
（长白山脉——临江市）—— 174

第五章 民居形态与类型

第一节 满族传统民居 —— 186
一、满族民居空间形态 —— 186
二、满族民居主要空间名称及用途 —— 188
三、其他建筑要素 —— 189
四、满族民居平面分类 —— 193
五、吉林满族民居类型 —— 194

第二节 朝鲜族传统民居 —— 200
一、朝鲜族民居空间形态 —— 200
二、朝鲜族民居平面分类 —— 203
三、吉林朝鲜族民居类型 —— 208

第三节 其他传统民居 —— 215
一、木刻楞建筑 —— 215
二、碱土房 —— 219

第六章 聚落保护与再生研究

第一节 传统聚落价值分类 —— 224
第二节 不同价值分类聚落保护与发展方向 — 225
一、建筑遗产型传统聚落 —— 225
二、民俗文化型传统聚落 —— 225
三、特色产业型传统聚落 —— 226
四、生态宜居型传统聚落 —— 227
五、综合型传统聚落 —— 228

第三节 吉林省传统聚落保护与发展
　　　　案例分析 ———————— 229
　一、民俗文化型传统聚落的保护与
　　　发展——长财村 ———————— 229
　二、综合保护型传统聚落的更新与
　　　发展——乌拉古镇 ——————— 251
　三、建筑遗产型传统聚落的保护与
　　　发展——锦江木屋村 ————— 278
第四节 新型城镇化背景下传统村落的
　　　　保护与再生策略 ————— 293

　一、新型城镇化的发展要求 ————— 293
　二、传统村落现状与问题 —————— 294
　三、传统村落的保护与再生策略 ——— 294

索　引 ———————————————— 297

参考文献 ————————————————— 298

后　记 ———————————————— 302

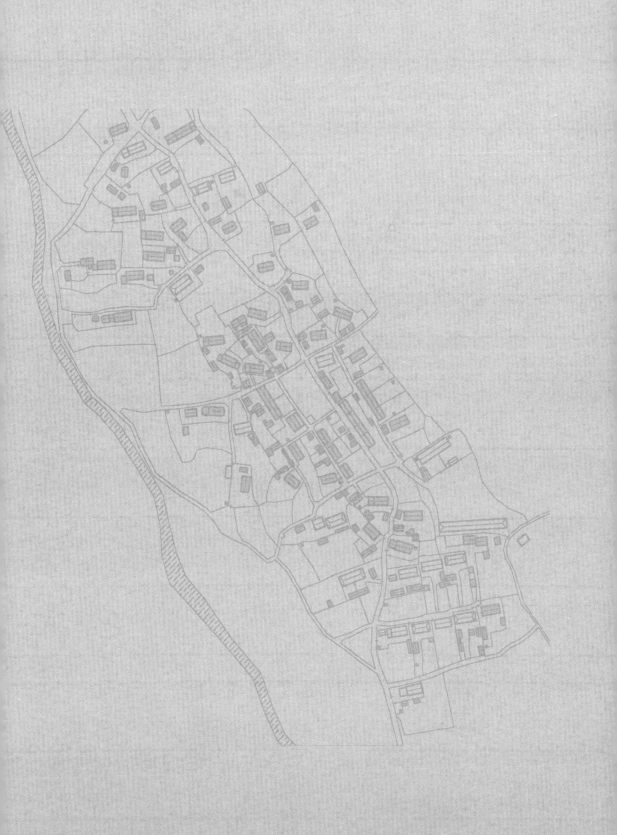

第一节　吉林远古人类与聚落

一、吉林远古人类起源

地处东北腹地的吉林，是中华大地上一方神奇的沃土，素有白山黑水、白山黑土之说。发源于长白山的鸭绿江、松花江、图们江，水从山涧谷底、平原黑土上流过，浇灌着江河两岸的土地。远古时期的吉林，森林茂密、江河纵横，丰富的动植物为古人类从事采集和狩猎提供了便利条件。

距今250万年至1万年前的原始人类使用打制的工具，从事采集和狩猎活动，过着原始群居的生活。这一时期，华北的古人类在迁徙过程中，与白山松水间留下了他们的足迹。目前，吉林省共发现旧石器时代早、中、晚期文化遗址和地点26处，代表性的有早期的王府屯，中期的桦甸仙人洞，晚期的榆树周家油坊、安图石门山、和龙石人沟遗址等。约100万年前的王府屯已经在吉林这块沃土留下了远古人类的遗物。1964年，安图石门山出土了一枚人类第一前臼齿化石，被称为"安图人"，属于晚期智人。榆树人、安图人化石的发现，更加丰富了吉林省古人类历史的内涵。以腰井子、靶山、左家山、西断梁山等遗址为代表，揭示了吉林省新石器时代人类开创文明的艰苦历程。商周至汉初，吉林省是东北地区汇纳中原和周临各部族文化的重要地区之一。西团山文化、兴城文化、汉书文化也为吉林这一方东北沃土赋予了多彩的青铜文化面貌。

二、原始聚落形成及文化

（一）旧石器时代远古人类

旧石器早期的古人类在中国境内是由南往北逐渐扩散和迁徙的。中更新世中期之后，直立人的活动范围开始由华北向东北地区扩展。早、中更新世时期，中国东北地区的气候和华北地区差别不大。从晚更新世开始，东北和华北在气候上的差别逐渐明显。人类随着这种气候条件和地理环境的不断变化而迁徙。吉林旧石器时代的古人类，正是在这种条件下出现的。

1. 王府屯遗址

王府屯遗址位于吉林省前郭尔罗斯蒙古族自治县（今松原市）东南50公里的哈拉毛都乡王府屯。1990年，在这里出土了一批打制石器，主要以片状毛坯和刮削器为主，石器特征同华北旧石器文化相类似，年代距今约100万年左右。据考古发现者推断，这里很可能属于早期人类活动的重要地区之一（图1-1-1）。

2. 仙人洞遗址

距今约20万~5万年，人类已经进入早期智人阶段，特征与现代人更接近。这时的石制工具功能细化，种类增加，制作技术也有了显著提高。迄今为止，吉林省发现这一时期的人类文化遗址有桦甸仙人洞、榆树周家油坊和蛟河砖厂三处。仙人洞遗址位于吉林省桦甸市西北约23公里的寿山东坡，海拔460米。遗址分上、下两个文化层。下层为旧石器时代早期偏晚，上层为旧石器晚期文化（图1-1-2）。

3. 石人沟遗址

吉林省的东部山区，山峦起伏，森林茂密，动植物资源十分丰富。近年来考古工作者在这一区域发现了多处旧石器时代人类活动的遗迹。石人沟遗址位于吉林

(a)王府屯遗址远景

(b)王府屯遗址地质断层

(c)王府屯遗址地貌

图1-1-1 王府屯遗址（来源：吉林省博物院）

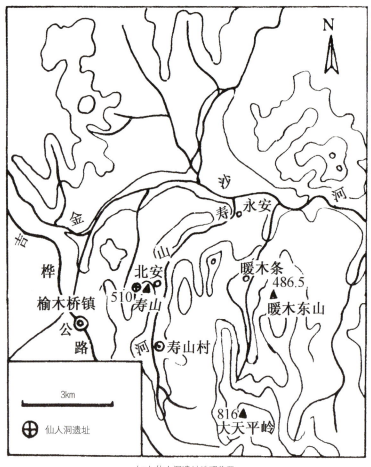
(a) 仙人洞遗址地理位置

(b) 仙人洞遗址远景

(c) 仙人洞遗址近景

图1-1-2 仙人洞遗址（来源：吉林省博物院）

省和龙市龙城镇石人村西面的缓坡台地上，距和龙市约45公里，海拔高度为790米。从出土的器物看，体现了旧石器时代晚期东北亚地区以黑曜石为主要原料，以石叶、细石叶工艺为主的文化特征。

旧石器时代晚期的吉林省东部地区，广泛存在着以黑曜石为主要原料，以石叶及细石叶工艺为主要特征的旷野遗址。与此同时，该地区还存在着以大型砾石工具为主要文化特征的遗址和以小石器为特征的遗址。以黑曜石为原料，包含石叶、细石叶、砾石加工技术为主要特征的文化，均不具有本地起源的迹象。前者的起源可能会追溯到俄罗斯的阿尔泰地区，后者的源头可能在东亚大陆的南部（主要指中国的南方），经朝鲜半岛的西南端到达中国的延边地区，向北延伸可能到达俄罗斯远东滨海地区。吉林省的延边和白山地区处在两种不同的文化交融和碰撞区，在环日本海的旧石器时代晚期东北亚文化圈中占有重要地位。

4. "榆树人"和"安图人"

1951年在吉林省榆树县（今榆树市）西南的周家油坊，发现了两块人类头骨碎片化石、一根胫骨化石和一片打制石器，"榆树人"由此命名。

1964年吉林省安图县明月镇东南2.5公里的石门山南坡洞穴内，发现了一枚古人类第一前臼齿化石和大量哺乳动物化石。经^{14}C测定，距今26600±550年。

"安图人"能够用石头、兽骨、兽角制作工具，从事狩猎、采集和捕鱼活动。"安图人"是晚期智人阶段的古人类。

（二）新石器时代氏族社会

吉林省位于东北中部，新石器时期的文化在嫩江、松花江、鸭绿江、图们江以及东辽河流域都有广泛的分布。诸多的新石器文化类型既相对独立又与周边文化有着密切的联系，较为全面地展现了吉林省新石器时代早、中、晚期不同区域的文化面貌。

1. 第二松花江流域的新石器文化

第二松花江、鸭绿江中上游、东辽河流域及西部草原沙丘地带的新石器文化具有一定的共性。以距今5500年为限，前期（距今7500～5500年）陶器盛行"之"字纹；后期（距今5500～4000年）以"人"字纹构成纹饰主体。这一纹饰的演化规律与辽东半岛的黄海沿岸、鸭绿江中下游、下辽河流域大体同步，显示出文化上的趋同性。第二松花江流域的新石器文化，分为吉南丘陵和中部平原两个区域。中部平原吉林、长春两个地区的新石器文化以左家山一期和腰岭子类型年代最早。

1）腰井子遗址

腰井子遗址位于长岭县三十号乡腰井子村北，面积约10万平方米，距今7000～6500年。1986年，考古工作者共发掘清理建筑遗址7座、墓葬2座、灰坑1个，出土陶器、玉器、石器等文物200余件。建筑遗址保持基本完整，文化堆积中有丰富的鱼骨和一些动物骨骼。从出土文物看，当时的居民以农业生产为主，渔猎经济也占有重要地位。

2）左家山遗址

左家山遗址位于农安县城东北4公里的伊通河二级台地上，南临伊通河50米，北至两家子村高家屯约500米，距今7000～4800年。遗址分三期。一期分前后两段，前段以沙质灰褐陶为多，还有少量夹蚌黄褐陶、沙质红陶和沙质黑陶，均为手制，表面磨光，器形有筒形罐、鼓腹罐、钵等。纹饰有刻画的菱形纹、弦纹、席纹和压印的"之"字纹等。后段发现建筑遗址一座。二期出土的文物有石龙（图1-1-3）。

3）腰岭子遗址

腰岭子遗址位于九台市西营城镇石头口门村五队北部的一座低矮丘陵上。1955年5～8月间，为配合长吉高速公路建设，吉林省文物考古研究所对遗址进行了抢救性发掘。发掘面积1500平方米，发现一座我国北方目前已知时代最早、面积最大、造型独特的新石器时代地穴式房屋遗址，面积约130平方米。出土石镞、石叶、石核、石斧和环状石器等文物6000余件。

2. 长白山区、图们江流域的新石器文化

长白山区、图们江流域的新石器文化有着鲜明的文化特征。以金谷遗址、兴城一期为代表的金谷类型可分两期。早期以枣核状人字纹、枣核状连点纹筒形罐为主，晚期增加了侈口鼓腹罐、敛口鼓腹罐等，并出现了红衣陶。以黑曜石压剥而成的等腰三角形镞、平地柳叶形镞、刮削器、见状器是金谷类型石质工具的典型器物。兴城一期晚段（金谷类型晚期）与兴城二期（青铜时代前期）的部分遗存有较明确的文化传承关系。长白山区、图们江流域的新石器时代遗存与牡丹江流域、朝鲜北部的同时期遗存有一定的联系。

1）大六道沟遗址

大六道沟遗址位于珲春市春华乡大六道沟村东南约1公里的珲春河右岸南团山顶部。1972年和1973年，吉林省博物馆对遗址进行了两次发掘，清理居住址7处，窑址2处，出土了一批石器和陶器。从出土的文物看，当时的居民主要以渔猎为生。分布在图们江流域下游左

(a) 左家山遗址2015年发掘区（来源：吉林农安县左家山遗址新石器时代遗存2015年发掘简报）

(b) 左家山出土筒形罐（来源：吉林省博物院）

图1-1-3　左家山遗址

岸及珲春河流域的新石器时代遗存，均属大六道沟文化类型。

2）金谷遗址

金谷遗址位于龙井市德新乡金谷水库西侧山顶上。1979年至1980年发掘，共清理房址6座，皆为长方形半地穴式，间距一般为2~5米，南北长6~7米，东西宽4米，主入口多设在西侧中部，灶址多为无任何设施的平地灶。房址内有柱洞，排列无定律。出土打制石器、磨制石器、骨器、陶器、海贝等350件，距今约4540~4410年。金谷文化面貌同和龙兴城新石器遗址相近，是吉林省图们江流域具有代表性的聚落遗址（图1-1-4）。

3）兴城遗址一期

兴城遗址一期叠压在青铜文化之下。遗址位于和龙市东城乡新城村三社东北500米的山冈上，东距龙井镇8.5公里，西南至和龙镇37.7公里。1986年、1987年考古工作者对遗址进行了两次发掘，先后清理房址29座、墓葬3座。其中，新石器时代房址8座，出土石器、骨器、陶器1000余件（图1-1-5）。

3. 西团山文化

西团山位于吉林市北部，遗址有居住区和墓葬区。西团山文化以今天的吉林市为中心，涵盖长春、四平地区，是吉林省中部的青铜文化，时间跨度从西周初到秦汉之际。生活在这里的人们以磨制石器为主要生产工具，从事农业生产，农作物有黍、粟、豆、麻等。制陶业发达，并且掌握了麻纺和毛纺技术。房址为半地穴式，石棺是主要墓葬形制。主要遗址有杨屯、猴石山、长蛇山。墓地有星星哨、骚达沟等。西团山文化陶器中普遍存在的鼎、鬲、甗是中原地区典型的器物类型，可见西团山文化与中原文化的密切联系（图1-1-6）。

4. 汉书遗址

汉书遗址位于大安市月亮泡乡汉书村。1974年发掘，面积700平方米，发现房址、墓葬和遗迹，出土了陶器、铜器、铁器、石器、骨器、青铜等文物。遗址分一期和二期两个文化层。该文化类型广泛分布于嫩江沿岸及第二松花江下游地区。汉书文化一期相当于西周，二期相当于战国至汉初。汉书文化是一种以渔猎为主，兼有农业和畜牧业的文化类型。其骨蚌器发达。陶器以鬲、罐、钵、杯、为主，装饰以篦点、戳印图案、绳纹和红衣为主要特点（图1-1-7）。

5. 后太平遗址

后太平遗址位于双辽市东明镇后太平村，包含聚落

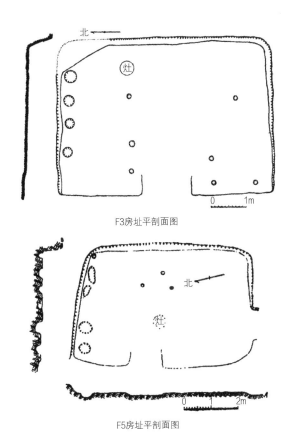

F3房址平剖面图

F5房址平剖面图

图1-1-4 金谷遗址（来源：吉林省龙井市金谷新石器时代遗址清理简报）

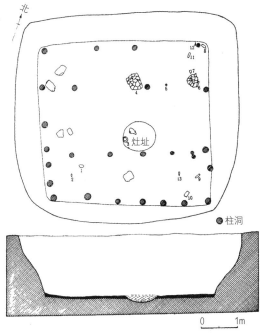

1、2. 石器 3、4、6. 陶罐 5. 陶纺轮 7、11. 石镞 8、10. 石磨棒
9. 石刀 12. 石镐 13. 石凿

图1-1-5 兴城遗址一期房址平剖面图（来源：吉林省和龙县兴城遗址发掘简报）

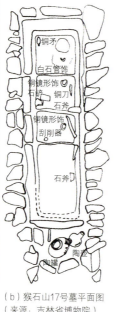

(a) 猴石山17号墓遗址（来源：吉林市猴石山遗址第二次发掘）　(b) 猴石山17号墓平面图（来源：吉林省博物院）

图1-1-6　猴石山遗址

址和墓群。2007年对遗址及周边东岗、大金山等进行了挖掘，出土各个时期的文物1500余件。其中压印篦点纹陶壶、筒形罐、折腹钵、单耳杯等属于白金宝文化类型，而束颈面陶壶和壶形鼎则体现了本地文化的特点（图1-1-8）。

6. 兴城二期遗址

兴城二期遗址是图们江流域具有代表性的青铜遗址之一，位于和龙市东城乡兴城村三社东北山冈上。东距龙井镇8.5公里，西南至和龙镇37.7公里。1986年和1987年两次发掘，发掘面积1300平方米，清理房址16座、墓葬2座。其年代为商周时期，当时人们以农业为主，兼有渔猎和采集（图1-1-9）。

(a) 大安汉书遗址

(b) 大安汉书一期房址

图1-1-7　大安汉书房址（来源：吉林省博物院）

(a) 后太平墓地全景

(b) 后太平遗址发掘区

图1-1-8　后太平遗址（来源：吉林省博物院）

（a）兴城二期遗址房址

（b）兴城二期遗址群

图1-1-9　兴城二期遗址（来源：吉林省博物院）

第二节　历史背景与聚落文化

一、夏商周历史与早期聚落

吉林自古是个多民族、部落和部族活动地区。长白山与松花江流域一带存在诸多民族的古老部族。西周初年，吉林地区可能存在肃慎、濊貊、东胡与山戎等各民族地方政权。除汉族以外，原住民有三大族系：一为肃慎族系，其后为挹娄、勿吉、靺鞨、女真、满族，主要居于东部；二是濊貊族系，包括源自濊貊的扶余族及其分支高句丽，扶余居西北部，高句丽居南部；三为东胡族系，有乌桓、鲜卑、契丹、室韦、蒙古等族，主要居于西部地区。战国和秦代时，东北地区设辽西、辽东等郡，吉林为西郡的塞外之地。肃慎、濊貊、东胡被称为古东北三大民族。

肃慎、濊貊、东胡，由于他们种族源流和分布地区诸方面的不同，逐渐形成了各具特色而又相互影响的生产、生活习俗和文化艺术，共同促进了东北古文明的繁荣发展。

（一）肃慎

肃慎，古籍中把"肃慎"部落领地称为"肃慎国"，与中国中原王朝有往来；历史学家多认为舜的时代已经有肃慎，可能生活在山东一带，向舜朝贡，后受西周压力北迁。战国时称真番，秦汉恢复原名，汉四郡中的真番郡可能与他们有关。

肃慎，自先秦肃慎之后，在汉魏为挹娄，北朝时是勿吉，隋唐为靺鞨，其后女真和满族皆出于此。诸族一脉相承，绵延不绝。挹娄、勿吉、靺鞨等族在文化面貌上存在共性。考古学研究表明，栖息生长于三江地区的挹娄等族在文化特征上也具有相同之处：陶器都以夹砂褐陶为主，皆手制，多见罐、瓮和平底碗，大都素面，或有简单纹饰，有较多的石器和骨器；半地穴式房屋；有稳定的农业，渔猎经济仍占有一定地位。

（二）濊貊

濊貊，濊貊族是濊族与貊族的合称，以农业城栅为特点，不同于游牧族。濊族可能与肃慎一样，在夏商时本居于山东半岛，属东夷民族，周灭商时，濊族被周所迫，大部分向东北迁徙，并以松嫩平原为中心定居下来，其活动范围比较广阔，最南端在长城以北，与燕国为邻；东北部在辽河以东，与肃慎族相接。后来在东北地区建立政权的夫余和高句丽，就是在融合濊貊等东北区域民族的基础上形成、发展起来的。据《三国志·魏志·夫余传》记载："夫余……国有故城，名濊城，盖本濊貊之地，而夫余王其中。"濊城，即为濊人所建的城。吉林市龙潭山下的古"濊城"，是濊人的活动中心。周成王在洛阳召开的成周大会，东北地区到会的"肃慎、濊、良夷、高夷、孤竹、不屠何"等东北夷，其中"濊"的代表，就应该是居住在"濊城"的濊王，其"濊王之印"，亦为中原王朝所赐。濊貊人的北支索离族人东明称王，不用濊族和索离族名，而采用凫臾族名，中原汉族王朝译作夫余，后改为扶余。夫余是汉朝在东北的地方政权，汉时受玄菟郡管辖，汉末三国初改属辽东公孙氏，晋朝时由东夷校尉管理。考古发现已经证明，以辽宁省昌图县以北，吉林省洮南县以东，至吉林省双城县（今黑龙江省双城市）以南是夫余人文明的发祥地。肇源县望海屯遗址、杜尔伯特自治县官地遗址、富裕县小登科遗址，都属于夫余族文化遗址。同属于濊貊语族的还有高句丽、沃沮等。夫余族居住的中心在今吉林农安，到魏晋南北朝时，夫余族经过几次变迁，大部分同东胡、肃慎的后裔以及高句丽和汉族人融合了。

濊貊，早在西周时代，就是周王朝的臣属国。春秋时期，齐桓公曾经发动过对濊貊的战争。战国时期，濊貊族从事农业和渔猎业，黍成为濊貊人的主要食粮。此时的濊貊族进入原始社会晚期，过着定居生活。濊貊人的北支为索离族，饲养猪、马、牛，又善于狩猎。索离人生活在嫩江以东、松花江以北的松嫩平原地带。索离人的社会内部已出现私有制和阶级对立，已跨入文明的门槛。

（三）东胡与山戎

东胡与山戎，春秋时期东胡居住在燕国北部，《史记·匈奴列传第五十》记载"燕北有东胡、山戎"。东胡，自商代到西汉初年，大约存在了1300多年时间。东胡，属于黄帝后裔夏后氏的一族。其语言应该与鲜卑、室韦、蒙古、契丹有相似处。西周时期，东胡是中国北方非常强盛的民族。春秋时期，东胡尚处于原始社会末期氏族部落的发展阶段。到了战国时期，东胡又从晋、燕之北向东、向南扩张，势力所及已达燕的北部及其东北的广阔地域，即今北京市密云区以北的滦河中上游、辽河上游的西拉木伦河和老哈河流域，包括今天的黑龙江、吉林、辽宁的西部以及内蒙古东部的部分地区。

东胡与山戎，崇尚自然，崇拜日月、星辰、水、火等自然万物，以熊、虎、鹿、狼等动物为图腾。在游牧生活和祭祀活动中，东胡人创造出了以"旋转"为主要动作的舞蹈体系，这种舞蹈一直被后人称作"胡旋"。东胡人还擅长制作烤制食品，特别是"烤肉""烤饼"等食品，一直流传至今。现代烧饼就是由东胡人擅长烤制的"胡饼"演变发展而来。由于主体是游牧民族，狩猎、放牧的生活使东胡人民风剽悍，崇尚武力和战争，经常通过战争扩大领土，掠抢财物和奴隶。通过与中原各国发生摩擦，双方加深了解，相互融合的过程加快，为中华文明注入了新鲜血液。

二、汉唐历史与防御聚落

历史的脚步跨过山川与海洋，记载着悠久的历史与沧桑。夫余、高句丽、渤海等东北古代民族，上至西汉，下至隋唐，在吉林这片沃土不断政权更迭、开发建设。吉林大地有连绵的崇山峻岭和黑土平原，流淌着松花江、鸭绿江、图们江，散布其间的东团山、国内城、丸都山城、西古城、八连城等城邑聚落，成为历史发展的见证。

（一）夫余东团山

夫余是中国东北地区的古老民族之一。由夫余族人为主体建立的夫余政权（公元前2世纪～公元494年）是东北地区最早的政权。《三国志·魏书·乌丸鲜卑东夷传》记载："夫余在长城之北，去玄菟千里。南与高句丽，东与挹娄，西与鲜卑接，北有弱水，方可二千里。户八万。其民土著，有宫室、仓库、牢狱。"夫余一直与中原王朝保持紧密联系。文献记载，中央政府多次赐予夫余王印和玉匣。在已发掘的夫余墓葬中，有的采用木椁和青膏泥，这种习俗深受中原文化的影响。目前在吉林省省域被确认为夫余文化遗产的有吉林帽儿山、东团山、泡子沿上层、榆树老河深、东丰县宝山上层、大架山上层等。

东团山遗址位于吉林市丰满区江南永安村七社。遗址在20世纪40年代被发现，主要包括东团山山城（图1-2-1）、东团山平地城及城外遗址。山城由三道环形城墙组成，平地城的东、南城墙保存较好。遗址文化内涵以西团山文化晚期及夫余遗迹遗产为主，其中夫余陶器的基本组合为高颈环耳壶、侈口束颈筒形罐、柱把豆及碗、盆等，反映了土著文化同中原文化的交融。

图1-2-1　东团山山城墙址（来源：吉林省博物院）

（二）高句丽国内城与丸都山城

高句丽，活动于浑江流域和鸭绿江中游地区的古代民族，掘地为庐，捕鱼狩猎，繁衍生息。公元前108年，汉武帝在高句丽人聚居区设置高句丽县，属中国汉代东北边疆四郡之一玄菟郡管辖。公元前37年，北夫余王子邹牟（朱蒙）在高句丽县内建立高句丽政权，初都纥升骨城（今辽宁省桓仁县五女山城），成为汉唐时期辽东地区的民族政权。公元3年"迁都国内，筑尉那岩城"，今吉林省集安市内保留着国内城、丸都山城遗址。公元427年，移都平壤（今朝鲜平壤）。公元668年，被唐朝与新罗联军所灭。高句丽经历705年，经两汉、魏晋、南北朝和隋唐时期，在东北边疆历史发展中产生了重要影响。

汉平帝元始三年（公元3年），高句丽迁都国内城（今集安市），同时筑尉那岩城（后称丸都），作为高句丽早、中期的政治、经济和文化中心。国内城与丸都山城共为高句丽都城，开创了我国东北中世纪都城建筑模式的先河，是高句丽民族对人类城市、聚落发展史做出的重要贡献（图1-2-2）。

国内城为平原城，城市的规模较小，国内城城周2686米。从城市的规划布局看，国内城中主要道路三条，东西两条，南北一条，且位置并无严格规划。其

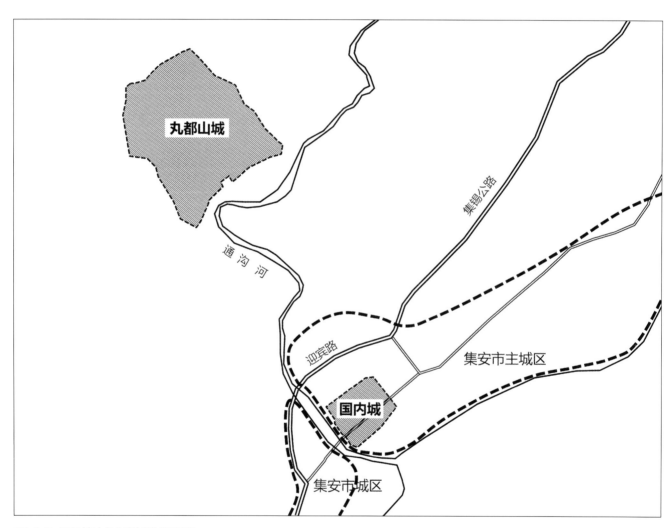

图1-2-2　国内城与丸都山城地理位置示意图

城墙的修筑依据自然地形，选择"山水深险""谷地宽阔"之地，形状近似方形，无严整的路网结构与规范化的道路形制。国内城城墙内外壁均以方形或长方形石条垒砌，中间为土和沙石夯筑。这种石砌城垣内还有土垣的形制，应是在原有土城的基础上以石条垒砌内外壁而成。石料的选择加工更加平整，并逐渐趋于标准化。墙体垒砌严谨，横平竖直，缝隙均匀，石材错缝有致。墙基宽约7～10米，墙体向上逐级内收，一般每级内收10～15厘米，城垣墙体由3～9层楔形石垒砌而成。其外露端面有意打凿成凸面，以烘托出城墙的雄浑气势。整座城略呈方形，东墙长554.7米，西墙长664.6米，南墙长751.5米，北墙长715.2米，周长2686米。城墙的高度已不可考，现存最高的为4.2米。国内城城墙的防御体系也较为完善，除了城墙四角有角楼以外，在四面城墙的外侧均修有马面，既有利于城邑的防守、瞭望，又有加固城墙的作用。国内城的马面共14个，北城墙8个，东、南、西墙各2个。每个马面大体上长8～10米，宽6～8米，高度与城墙相当。马面的数量、位置都不规范划一，根据城墙的走向与实际需要与墙体连为一体。城门6座，东、西各2座，南、北各1座，均有瓮门。此外，城外还有人工开掘的护城河。城墙、角楼、马面、瓮门、护城河构成了相对完善的防御体系（图1-2-3）。

丸都山城位于吉林省集安市北2.5公里，是高句丽早中期的重要都城，与国内城互为都城长达425年，形成独特的"平原城—山城"拱卫模式，而这正是高句丽政权保持军事与政治稳定的重要物质条件。

丸都山城雄踞于长白山余脉老岭山脉的峰峦之间，多个起伏错落的山峰大致围合成一个环形峰岭。山城地势东、西、北三面较高，南面较低，高差大约440米。整个山城形成向南面倾斜的簸箕形，并以东北—西南走向的通沟河为天然屏障。山城西隔深谷与小板岔岭相对，西南为七星山，向南2.5公里是国内城。山城的

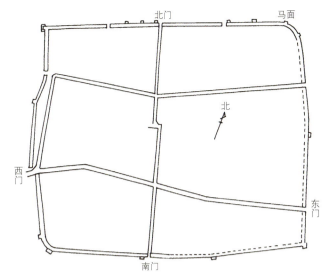

（a）国内城平面

（b）国内城西墙

图1-2-3 国内城遗址（来源：吉林省文物志）

北部均为山岭、沟谷，海拔349～652米。北部主要的两条沟谷呈南北走向，二者在城南小溪处交汇。其中东部的沟谷在北端分为三支，分别通往北城墙的中部和城墙的东北角。西部的沟谷到北部分为两支，左侧的通往西墙，右侧的通往城墙的西南角。从目前的考古报告看，沟内均无遗迹发现，应该是作为通往城墙的道路。丸都山城的南部为平缓的台地，海拔310米以下，是山城的主要的建筑分布区，这里有宫殿群、墓葬群、瞭望台以及戍卒居住地、蓄水池等。山城的城墙依山势筑于山岭之间，在东、南、西、北四个方向的城墙上共有7个城门。

丸都山城的构筑是在以自然条件为基础上的伟大创造，充分体现了高句丽山城的利用自然条件的特点。丸都山城沿着地势的走向构筑城墙，东、西、北三面城墙砌筑在环抱的山脊上，外边缘临陡峭的绝壁。山城东南角以陡峭的石壁为城墙，山梁的缺口处，用条石垒砌。在山脊较为平坦处，则用花岗石石块和条石砌筑。由于山势起伏，为使城墙绵亘不断，山脊凹陷越大的地方，城墙砌筑的高度越大，丸都山城北墙比其他三面的墙都高，北墙的有些墙段高达4.5～5米。这充分体现了"筑断为城"的高句丽山城的建造原则。丸都山城充分吸收了北方少数民族早期山城的原始形态和优越性，保留了山地民族传统筑城文化（图1-2-4）。

三、辽金历史与农耕聚落

宋辽金时期，吉林是汉、契丹、女真各族人民纵横驰骋的舞台。辽代时，吉林的东部属东京道、西部属上京道。金代时，吉林的中、东部属上京路；四平属咸平路；白城西部属临潢府路；通化、集安、浑江等地属东京路。稠密的人口、繁荣的经济以及开放城市的大量涌现，使得各民族不断交流融合。如今，昔日的春水秋山、城邑聚落和墓地碑碣，如塔虎城、农安辽塔、大金得胜陀颂碑、完颜希尹家族墓等，散落分布在吉林大地，它们同大漠草原和湖泊山川，共同书写着汉族、契丹、女真各族人民的遒劲雄风。

（一）辽代民屯制

辽王朝（公元916～1125年）是契丹族建立的一个民族政权。公元916年，其首领耶律阿保机创建契丹国，公元947年改国号为辽，建都上京临潢府（今内蒙古巴林左旗），1125年被金所灭。辽代实行"因俗而治"的统治政策，建立了"南北面官[①]"等完备的政治制度，极大地促进了境内各民族之间的相互交流与融合。

所谓民屯，指的是政府组织百姓在国有土地上进行的屯垦活动。历朝历代实施民屯的目的十分多样，如实民戍边、控制劳动力以保障政府财政收入、安置流民、恢复生产等。辽朝实施民屯，则是为了开发国土，壮大国力，并满足契丹统治者对人口与财富的贪欲。辽朝民屯在客观上极大促进了长城以北农业经济的发展，对辽朝的发展壮大起到了不可或缺的作用。

在草原文明与中原农业文明的交融与碰撞中，民屯制度在辽朝两百年间不断发展演进，呈现出了两种截然不同的民屯组织形式：公元911年，阿保机根据汉族谋臣韩延徽建议，设置汉城，组织依附于自己斡鲁朵的汉族俘户进行农垦，从而形成了一种作为斡鲁朵经济组成部分的民屯制度，即蕃汉转户制度；而在公元938年辽太宗吞并幽云十六州后，在中原地区存在已久的营田制度也传入契丹。由此出现蕃汉转户制度与营田制度两种民屯制度并立而存的局面，这种局面一直延续到1125年辽朝灭亡。

---

① "官分南、北，以国制治契丹，以汉制待汉人。"（《辽史·百官志》）

（a）丸都山城远景（来源：吉林省博物院）

（b）丸都山城宫殿遗址全景（来源：吉林省博物院）

（c）丸都山城西城墙（来源：高句丽王城及相关遗存研究）　　　　（d）丸都山城西北角城墙（来源：高句丽王城及相关遗存研究）

图1-2-4　丸都山城遗址

（二）辽代春捺钵

在吉林省境内的辽代城池聚落遗址和墓葬中，以辽皇帝"春捺钵"活动区域最为著名。

"捺钵"，契丹语，意为辽帝的行营，是辽王朝"因俗而治"政治制度中重要一项。"春捺钵"活动范围在长春州和混同江一带，即今城四家子古城，塔虎城附近的第二松花江、月亮泡、查干湖区域。主要活动是辽皇帝及随从官员进行捕鹅钓鱼，举办"头鱼宴"和"头鹅宴"，期间周边属部、属国首领要朝见辽帝，以示臣服。作为"四季捺钵"的开篇，"春捺钵"有着重要的政治意义，同时促进契丹族渔猎文化的传承与发展。

（三）金代塔虎城

金朝（1115~1234年）是由活动在白山黑水间的女真族建立的封建王朝。女真族源于肃慎族系，唐宋时期逐渐发展壮大，成为东北边疆的一支重要政治力量，并一度挥师入主中原。吉林是女真族誓师反辽、兴兵崛起的故地，境内遗留下许多城址、墓葬、石刻和窖藏。

目前，吉林省境内发现了200多座金代古城。塔虎城位于前郭尔罗斯蒙古族自治县巴郎乡北上台子屯北侧嫩江南岸的平原上，是金代雄踞北方的重镇。塔虎城始建于辽，金代沿用。城呈方形，周长5213米。城有四门，分设于四面城墙的正中。城门外各有一半径约30米的半圆形瓮城，城外有两道护城河。城内出土了大量铜器、瓷器、铁器等珍贵文物，反映了金代丰富多彩的城市风貌（图1-2-5）。

四、明清历史与城镇聚落

（一）明朝都司卫所

明朝为了进一步加强对东北边疆地区的管辖，在东北先后建立了辽东都司、大宁都司、努尔干都司等地方行政机构，将居住在长城内外的汉、蒙、女真各族置于统一的国家管辖之下，以军政合一的都司卫所统辖东北全境。除了设机构，派员镇守外，还实行军事征讨和"以夷制夷"的羁縻政策。明代在东北共建立384个卫所，其中70多个在吉林省境内，明朝指派当地部落首领任官员，封授官职、厚加赏赐，从而加强了中央政府对东北边疆的统治。

明朝东北女真主要有三大部，即建州女真、海西女真、"野人"女真。其中海西女真活动地区以今黑龙江省呼兰河为中心，冬至松花江下游地区，西至嫩江以东，南至松花江中游一带。15世纪末，海西女真各部纷纷南迁，16世纪初南迁至开原东北到吉林松花江一带，并逐渐形成四个比较强大的部落，即哈达、叶赫、辉发、乌拉四部，史称扈伦四部。四部后来被努尔哈赤兼并征服，其中叶赫、辉发、乌拉三部均在吉林省境内。

（二）清朝打牲乌拉

满族是生活在中国东北的古老民族，其先民以弓弩骑射驰骋于广袤丰饶的白山黑水间。1616年努尔哈赤建立后金政权，1636年皇太极改国号为清，1644年清兵入关，统一全国。清朝为加强东北边防，设将军辖区，所辖区域为：东到日本海，南至图们江、鸭绿江，北临鄂霍次克海，西接黑龙江、哲里木盟。吉林市于康熙十二年（1673年）建城，称为吉林乌拉。光绪年间，逐步增设吉林府等。光绪三十三年（1907年）设吉林省，派出巡抚。1912年，改吉林巡抚为都督，1913年废都督设民政长，全省分4道、37县。

打牲乌拉，满语为布特哈乌拉，汉语之意为江河渔猎之地。清顺治十四年（1657年），在大乌拉虞村（今吉林市龙潭区乌拉古镇）设置打牲乌拉总管衙门，直属清内务府统辖，管辖方圆560里的地方。打牲衙门的主要任务是全力收集清代宫廷所需的东珠、蜂蜜、松

(a) 塔虎城遗址全景

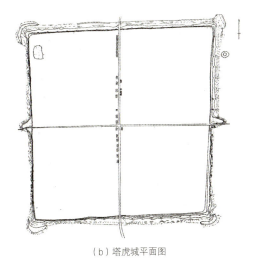

(b) 塔虎城平面图

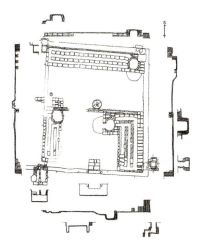

(c) 塔虎城412房址平剖面图

图1-2-5 塔虎城遗址（来源：吉林省博物院）

子、鲟鳇鱼等东北土特产，用于祭祀坛庙陵寝及供皇室享用。昔日的永吉乌拉古镇一带十分繁荣，官衙王府林立，寺庙民居毗连。清顺治时期开始封禁乌拉方圆500里，尊为"本朝发祥之圣地"。

第三节　民族迁徙与聚落形成

一、清末吉林地区民族迁徙政策

1653年（清顺治十年），清政府设置宁古塔昂邦章京，是吉林省建置之始。在顺治年间，多尔衮颁发招垦令，鼓励华北农民来东北地区开垦。在此期间，长白山区划为清室采参与狩猎地，东丰、梅河口、辉南、磐石一带为皇室围场，从今松花江畔的法特起经长春至今辽宁省开原筑有柳条边墙。以西为蒙古族牧地，禁止越境。1662年（清康熙元年）改称宁古塔将军，其所辖范围包括现今吉林省境中东部、黑龙江省东南部，及乌苏里江以东、黑龙江以北广大地域。1740年（乾隆五年）颁布了"流民归还令"，对山海关以东地区施行封禁政策。但清政府的封禁政策并未能阻止为生活所迫的华北大批汉族农民流入吉林中部一带，并向北、向东、向西扩展。1757年，宁古塔将军改称吉林将军，自此以后，"吉林"由原来城邑名称扩大为行政区称谓。1791年蒙古王公也开始在长春一带招民开垦。在农垦区内出现了酿酒等手工业和小的集镇，东部鸭绿江和图们江流域也有不少汉族和朝鲜族移入，从事农业、伐木和采集。1803年（嘉庆八年）清政府废止禁令。

二、迁徙民族聚落形成与发展

（一）汉族迁徙

清朝初期，满族入关建立政权，鼓励和吸引关内人来东北地区开荒；清朝中期，山东战乱不断，连年遭灾，难民闯入关东谋生；鸦片战争后，清政府逐渐开放东北，山东、河北流民"闻风踵至"。民国建立之后，军阀混战导致民不聊生，难民开始大规模移民关东。"九·一八"事变后，日本在我国东北建立"伪满洲国"政权，为应付战争时局大量劳动力的需要，从关内征集和招募劳工。历史上有多次闯关东的历史移民现象，为东北地区带来了中原文化，通过联姻或聚居等方式将其融进吉林省地区游猎文化中，形成具有"东北味"的关东文化。

闯关东有两条路线可供选择：一条是海路，从胶东半岛的蓬莱到辽东半岛的铁山岛；另一条路是陆路，闯过临榆关，也称"榆关道"。这些由闯关东聚居形成的乡村聚落都包含一些"关中"特色。例如临江市花山镇松岭雪村等具有浓厚关东民俗文化特征的传统村落，其形成归因于清初的闯关东移民。

（二）朝鲜族迁徙

我国朝鲜族有192万余人，主要分布在吉林、黑龙江、辽宁三省，其余散居在内蒙古自治区和北京、上海、广州等内地大中城市。最大的聚居区是吉林省延边朝鲜族自治州，居住在这里的朝鲜族人口达84万多，约占该民族总人口数的二分之一。此外，长白山脚下的长白朝鲜族自治县，也是我国朝鲜族的主要聚居区。

我国的朝鲜族已有300多年的历史，他们的先民是从朝鲜半岛迁入中国东北三省的朝鲜人。早在17世纪末，就有部分朝鲜人零星地从朝鲜半岛迁来，如辽宁省盖州市朴家沟朴氏朝鲜族。从19世纪中叶开始，陆续有较多的朝鲜人迁入我国境内，该时期的移民大部分来自朝鲜北部。由于当时朝鲜封建统治阶级的压迫，特别是1869年朝鲜北部遭受大饥荒，朝鲜灾民们无法继续生存，为了寻找新的生活，他们渡过鸭绿江、图们江来到中国，在两江沿岸一带开垦，同汉、满等民族杂居共处。但这个时期的迁入人数并不多，居住尚不稳定。随着日本帝国主义在朝鲜的侵略加剧，大批朝鲜人为寻找生路，不顾清政府的禁令纷纷迁入我国东北边疆地区定居下来，到19世纪80年代初已达几万人。1910年日本吞并朝鲜，不堪忍受日本帝国主义残酷压迫和剥削的朝鲜人民再次大批迁入我国东北边境地区，到1919年东北地区的朝鲜人已达36万人。1930年日本帝国主义的强制移民政策，使我国朝鲜族人口急剧增长，总人数超过100万。

两个世纪以来，经过数次迁徙、定居、繁衍，朝鲜族已有3～4代居住在我国东北地区，成为该地区的主要少数民族。在我国的朝鲜族中，朝鲜半岛咸镜道、平安道、庆尚道原籍的朝鲜族占绝大多数，他们在东北地区的分布呈现一定的规律性：在鸭绿江沿岸居住的朝鲜族大部分来自朝鲜半岛的平安道；图们江沿岸和中俄边境地区的朝鲜族则主要来自朝鲜半岛的咸镜道；黑龙江省、吉林省以及辽宁省内陆地区的朝鲜族则来自庆尚道及全罗道等朝鲜半岛的南部地区。各个原籍的朝鲜族秉承其各道之风俗，他们在生活、言语、居住方式上具有一定的地域性区别，同时保留着共同的朝鲜族风情习俗。

（三）蒙古族迁徙

吉林省西部地区，在15世纪是蒙古族兀良哈人居住的地方，明代称为兀良哈之卫。16世纪，嫩科尔沁部占据了嫩江、洮儿河流域的广大地区，后来分为科尔沁、郭尔罗斯、杜尔伯特、扎赉特四部，共十旗，史称"科尔沁十旗"（俗称"诺恩十旗"）。郭尔罗斯、洮南、镇赉、通榆、乾安、农安、长岭、德惠、长春等地都是从嫩科尔沁四部分化出来的。当时的郭尔罗斯是科尔沁十旗政治、经济、文化的中心，是哲里木盟盟府所在地（现在前郭县哈拉毛都乡所在地）。

光绪二十八年（1902年），清政府向全国颁发"新政"，对内蒙古宣布解除蒙地封禁令，准许东北设官局，支持各蒙地出荒，安置难民，鼓励汉人移居蒙地开荒和租佃。这一"新政"的实施，历史上称之为"移民实边"。19世纪到20世纪初，居住在大凌河沿岸具有较高文化水平的原卓索图盟人（客喇沁旗、土默特旗人）因当时的战乱和窘困的生活，北移到了西拉木伦河、洮儿河、松花江、嫩江流域。这样，他们把先进的游牧文化也带到了这些地方，这种现象史称"文化北移"现象。随着清朝政府"移民实边"政策的实施和"文化北移"现象的冲击，蒙古族农业人口不断增加，促进了蒙古族人从游牧生活转化到定居生活，建筑也从帐篷转变为土木结构的房屋。

前郭尔罗斯蒙古族自治县是吉林省最大的蒙古族聚集地，他们既保留着蒙古族传统的生活习俗，又与当地的满汉民族融合，形成了吉林省蒙古族的人文环境。

第一节　自然、地理环境特征与聚落选址

一、自然环境特征

吉林省位于东北地区中部，面积18.74万平方公里，属于温带大陆性季风气候，年平均降水量400～900毫米，从东南向西北由湿润气候过渡到半湿润气候、半干旱气候。地势呈东南向西北递降趋势，形成山地、丘陵、平原三大地貌类型，从东到西地貌由山地、丘陵台地逐渐过渡到平原。以中部大黑山为界，以东为山地丘陵区，分布着长白山原始森林，东北第一高峰长白山就在吉林省的东南部；以西为平原区，分布着湖泊、草原、湿地、沙地和盐碱地等地貌；东部山地与西部平原之间为过渡地带的中部丘陵和台地区。中部地区以松辽平原为主，是全省重要的产粮基地（图2-1-1）。

二、聚落选址因素

吉林省乡村聚落点的分布，从空间上看，聚落集中分布在中部，呈现由中部向两侧递减的趋势；从密度上看，中部地区聚落密度大，数量多，其次为西部，东部数量少，密度低。虽然东部地区村落密度低，但传统村落分布最为集中，村落的保护与传承也最完整（图2-1-2）。

传统村落的形成受到多方面因素的影响，每一种因

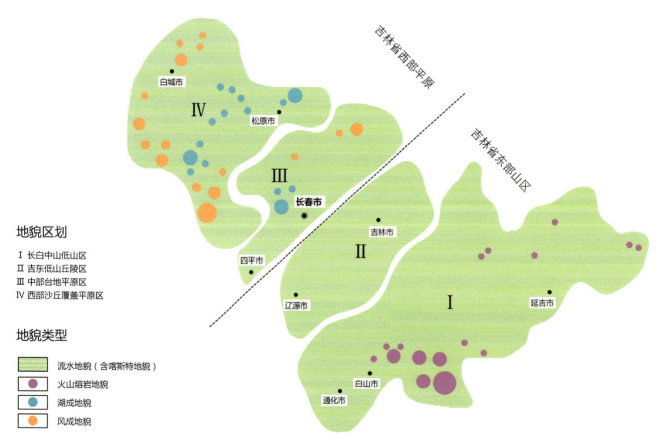

图2-1-1　吉林省地貌类型

图2-1-2 吉林省传统村落分布

素所起的作用不尽相同,经过数百年的相互影响、相互作用,共同形成现在的传统村落的基本形式,各要素的具体影响分析如下:

(一)自然因素的影响

自然因素在传统村落的形成与发展过程中起非常重要的作用。在同一区域,地理环境相对复杂多样的地带更容易形成传统村落;就不同的地区来说,地形地貌类型多样复杂的地区如山地、丘陵地区则更容易形成传统村落。

目前吉林省保存较好的传统村落大都分布在东部山区地带,这里地形起伏较大、自然环境优美、自然资源丰富、土地肥沃、水源充足,早期的村民正是受到这些自然条件的吸引选择到此繁衍生息。不便的交通使他们逐渐与外界隔离,受到外界的影响较小,因此也比较容易延续传统的风貌格局、传统文化,从而形成保护情况良好、传统文化氛围浓厚的传统村落。

(二)制度因素的影响

制度因素包含的范围比较广泛,上到国家层面,下到家族层面,制度一直伴随人们的左右,它们的存在和作用是强有力的,影响着人们态度的形成和决策的改变,如国家出台的任何有关乡村聚落的政策法规都将影响传统村落的宏观建设和发展方向。

(三)历史因素的影响

吉林省传统村落大多形成于清代,历史较为短暂。近代以来中国的社会经历了许多的变故,每一次变故都将会对传统村落的形成和发展产生不同的影响。

1. 封禁时期

1668年（清康熙七年），清政府把东北定为"龙兴之地"，为保证其本族的利益而废除了招垦令，对东北实行封禁。长白山更是被看作"圣山"封禁了起来，严禁外人进入，只留下一些八旗士兵看守山林，为皇帝来此祭祀打猎做准备工作，久而久之便形成了村落。此时的满族村落很少受到外来文化的影响，承载着比较纯正的满族文化。

2. 闯关东时期

闯关东的历史可以分为三个时期：一是1644~1667年，清政府颁布《辽东招民开垦条例》，鼓励关内居民移居关外开荒种地；二是1668~1860年，为了维护满族人民的利益，清廷于1668年下令对东北地区实行封禁政策，这个时期的移民多为自发闯关行为；三是1861~1911年，受沙俄对边境侵蚀的困扰，采取移民实边政策，鼓励关内移民充实东北边境。

3. 朝鲜族移民时期

17世纪朝鲜连续遭受旱灾和虫灾，农民的生存受到了威胁，为了生计，大批农民涉险跨江进入中国东北地区。朝鲜向中国东北的移民大致可以分为封禁潜入时期（1881年之前）、鼓励移民时期（1881~1910年）、自由移民时期（1910~1925年）、限制移民时期（1925~1931年）、强制移民时期（1931~1945年）等五个时期。其中1931年之前的移民为自主移民，大多沿图们江和鸭绿江一带居住，形成自然部落；1931~1945年是在日本帝国主义的强制下进行的移民，主要集中在东北三省内陆地区，形成集团部落。

（四）文化因素的影响

尽管东北文化具有很强的地域性与民族性，但对外来文化的包容使其早已与外来民族文化融为一体。村民是文化的核心，是文化的创造者与传播者，东北本土文化与中原文化及其他外来文化的融合主要是通过历代移民和流人这个渠道进行的。经过千百年来的同化与吸收，东北文化从独特的地域性与民族性文化逐渐演变为具有多民族文化特点的综合性文化，也同时造就了具有多民族文化特点的传统村落。

（五）人为因素的影响

吉林省传统村落大多地处东部山区，由于地处偏远，社会发展水平相对落后，人们的诸多需求得不到保障，再加上一些宗族制度、社会制度的影响，将会直接导致与村落的形成与发展关系密切的村民的思想观念与社会行为逐渐发生变化，从而改变对传统村落的建设与发展方向。

第二节　东部山区传统聚落

一、东部地理环境与聚落分布特点

（一）东部地理环境

吉林省东部位于我国东北地区的中部，属于气候学上的北温带范围。面积约8.65万平方公里。其东部与俄罗斯接壤，图们江和鸭绿江作为中国与朝鲜的边界线，其南侧连接辽宁省，北侧毗邻黑龙江省。根据地形地貌的差异，可将吉林省东部地区分为长白山低山区和低山丘陵区。长白山低山区包括通化地区和白山地区，低山丘陵区包括长白山的周边山脉以及松花江、鸭绿江、图们江等水系形成的区域。吉林省东部地区地形地貌的主要特点是山脉平行，丘陵地带以及山间盆地间杂等，而且区域内拥有着丰富的自然资源和生态旅游资源。

吉林省东西部分界明显，以大黑山为界，西部为冲积平原，东部为丘陵山区。吉林省东部的山体主要以长白山山脉为主体，地貌类型可分为两大地貌构造单元，以和龙、海龙线为界，南部为华北台地，北部为地槽褶皱区，这一区域内地貌形态比较复杂，主要包括山地、丘陵、台地和谷地等。

长白山是中朝两国的分界山，也是欧亚大陆东缘的最高山系。长白山主峰及余脉遍及整个吉林省东部，包括位于靖宇、安图、长白、敦化、抚松、辉南等县（市）地区，其间还分布有许多山间盆地，如珲春盆地、松江盆地、延吉盆地等。同时，长白山也是鸭绿江、图们江和松花江的发源地，因此吉林省东部地区水资源相对丰富，水网分布密集，以三大江为发源地呈放射状向东、北、西三个方向流经，其河流的主要特征是水量大，泥沙含量较少，上游流势比较凶猛，下游河床宽阔流势平稳。图们江流域是中国与朝鲜的界河，流经延吉市，注入日本海，在吉林省境内有许多支流，如珲春河、嘎呀河、大汪清河。鸭绿江是中朝的界江，在辽宁省丹东市注入黄海北部的西朝鲜湾，鸭绿江在吉林省境内流经浑江市和通化市，主要的支流有浑江。第二松花江流域是吉林省重要的水资源支柱，流经吉林省大部分地区，在流域区内东南高，西北低，上游地区山势较高，水流湍急，该流域内支流更加丰富。

受多山多水因素的影响，吉林省东部地区的气候与中西部地区有明显的区别。因为长白山山脉对季风的影响，使东部地区的降雨量较为充沛，在吉林省境内自东南向西北逐渐减小，蒸发量却与此相反，气候由湿润气候向半湿润气候再向半干旱气候过渡。

吉林省东部地区山水特色要素显著，宏观上对城镇的分布规律、空间区域等影响较大，中观上引导了城镇的空间结构，微观上形成了独特的街道、巷道、建筑形态特征。自然地理环境是城市发展中良好的资源优势，对城镇空间的影响举足轻重（图2-2-1）。

（二）东部乡村聚落分布与生态特征

吉林省东部乡村聚落分布特征在空间上表现出：整体分布不均衡，呈现多核心、低密度、不连续的分布状态。从行政区划上看，乡村聚落点集中在延边朝鲜族自治州和通化三县市。在延边朝鲜族自治州内，乡村聚落以延吉市周边和敦化市为主要分布区域，其他县市分布数量少，呈分散状态；白山市乡村聚落数量相对较少且区域差异人，将白山市以中心纵向为轴划分为两部分，乡村聚落点几乎全部分布在左侧，左右两侧聚落数量与分布状态呈两极分化状；通化市、通化县和集安市乡村聚落整体分布均匀且集中，密度大，数量多。

二、吉林省东部聚落发展历程

（一）土地封禁时期（1668～1860年）

清代之前，吉林省聚落极少，1644年，清政府颁布"招垦令"，省内聚落开始出现增长趋势，但主要集中在以柳条边为中心的吉林省中部平原、丘陵台地地区。1668年，清政府在东部地区修筑柳条边，开始实施"封禁政策"，严禁居民前往定居开垦。直到1795年，吉林省东部开始出现聚落，据记载此处聚落为朝鲜族人民迁移至此。

吉林省东部主要受长白山山脉的影响，地势起伏大，气候寒冷，交通不便，生存条件极为恶劣，因此，这个时期吉林省东部聚落极少。生态环境方面，由

图 2-2-1 吉林省地势图

于自然地理条件复杂，几乎没有人为建设，同时清政府颁布的"封山封禁"政策，有意识保护长白山森林资源，保障了生态环境的健康发展，致使东部森林生态区在这一时期原始森林植被茂密，树木种类繁多，动植物繁盛，水资源丰富，生态格局完整。

（二）土地开垦时期（1860~1949年）

根据资料记载，1860年，吉林省东部乡村聚落主要集中在通化县和集安市，聚落数量较少，是闯关东移民至此。1861年，清政府废除"封禁政策"，聚落在吉林省内急速增长，土地开垦到达全省范围内。随着人口的不断增加，吉林省东部乡村聚落逐渐从平原盆地区开垦至丘陵山地的河谷区。1905年，清政府开放吉林省全部土地，大量关内移民涌入，进行聚落建设和开垦土地，采用粗放式农耕做法，大规模毁林辟田，致使长白山、松花江流域沿岸生态环境破坏，原始森林自然生物地理群落转变为农耕群落，土壤肥力退化。1911~1949年，聚落增长更加迅速，据记载通化地区以18倍的速度增长，安图则达到19倍，并且有大量朝鲜流民进入中国境地，主要集中在今延边朝鲜族自治州，他们砍伐树木，开辟农田，聚落斑块不断扩大，原始森林逐渐退缩。

（三）高速增长时期（1949~1986年）

中华人民共和国成立初期，乡村聚落的发展延续土地开垦时期的增长状态，呈现出高速增长的态势。根据资料显示，到1949年，乡村聚落在吉林省东部各地均有增长，从鸭绿江流域向低山丘陵地带扩散。中华人民共和国成立以后，国家重视经济建设，1953年，开始实施第一个"五年计划"，乡村经济也有了突飞猛进的发展，土地开垦加速，建设规模迅速扩张，耕地面积不断增大。1978年，改革开放以后，我国进入了以经济建设为中心的发展阶段，工业化步伐加快。家庭联产承包责任制在吉林省乡村普遍推广，使得农业生产增长迅速，城乡收入差距急剧缩小，人口与城镇用地规模不断扩大，这一时期乡村聚落呈现高速发展状态。

（四）缓慢发展时期（1986～2000年）

吉林省乡村聚落在经历大发展、大繁荣的高速增长时期之后，1986年迎来缓慢发展时期。十二届三中全会之后，国家开始实施宏观经济的治理整顿政策，吉林省出现了自改革开放以来的一个经济回落期，受宏观经济紧缩的影响，全省城镇化进程推进速度放缓。1995年以后，全省工业经济发展进入低谷，民营和乡镇经济发展较为缓慢，自下而上的城镇化动力不足，乡村聚落发展几乎停滞，相应生态格局的变化也随之减缓。1998年以后，乡村的发展又到了艰难的时期，国家将工作重点放在了工业化和城镇化的推动上，与此同时，经济建设发展和生态环境的矛盾日益突出，生态安全问题重重。

（五）稳定发展时期（2000年至今）

进入21世纪，国家更加关注城市与乡村之间的关系，我国城镇化建设取得了重大成就，城市周边地区的乡村相继步入了城乡一体化发展之轨道。"新农村建设"与"乡村振兴战略"相继提到议程上来，并逐步深入广袤农村地区，乡村风貌、生态系统得到了有效保护与升级。党的十九大报告指出："实施乡村振兴战略，要坚持农业农村优先发展，按照产业兴旺、生态宜居、乡风文明、治理有效、生活富裕的总要求，建立健全城乡融合发展体制机制和政策体系，加快推进农业农村现代化"。这一时期，吉林省东部山区一些特色乡村聚落被列入"中国传统村落""中国特色小镇"名录。

第三节　中西部平原传统聚落

一、中西部地理环境与聚落分布特点

（一）中西部地理环境

中西部区域各城镇地处广阔的松嫩平原、松辽平原以及科尔沁草原，整体地势平坦，其间有多条河流贯穿，周边优质草场遍布，适宜发展农业、畜牧业，曾是众多少数民族的游牧地。随着开垦放牧强度的增大，再加之干旱、大风等气候条件的影响，使得区域内生态环境遭到严重破坏。当前的生态环境修复及建设问题尤为突出。

（二）中西部乡村聚落分布与生态特征

吉林省中部地区隶属平原地区，利于耕作，是全省的粮食主产区，吉林省产量大县大多分布于此。长春、吉林和辽源市在中部地区乃至省域内具有很大的影响力，再加上丰富的土地、气候、资源条件的优势以及便捷的交通联系，使得乡村聚落主要集中在长春、吉林、辽源、四平地区，形成相对密集的区域。

吉林省西部地区由于缺乏降水，加上土地沙化、过度放牧等因素使西部草原生态环境遭到较大破坏，部分

区域生态环境脆弱，生产功能受到影响，乡村经济发展水平较差。直接导致西部地区乡村聚落布局松散，建设模式也比较单一，主要集中在白城、松原、乾安地区，呈沿交通线和水系走势分布特征。

中西部区域城乡聚落经过数十年的发展，逐步形成了以白城市、松原市作为中心城市，以交通线路作为依托，总体布局呈"三角形"的小城镇空间分布格局。小城镇及聚落皆以交通干线为网络骨架，形成了"珠串"状的独特空间分布。

二、吉林省中西部聚落发展历程

（一）孕育发展时期（1900年以前）

据对历史遗址、遗物考证，西部区域早在新石器时期就出现了人类活动的迹象，大多以少数民族为主，并未形成固定的居所。新石器晚期和青铜时代，这里人类活动范围又有扩大。在很长一段时间内，属于游牧地，从商代至明朝，所属权在各个少数民族部落间转移。

（二）动荡发展时期（1900~1948年）

1900年清朝光绪年间，西部区域随着"移民实边"政策的实行，开始了其真正的发展历程，由于开禁招垦，大量汉民迁徙到此开始生产、生活，逐步形成蒙汉民族杂居区。随着农业的进一步发展，城镇开始具有一定规模，并相继设立建制，开始修筑城郭。建县初期，工业相对落后，仅有一些木铺、铁炉、粮油加工磨坊，有少量自由集市，农民以出售农产品和农业副产品与一些行商换回大布、食盐等生活和生产用品。

（三）曲折发展时期（1949~1977年）

1949年，在中国共产党的领导下，新中国成立后进行了剿匪、反霸、分田地等一系列新举措，人民开始翻身做主人。经过土地改革和农业合作化，生产关系进行变革，生产力得到解放，农业由此开始迅猛发展。政府开办相应的国营工厂，使工业有所发展。在"发展经济，保障供给"的方针下，商业逐渐活跃，供销两旺，公私店铺并存，一片大好发展的新景象。

1958年开始的"大跃进"和"人民公社化"运动，使经济建设遭到严重挫折。由于人们对自然生态和农林牧业相互促进和依存的关系缺乏科学认识，盲目进行开垦荒地、无节制的放牧、乱砍滥伐，导致草原、林地大面积衰退，造成严重的生态破坏，致使农业、畜牧业、林业相继受损。

1961年开始实行"调整、巩固、充实、提高"的方针，直到1965年，主要经济比例关系趋于协调，社会经济又出现了蓬勃发展的局面。

1966~1976年，由于受到"文化大革命"的影响，乡村聚落各项事业几乎停滞不前。

（四）快速发展时期（1978~2000年）

1978年，我国推行家庭联产承包责任制，极大地调动了农民的生产积极性，乡村社会逐步呈现出新的活力与动态，加快农业发展步伐。伴随着经济体制改革，实行多种经济成分并存、多种购销渠道流通的商业体制，商业有了较快发展。到1985年，各项事业发展突飞猛进，人们生活水平有了较大提高，城乡基础设施建设和社会公共服务也趋于完善。而到了1995年以后，吉林省工业经济发展开始进入低谷，以工业居多的吉林省中西部城乡经济发展缓慢，乡村聚落建设几乎停滞。1998年随着我国工业化和城镇化的推动，乡村聚落的发展再次受阻，城乡发展矛盾日益凸显。

（五）稳定发展时期（2001年至今）

城市步入稳定发展时期之后，各地区将城镇群的共同发展作为未来发展的努力方向和奋斗目标，更加关注城镇之间的相互联系，并将保护生态环境作为城镇发展和经济建设的重要前提和保证。

中国社会科学院当代城乡发展规划院2013年发布《2013年城乡一体化蓝皮书》。蓝皮书从城乡规划、产业布局、基础设施、公共服务等方面，回顾总结了我国当前城乡一体化建设的重大成就，分析了各地城乡一体化发展的现状和态势，梳理了城乡建设中存在的问题，研究了城镇化对城乡一体化模式产生影响等新情况，探索转型环境下新现象、新问题形成和发展的规律；从土地、户籍、农民工、社保改革等政策体系角度，探讨"四化同步"（工业化、信息化、城镇化、农业现代化）发展新路径。

2017年党的十九大报告提出"乡村振兴战略"，把解决好"三农"问题作为全党工作重中之重。2018年国家公布了《中共中央 国务院关于实施乡村振兴战略的意见》，在乡村振兴战略实施的大背景下，农业农村经济发展迎来了重大战略机遇。一大批特色乡村聚落被列入"中国传统村落""中国特色小镇"名录。传统村落的保护与发展对打造地域文化品牌，推动乡土文化复兴，增强文化自信具有非常重要的意义。

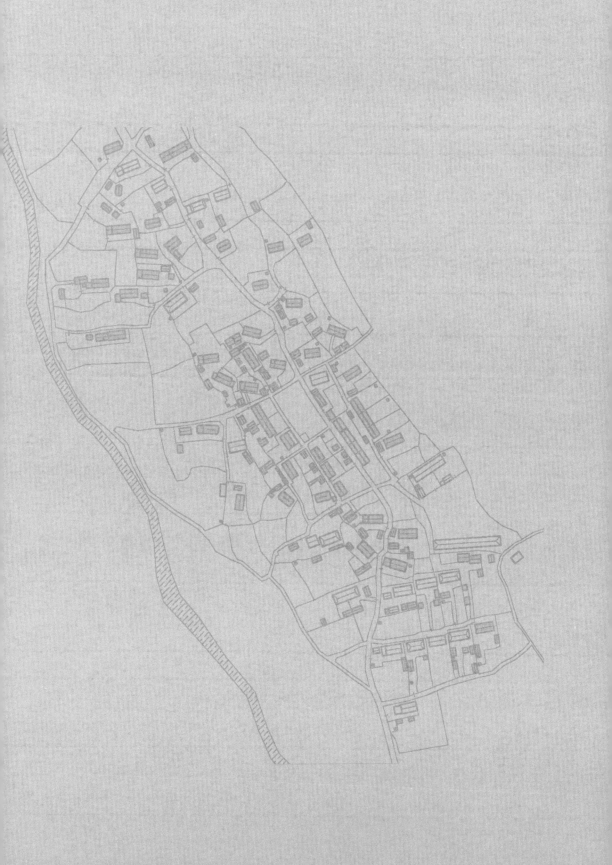

第一节　聚落结构与构成要素

对于传统聚落而言，其外部空间的结构即是道路、广场、边界、院落、住宅等各空间要素之间构成的组合关系和组织方式。传统聚落的各层次要素遵循由简到繁、由小到大逐级向上构成的关系，以"点""线""面"三种几何形态结构方法构建了空间结构体系。

"点"空间——传统聚落中的"点"状空间数量众多且分布广泛。聚落中的桥、入口、广场、道路交叉口等节点均属于"点"状空间，这些空间通常都是依附于街巷、河道等"线"形空间要素存在，"点"状空间通过"线"形空间而逐一连接在一起，形成空间序列上的各个节点，而"线"形空间通过"点"形空间得以完整组成。

"线"空间——道路、河道、景观带都是传统聚落中的"线"形空间，这些空间的形态结构多以两类因素形成，其一就是传统礼制、宗法等级所形成的城市营建思想，其二就是顺应自然环境，依山就水形成的因地制宜的营建思想。前一种营建思想所形成的道路路网以棋盘式方格网居多，如吉林市乌拉古镇的道路路网结构；后一种思想所形成的街巷路网格局多在自然环境不易改变的地区，或依山或就水形成，如图们江、鸭绿江沿岸的早期朝鲜族传统聚落的道路路网格局。同时，不同时期的"线"形空间形态结构也不尽相同，早期传统聚落根据地形以曲线道路为主，而近代集团部落及现代大规模农业生产型聚落的道路则大部分采用直线，便于生产及管理。

"面"空间——传统聚落中的"面"状空间较"点""线"空间而言，并不是直接呈现在眼前或是感受到，因为只有上升到聚落整体层面上，地块、街坊等这些"面"状空间才会显现。"面"状空间以单体建筑为基本构成单位，通过单体建筑的组合形成合院空间，然后合院空间通过组合形成院落组空间，再由一个个合院组空间组合成为地块街坊空间，最终由一个个街坊组成聚落整体"面"状空间。即由"单体建筑—合院—院落组—街坊—聚落"所形成"面"状空间层次结构。

广场、节点等"点"状空间与道路、河道形成"线"形空间以及地块、街坊等"面"状空间共同组成了聚落的整体空间。从结构上说，"点"状空间通过与其他空间要素之间相互联结与依附，体现了聚落的节点空间结构特征；"线"形空间通过街巷、河道平行伸展，体现了聚落的线形空间结构特征；"面"状空间通过从小到大，要素由单体建筑到地块街坊的逐级构成和平面上的扩展，体现了聚落区域空间的结构特征。

一、道路

传统聚落的街巷空间作为构成聚落外部空间的重要组成要素是聚落形态的骨骼和支撑，是人们日常生活和户外活动的重要承载空间，同时也是人们实现人际交往、促进邻里交流的物质依托。传统聚落的道路空间系统一般由"主路—次路—宅前小路"三级构成，其中"主路"为传统聚落的主要通行道路，贯穿或连接整个聚落；"次路"为"主路"的分支，隶属聚落组团级道路；而"宅前小路"则是"次路"的分支，与住宅入口相连。这种构成形式使得道路空间呈现树枝状分布，"主路"为干，"次路""宅前小路"为枝，建筑则为叶。一般来讲，主路是聚落的主要交通空间，平面上尽管也有曲折，但主体是直线形的，而次路是联系主街到住宅大门的过渡性空间，形态上存在更多的转折。街巷空间对聚落的影响主要与其两侧垂直界面（建筑立面）、地面和小品等构成要素有关。建筑立面与立面层次影响着街巷空间的大小和比例，限定了街的内部轮廓线；建筑与地面的交接确定了街巷的平面形状和大小；小品则成为街道中的点缀，影响着人们对空间的感受。

传统聚落道路宽度与住宅高度存在一定比例，道路的功能差异造成了比例的变化。具有商业性的主要街道约为 $D/H=0.8\sim1$，生活性的次要道路、宅前小路约为 $D/H=0.3\sim0.5$。虽然街巷空间的比例存在差异性，但是空间的收放、方向的转折以及建筑细部变化的多种处理，使得人们行走在其中并不感到压抑，反而感到舒适，进而营造出宜人、充满生活趣味的交往空间图[①]。

道路空间的差异除了表现在其功能的不同外，还与聚落所处的地域环境有所联系。吉林省中西部平原地区聚落的街巷空间因考虑到生产、车辆通过等原因，呈现出尺度略大的特点，而东部山区，道路空间则依据山势地形的特点而呈现出平面曲折、竖向高程不一的布局方式。

二、广场

从构成角度来看，传统聚落中广场空间可视为"节点"的一种，同时具有连接道路和集聚人流的作用。广场可通过与主要街道的融合作为聚落中心公共建筑的扩展部分，成为聚落的公共活动中心场所；或者与水井、石磨、古树等要素结合成为小尺度公共活动空间。广场大多都是因为交通、商品贸易、宗教活动、生活习惯等因素形成的，因此占地面积大小不一，形状自由灵活，边界也模糊不清。

根据广场的使用功能可将其分为商业性广场、生活性广场和交通性广场三类。商业性广场一般是定期或不定期集市贸易的场所，这类广场常常由道路局部拓宽而成，但是由于传统村落的商业活动少于城镇，因此商业性广场一般会与集会、娱乐功能相结合；生活性广场一般设有一块空地，供民众进行聚会、健身等活动；交通性广场通常设置在桥头、道路交叉口等地，其主要功能是解决人流疏散的问题，规模一般比街巷节点空间大，有时也会有一些临时性的商业活动。

三、边界

借鉴"复合界面"的概念，边界在这里不只是平面上的分界线或者分隔空间的"表皮"，还是可以容纳人的活动的三维空间。聚落边界概念，是指限定聚落领域范围的空间形态要素，是聚落物质形态的一部分，在平面上是一个"区域"，起到过渡聚落内外环境的作用。边界是聚落当中最富变化性、最为活跃的一部分，体现了聚落的整体风貌特征，标识着聚落空间的开端。边界"区域"的范围是由内、外两层边界共同界定的。

（一）内边界

内边界是由边界建筑、篱笆、道路、水渠、农田等人工以及半自然环境要素组合而成的连续、明确、闭合的边界线。内边界限定的是村民日常生产、生活所集中利用的空间范围，当人们进入这一范围，可以感受到明显的空间归属变化。

[①] 芦原义信. 街道的美学[M]. 尹培桐译. 天津：百花文艺出版社，2006.

（二）外边界

外边界是由边界节点所界定的，边界节点空间的使用频率较低，与聚落主体的联系较弱，分散位于其周围。因此，外边界是一个相对模糊的概念，在视觉上并没有严格的限定，很大程度上源于人们的观念和习俗。例如，图们江流域下石建村将先人的墓地设置于周边山体之上，使聚落主体空间得到视觉和精神上的延伸。

四、院落

院落空间是我国传统民居中的空间形态，从东北地区的大院，到北京的四合院，再到南方地区的天井，都可以看到院落空间。对于东北农村地区来说，早期由于人口稀疏、经济落后等原因，很长一段时间是没有形成院落空间的，后来随着人口的增多，开始用篱笆、土墙、砖墙等方式围合空间，形成了所谓的院子。不同民族的院落围合采用不同材料，满、汉民居通常采用土墙或砖墙进行院落围合，围墙高大，院落封闭，一些偏远地区的山村则就地取材，用石块垒砌或采用木篱笆围合院落；延边地区的早期朝鲜族传统村落通常采用低矮的篱笆来进行院落的围合，以此促进邻里间交往。

在东北乡村地区院落是住宅内空间组织的交汇点，具有较多的功能。生活功能方面，随着压水井的出现与普及，人们大都在自己的院子里修建压水井，使得水源的获取不用再去村子里的水井，这样围绕着压水井所产生的一系列活动就在院子里发生，比如洗衣、晾晒等活动。存储功能方面，临时性的杂物就会堆放在院子里，晾晒谷物，而且在院子里挖坑设地窖，储藏冬储菜。饮食空间方面，农村日常的餐饮并没有固定的地点，有时院子也是餐饮的地方。礼仪功能方面，婚丧嫁娶等礼仪性的活动都会在院子里举行。

吉林省传统聚落中常见的院落形态有两面围合院落、三面围合院落、四面围合院落。

（一）两面围合院落

正房一侧增加与之垂直的厢房组成"L"形的布局方式，形成两面围合的院落，是东北乡村较为常见的一种院落布局方式。院落与菜园融为一体，并与主入口相连，其空间紧凑，布局灵活，交通便捷，院落空间相对较为开放。

（二）三面围合院落

随着家庭人口的增多和经济水平的提高，人们对居住空间、储藏空间的需求都有所提高，一面厢房无法满足空间的使用需求，因此在原有的两面围合院落的基础上另一侧加设厢房组成"凹"字形布局方式，形成三面围合的院落。相对两面围合的半开放性院落空间，三面围合的院落空间围合感增强，形成半封闭性院落空间。

（三）四面围合院落

四面围合院落是在三面围合院落的基础上空间发展极致的院落形态。这种院落的形成与门廊或门房的发展有关，除了院落北、东、西三面的房屋，在南面修建门房或门廊，形成四面围合的全封闭院落空间。东北满族四合院是四面围合院落的典型案例。

五、住宅

人们赖以生存的住宅建筑是乡村聚落中最主要的构成要素之一。住宅的形态根据民族、地域、地形有所区别。

吉林传统民居根据民族类型可分为满族民居、朝鲜族民居和其他民族民居，其中满族民居根据建筑类型可分为地窨子、马架子、满洲老屋，朝鲜族民居根据平面形态可分为咸境道型朝鲜族民居、平安道型朝鲜族民居、庆尚道型朝鲜族民居；此外，根据结构及材料特点吉林传统民居还包含木刻楞建筑、碱土房等特殊营建技艺及材料的民居。

第二节　聚落形态与特点

一、按地形分类

（一）山地聚落

山地聚落是指结合山地地形地貌，依照坡度差异进行聚落布局，使聚落构成要素与山地自然景观相协调的聚落形态。山地聚落分布类型按结构主要有垂直于等高线和平行于等高线的布局方式，也有散点和集中式布局形式。

1. 垂直于等高线

聚落多呈沿南坡跌落的线形格局，其形态一般较为紧凑，空间结构呈纵向展开。聚落主街有较明显的高程变化，地形陡峭的地段常用踏步连通上下，其街道一般窄小曲折，构成层叠多样的立体街巷空间。

2. 平行于等高线

聚落顺应自然地形高程水平展开。建筑多沿等高线行列布局，建筑物走向多因应地形变化而呈弯曲的形式，并因山势的不同而形成外凸和内凹两种形式。外凸形式聚落多位于山脊，具有离心、发散的感觉；内凹形式聚落多位于山坳，具有向心、内聚的感觉。

3. 散点布局

群体布局自由，建筑单体分散，用地比较零散，道路随地形起伏，往往呈现树枝状或自由弯曲的线形。布局模式对地形适应能力强，利于创造丰富多样的空间和群体构图，多见于偏僻山区。

4. 集中布局

聚落以广场等汇聚型空间为主导因素，把各种联系汇集于外部空间场所。建筑单体围合形成空间界面，由广场、绿地或自然水面等形成共同的视觉焦点和活动空间。集中空间的平面形状灵活多变。

（二）平地聚落

平地聚落是指分布于地形较平坦的平原地区的聚落形态。平地型村落主要有两种，一是村落选址于用地广阔、地势平坦的平原地区，这种模式主要分布在吉林省西部地区；二是选址于丘陵区地势较高的平坦台地，在吉林省中东部丘陵地区有所分布。

平地聚落多呈组团状分布，内部道路通常采用网格化布局，纵横交叉，院落形制规整，住宅规模较大。相对山地聚落，平地聚落交通便利，经济发达，聚落形态多样，演变速度较快。

（三）滨水聚落

滨水聚落可以概括为具有依托自然水域而建，水体是村落构成的主要因素之一，水的连续性和可观性构成了村落重要场所等特征的传统村落。

聚落环境的构建必须拥有充沛的水源，以满足农业耕种、人畜饮水之用。比如在干旱地区，聚落选址多处于山腰，即为了兼顾耕作、防洪、汲水三种功能。聚落选址、建筑布局还需考虑雨季因素，尤其是山洪较大时的排洪便利，从而避免产生洪涝灾害以及由此引发的次生灾害。

滨水聚落根据水的储量、河流级别和水势的不同，村落与水的关系有所不同。根据河流与村落建设用地的平面关系划分，滨水聚落主要有傍依式、环绕式、穿过式三种。

1. 傍依式

聚落一面靠水称为傍依。此类村落河流较为宽阔，通常沿河成街，形成线形道路与景观廊道，以街为起点，建筑向内纵向延伸发展，形成平行于水系的村落布局。

2. 环绕式

河流沿村落外围环绕围合形成围合或半围合式滨水空间。因河流弯曲的内侧较外侧灾害少，历史中的滨水村落大多选址于河流弯曲的内侧，这种对水流的选择体现了古人防洪的意识与智慧。

3. 穿过式

一条水系穿过村落，将村落分割成两部分，两岸聚落通过桥体相连接。在中国传统滨水聚落中，桥是设置在水体上方的重要节点空间，是人类智慧的结晶，因为桥的存在滨水空间变得立体而丰富。这样的布局在东北聚落中应用较少，通常在南方水乡聚落中采用较多。

二、按平面结构分类

传统聚落外部空间形态不单是聚落的总体空间布局形式和各空间要素所形成的空间格局、肌理，还是在聚落村民们长期的生活方式和文化观念影响下所形成的聚落空间氛围，以及人们通过感知、认知而形成的对传统聚落的主观感受。因此，对于传统聚落外部空间形态的研究，除了要分析聚落中建筑、街巷、广场、水系等物质空间要素，同时还要从更深层次的生活方式、文化观念、精神思想等人文要素方面加以研究，在文化与空间的相互制约下聚落平面逐渐趋于完善。

大多数自发形成的传统聚落，其聚落平面形态体现了地域环境、经济条件及信仰文化等诸多因素的作用和影响，尽管聚落形态表现出千变万化的布局形式，但其平面形态基本可归纳为以下几种：

1. 带型

一般是随河道、山势及主要道路方向顺势延伸或者环绕发展所形成的线形空间布局。由于周边山地、河流等地形要素对聚落空间发展限制较大，通常围绕聚落中央或边缘的线形道路及景观廊道形成开放空间。

2. 核心型

通常以一个核心空间或者一组核心建筑群为中心，围绕其向外延伸布局，这种向心的布局模式反映出居民的原发的、潜意识的心理需求。如闽南地区的客家土楼，围绕宗祠及庭院形成围合式布局。

3. 组团型

随地形变化或与道路、水系相联系的多个组团所组合的空间形态，通常分布在丘陵和平原等交通发达地区。若干组团散落在田野中，组团与组团之间交通便捷，形成群集，既独立又整体。

4. 灵活型

灵活型平面布局形式主要体现在受自然环境限制较大的聚落，聚落顺应地形地势发展演变，形成自由灵活的空间形态。这种聚落主要分布在山地、丘陵等地形较为复杂的地区，聚落结构顺应地形，因地制宜，就地取材。

第一节　民族文化与地域分布

一、满族

(一)满族民族文化

满族是一个具有悠久历史文化传统的民族,满族人民群众创造的各类民俗文化,代代传承。民俗是人们心底的文化,是延续一个民族发展的文化象征,这些民俗不仅丰富了人们的生活,还增加了民族凝聚力。满族先民长期生活在寒冷的东北地区,以狩猎和采集为主要生产手段。独特的生活方式决定了他们与其他地区、其他民族不同的生活习俗,有着自己独特的生命力。

1. 衣饰

历史上满族男子多穿带马蹄袖的袍褂,腰束衣带,或穿长袍外罩对襟马褂,夏季头戴凉帽,冬季戴皮制马虎帽。衣服喜用青、蓝、棕等色的棉、丝、绸、缎等各种质地的衣料制作,裤腿扎青色腿带,脚穿棉布靴或皮靴,冬季穿皮制乌拉。顶上留辫子,剃去周围的头发。

女子喜穿长及脚面的旗袍,或外罩坎肩。服装喜用各种色彩和图案的丝绸、花缎、罗纱或棉麻衣料制成。有的将旗袍面上绣成一组图案,更多在衣襟、袖口、领口、下摆处镶上多层精细的花边。脚着白袜,穿花盆底绣花鞋,裤腿扎青、红、粉红等各色腿带。盘头翅,梳两把头或旗髻。喜戴耳环、手镯、戒指、头簪、大绒花和鬓花等各种装饰品。

满族男女都喜爱在腰间或衣服的大襟上挂佩饰。男子有火镰、耳勺、牙签、眼镜盒、扇带。女子有香囊、荷包等。大多用绸缎缝制,花色品种繁多,制作精美。入关以后,满族旗袍已在中国妇女中通用。

2. 饮食

满族的饮食习俗,是随着满族历史年代、社会生产、经济条件的变化而形成和发展的。满族先民们长期生活在东北地区的白山黑水之间。除了"多畜猪,食其肉"外,捕鱼、狩猎是他们的主要的生产方式,鱼类、兽肉及野生植物、菌类则是他们的食物来源。猪肉在满族的食物构成中,是和鱼、鹿肉等不相上下的肉食。

吃祭神肉是满族的一项具有原始宗教色彩的食俗。在民间,新年祭索罗杆(神杆)时,都要做血肠(即后来的白肉血肠);昏夜祭七星时的祭品,后来则演化成七星羊肉。在满族的祭祀中,多以猪为牺牲,称猪肉为"福肉""神肉",祭祀后众人分食。满族喜爱黏食,喜食蜂蜜,爱喝糊米茶等,满族入关后,虽然其饮食习俗受汉族影响较大,但还是保持着传统的惯性。从民间的风味小吃、三套碗席到清朝宫廷御点、满汉全席,构成了满族饮食的庞大阵容,它不仅是满族民族文化的组成部分,也是祖国烹饪宝库中的重要财富。

3. 节日

满族受汉族文化的影响,节日与汉族相近。重视农历新年,过年时尽可能以新物代替旧物,来迎接新生活。吉林农村至今还有这样的民谚流传:"年到年到,糕糖祭灶,姑娘要花,小子要炮,老头要换新毡帽,老太太要块大年糕。"正月十五过灯节,同汉族一样,满族也有挂彩灯和吃元宵的习俗。正月十六日是满族妇女的节日,当晚,妇女们三五成群,结伴远游,或走沙滚冰,或嬉戏欢闹,叫作"走百病"。正月二十五祈求来年过"添仓节"。农历二月二是"锁龙"的日子,当日晨,满族人家把灶灰撒在院中,灰道弯曲如龙,故称

"引龙"。然后在院中举行仪式，祈求风调雨顺，全家人还要吃"龙须面"和"龙鳞饼"。妇女们这天不能做针线活。这一天，满族农村家家讲究煮黏高粱米饭，放在仓库，用秫秸棍编织一只小马插在饭盆上，意思是马往家驮粮食，丰衣足食。第一天，再添新饭，连着添三回，也有的人家用高粱秸做两把锄头插在饭上。这个节至今在东北农村保留着。还有五月端午，六月六"虫王节"，八月十五中秋节，满族人家过中秋节也吃"团圆饭"，在月亮初升之际，还要供月。即在院内西侧向东摆一架木屏风，屏风上挂有鸡冠花、毛豆枝、鲜藕等，为供月兔之用。屏风前摆一张八仙桌，桌上供一大月饼。祭时，焚香磕头，妇女先拜，男人后拜。

每年的十二月三日是颁金节，这是满族"族庆"之日。清明节，上坟祭祖时不像汉族在坟顶上压钱，而是在坟上插"佛朵"。"佛朵"是满语，译为汉语为"柳"或"柳枝"。根据满族信仰，柳是人的始祖，人是柳的子孙，为表明后继有人，要在坟上插柳。

4. 生育

满族的生育观，旧时有重男轻女思想，至今依然，而且以多子多女为福。生男孩，则在房门左框上挂一木制小弓箭；若生女孩，则在房门右框上挂一条或红或蓝的布条，此谓"他哈补钉"。这个仪式称之为"悬弓挂帛"。孕妇生产前，要把炕席卷起，在土炕上铺上谷草，让孩子生在谷草上，所以孩子出生称"落草"。在孩子出生的第三天，要进行"洗三"，婴儿满月，要举行上索仪式，称"办满口"。满族人生第一个孩子，满月时，姥姥家要给孩子蒸"河咧"，其舅父在这天要送给一个悠车，并亲手挂起来，俗称"养活孩子吊起来"。做满月，女客将两个馒头合在一起，拿着让产妇咬一口，谓之"满口"。孩子周岁时已初懂人事，要"抓周"……给婴儿"睡扁头"的习俗，也是满族人所特有的育儿方法。

5. 丧祭

满族先人在历史上曾经实行过"天葬""树葬""火葬"和"水葬"等。由于社会、经济进一步发展及受汉族影响，满族人逐渐采用"土葬"这种形式。满族老人在弥留之际，要把祖宗板和祖宗匣取下来，用红布或者红纸包起来，等出灵之后再放回原处。满族人的棺材是起脊的，上尖下宽，跟起脊的房屋一样。满族人叫"旗材"或称"满材"。棺材不能白茬，要着色，一般是红土色。两边棺材帮，要画上山水花纹、云子卷儿，俗称"鞑子荷包棺材"。棺材头要画云子卷儿和仙鹤等，也有的画上各种花卉，俗称"花头棺材"。棺材头的横批，一般是"驾鹤西去"。棺材后头，要画上莲花，叫作"脚踩莲花上西天"。

满族丧葬中，有"烧饭"之习俗。出殡的时候，长子手举"灵头幡"，走在灵车前头。灵车后，其他子女们打着"铭旌"，就是细长的布条，像旗帜一样，结在一根长棍上。布条的周围镶着狼牙边。旗的颜色，要根据死者是哪旗人而定。

6. 宗教

满族在漫长的历史时期内信仰和继承着与通古斯人的古老的多神信仰一致的萨满教。萨满教是一种原始的多神教，远古时代的人们把各种自然物和变化莫测的自然现象，与人类生活本身联系起来，赋予它们以主观的意识，从而对它敬仰和祈求，形成最初的宗教观念，即万物有灵。萨满教认为宇宙由"天神"主宰，山有"山神"，火有"火神"，风有"风神"，雨有"雨神"，地上又有各种动物神、植物神和祖先神……形成普遍的自然崇拜、图腾崇拜和祖先崇拜。

萨满分为家萨满和野萨满。家萨满作为侍神者，主要负责族中的祭祀活动。野萨满（又称大神）是神抓萨满，即神灵附体的萨满。神抓萨满的活动包括医病、驱灾、祈福、占卜、预测等人们需要解决的问题

图4-1-1 萨满祭祀

图4-1-2 萨满腰铃

（图4-1-1）。

满族萨满面具多在跳野神祭祀时使用。萨满祭祀中，依照祭祀内容要求，模拟成各种动物或神怪。由于怕被死者或神灵认出，萨满要戴上面具，并用神帽上的彩穗遮脸。身穿萨满服，腰系腰铃，左手抓鼓，右手执鼓鞭，在抬鼓和其他响器的配合下，边敲神鼓，边唱神歌，充满神秘的色彩（图4-1-2）。

在萨满举行的宗教活动仪式上，所用的法器很多，如神案、腰铃、铜镜、抓鼓、鼓鞭等。在法器上都刻绘有各种神的图案，尤其是在神案上和抓鼓上古时候都刻绘有色彩丰富的神灵面具。满族面具是满族文化的稀世珍贵遗产，这些满族面具，无论是艺术价值、学术价值、民俗价值、文化价值都是弥足珍贵的。由于满族萨满面具是宗教用品，一般只由萨满传世珍藏，外人很难见到（图4-1-3）。

7. 礼仪

满族常见的礼节是请安，打千。过去小辈对长辈，三天一请安，五天一打千。请安为小礼，垂手站立，鞠躬唱喏："请某某安"。打千为大礼，其形式男女有别。男人见到长辈，先哈腰，左腿前伸并弯曲，右腿曳后；左手抹膝，右手下垂，与此同时唱喏："请某某安"。女的头微低，双手贴腹相交，膝下蹲，同时唱喏："请某某安"。抱腰、接面礼是满族表示最亲密的大礼，一般用于至亲相见。其形式是，右手抱腰，左手抚背，交颈贴面。叩头礼则常见于下级对上级，少辈对长辈。表示恭敬、侍奉、恳求之意；或春节拜年，均行叩头礼，行礼时，先脱帽，跪左膝，后跪右膝，马蹄袖一弹，双手着地，连叩三下头。

8. 艺术

逢年过节，满族都喜欢贴窗花。用彩纸剪成各种鸟兽花卉、古今人物，贴在窗户上，栩栩如生，充满活力。另外，还有一种剪纸艺术，俗称"挂笺"，或称"挂钱"。过春节时，各家用五色彩纸，剪成长约40厘米、宽约25厘米的纸块，中间镂刻云纹字画，如丰、寿、福字，下端剪成犬牙穗头，悬挂于门窗横额、室内大梁等处，五彩缤纷，喜气洋洋。最早的挂笺是祭祖场所的装饰品，一般都是挂单数。

满族的剪纸、印花布和刺绣都具有强烈的民族、地域特色，造型夸张、粗犷、拙朴，色彩艳丽，冷暖对比强烈，构图细腻，具有朴实的、善良的、温和的情感和

图4-1-3 萨满面具图案　　　　　图4-1-4 乌拉剪纸

吉祥如意的情调。满族人民在长期的生产、生活中学会并发展了多种民间工艺美术，如剪纸、绘画、刺绣、木雕、编织等，其中满族民间刺绣实用性很强，在日常生活用品和服饰上到处可见。值得一提的是，满族民间枕头顶刺绣艺术，是满族"闺阁"典型的刺绣方法之一。采用的是纳纱方法，所谓的纳纱，是按照事先设计好的方形图案，用五彩线在纱布（经过上浆处理的，比较挺括的）上针纳花。枕头顶多用红、黄、白满族八旗的颜色为基调，构图典雅，色彩艳丽、和谐（图4-1-4、图4-1-5）。

图腾柱为图腾标志的一种，满族图腾柱（满语"斑吉"柱）的多样化是与满族信奉的多神教——萨满教有直接关系。在沈阳陨石山满族民俗村展出的35个满族图腾柱是根据在黑龙江、吉林、辽宁满族聚居地收集的图案，由满族民俗村采用有300多年历史的古松木雕刻而成。这里展出的满族图腾柱有长白山主（超哈占爷）、方位女神（和硕赫赫）、父亲神（乌伸阔马发）、母亲神（佛朵妈妈）、蘑菇神（森车妈妈）、多乳妈妈（那丹忽荤妈妈）、雪神（芒你恩都哩）、绣花女神（伊尔哈格格）、金神（爱新恩都哩）以及堂子神、蛇神、鹰神、豹神等（图4-1-6）。

9. 禁忌

各个民族由于民族传统不同、生活习惯不同、信仰宗教不同，所以就有着不同的禁忌或者忌讳。满族有许多禁忌，最重要的一条就是：禁杀狗、吃狗肉和穿用狗皮。早期满族崇狗之风很是盛行，那是因为狗是他们的生产工具，是他们的保护神，是他们最要好的朋友。满族还禁杀鸦鹊，禁食其肉。满族认为乌鸦和喜鹊都是吉祥之鸟，是原始图腾崇拜的遗俗，每逢祭祀祖先，要在院中的索罗杆上的锡斗内装上粮食和碎肉，让乌鸦和喜鹊来吃。同时满族人家的西炕，是不能随便坐的。另外，满族人严禁裹足。

10. 传统娱乐

满族是勤劳勇敢的民族，也是一个崇尚体育运动的民族。因为狩猎和军事的需要，满族人在长期生活、生产和战争中养成了酷爱"骑马""射箭"等习惯。天长日久，这些习俗就逐渐演变成独具特色的传统民族体育项目。满族及其先民多以游牧围猎为生而又能歌善舞。长期的野外劳动和简单的生产方式，形成了满族人乐观、开朗、豁达的性格。这种性格的长期沉淀，使满族音乐旋律简约、朴实，音程跳动棱角分明，节奏

图4-1-5 满绣"十相自在"

图4-1-6 图腾柱

短促有力、富有弹性，呈现出热烈欢快、质朴豪爽的风格。

满族人民能歌善舞，祭祀、喜庆、节令无不歌舞之。歌与舞紧密相连，故歌舞音乐是其音乐的主体。在丰富多彩的歌舞中，"莽式空齐"和"鞑子秧歌"最具典型（图4-1-7）。

"莽式空齐"是满族盛传之传统歌舞，"满洲大宴会，主家男女，也必更迭起舞。大率举一袖于额，反一袖于背，盘旋作势，曰'莽式'。""中一人歌，众皆以'空齐'二字和之，谓之'空齐'。"由此观之，"莽式"为舞，"空齐"为歌。

"鞑子秧歌"就是东北满族秧歌。满、汉皆有秧歌，既各有特色，又相互吸收发展。满族秧歌多在正月十五元宵夜表演，表演者前有持伞灯类似卖膏药之人，后有扮演各式角色，手持圆木相击对舞，以锣鼓伴奏，歌舞更迭。男子动作粗犷豪放，女子动作温柔典雅。

（二）地域分布

吉林省的满族主要是"新满洲"后裔及盛京内务府所属的"打牲乌拉衙门"属人后裔，其中"新满洲"占绝大多数。满族主要分布在吉林市和四平市，通化市和长春市次之，在吉林省境内共设有满族民族自治地方1个（伊通满族自治县）和10个满族乡（镇）。

图4-1-7 满族歌舞

图4-1-8 朝鲜族老人传统衣饰

二、朝鲜族

（一）朝鲜族民族文化

1. 衣饰

朝鲜族自古喜爱穿白色衣服，俗称"白衣民族"。

中华人民共和国成立前，男子多数穿肥大的裤子，裤脚用系带绑紧，上着白色衬衣外套坎肩，出门时穿斜襟布带纽扣的长袍，穿船形纯胶鞋，头戴礼帽或宽边帽。女子一般穿褶裙或筒裙，上衣用两条襟带打结。平日他们头扎白布巾，忙碌于农活，只有过年过节穿一身新衣裳，特别是妇女和儿童穿着鲜艳色彩的韩服，烘托喜庆气氛（图4-1-8）。

中华人民共和国成立后，很多朝鲜族老人依旧适应他们的传统服饰，方便舒适；大多年轻人开始接受外来文化，喜欢穿西装、便装，但过年或结婚等重要节日要穿他们的传统服饰（图4-1-8）。

进入20世纪90年代，朝鲜族的衣饰已经与汉族同化，男女老少多数为便装。传统韩服成为礼服，除了结婚、花甲等传统仪式外，平日很少穿着。

2. 饮食

朝鲜族擅长水稻种植，他们以米饭为主食。朝鲜族主要饮食结构为米饭、酱汤、咸菜及简单的炒菜。节日或接待客人时餐桌上要摆放一些传统的糕点食品，如打糕、松饼等。打糕表演也是朝鲜族民俗中重要的活动之一，将蒸熟的米放到木槽或石槽里，用木槌反复捶打（图4-1-9）。朝鲜族的各种泡菜、咸菜也是特色风味之一，辣白菜已经普及东北，成为大众食品。

3. 婚嫁

朝鲜族传统的婚嫁程序一般为家长见面、男女看宫合、订婚、择日、聘礼、仪式。结婚当日，男方到女方

图4-1-9 捶打打糕场面

图4-1-10 过去传统婚礼服饰

家迎娶新娘，新郎骑马或牛，新娘坐轿子。服饰上男方戴纱帽披官带，女方穿韩服（图4-1-10）。婚轿到新郎家门口时，公婆跳民族舞蹈迎接新娘下轿。结婚仪式一般在"上房"进行，新郎、新娘坐在摆放的礼桌前，进行各种婚礼仪式。所有仪式都是坐着完成，体现了自古以来朝鲜族传统的坐式生活特点。

现代婚礼中，西装、婚纱成为普遍着装，婚礼仪式采用中西结合。但有些朝鲜族传统仪式仍旧保留，如接娶新娘，摆设礼桌，进行传统仪式等。虽然在物质上轿车代替轿子，西装取代传统服饰，形式依旧传统（图4-1-11）。

4. 传统娱乐

朝鲜族的传统娱乐有跳板、打秋千、放风筝、花图、踢毽子、足球等。

我国图们江沿岸一带的朝鲜族移居年代较早，早在20世纪初村落已经颇具规模，甚至有些村落超过千人。在这些早期村落中，秋千、摔跤（图4-1-12）、跳板等朝鲜族传统娱乐项目已经普及，这也是他们热爱生活的一种表现。到了20世纪六七十年代，传统娱乐在朝鲜族村落大面积普及。如今，朝鲜族村落的社会结构发生变化，年轻人纷纷外出劳务，家里只剩下老年人，村落日益冷清。这些传统娱乐也逐渐消失，大多局限在大型运动会或节庆假日里才能看到。

随着社会发展，朝鲜族的很多传统娱乐已经失去早期的社会功能，原本很普及的游戏活动也随着社会结构和人们生存观念的变化逐渐失去生存空间而逐渐消退、甚至完全消失，如农乐游戏（又称农乐舞、农乐歌）是朝鲜族最具有代表性的民间游戏之一，以舞蹈艺术的形式反映了农业生产为主的朝鲜族生产生活方式和情感（图4-1-13）。过去朝鲜族成员庆丰收时为了烘托节日气氛常常进行这种农乐游戏，而如今由于生产生活方式的变化，逐渐失去了普及性。

图4-1-11　朝鲜族婚礼仪式

图4-1-12　朝鲜族传统摔跤

图4-1-13 农乐舞

顶水瓮是朝鲜族女性一个独特的技能，过去在朝鲜族聚居区到处可见朝鲜族女性头顶瓦瓮送水或搬运其他物品的景象（图4-1-14）。目前在朝鲜族的一些运动会和民俗村的传统仪式表演上仍能够看到这种民族传统技艺。

5. 礼仪

朝鲜族是礼仪民族，具有很多细节性的传统礼节。

尊重老人及长辈是自古以来朝鲜族的基本美德。晚辈对长辈必须使用敬语。老人六十一岁要过花甲（又称回甲），六十二岁过进甲，此时儿女们要给父母做新衣裳，摆设丰盛宴席，邀请亲戚、朋友、邻居，一起为老人祝寿（图4-1-15）。

朝鲜族传统饮食文化中亦规矩颇多。按照旧的传统习俗，晚辈不能与长辈同席。通常老人在上房用膳，主人和男子成员在鼎厨间用餐，需要为他们单独准备饭桌；家庭主妇和女子成员一般在厨房忙碌，他们在厨房用餐；孩子们也有他们单独的用餐空间。特别的场合，与长辈同席时，没有长辈的允许，晚辈不得饮酒、吸烟，实在无法回避时，晚辈需背席而饮、吸。

中华人民共和国成立后家庭结构发生变化，随着大家庭逐渐消失，严密的等级制和宗教礼仪也逐渐消失。男女平等，全家人可以围绕一张饭桌用餐，相对平等化，自由化。但有些礼节依旧保留，比如坐向，通常老人或主人面对南向或东向，其他人坐其两旁。这样的座席一是根据方位等级，凸显其尊贵，二是视野开阔，在朝鲜族传统民居中其位置便于观察入口及周边的一切情况。

（二）地域分布

吉林省的朝鲜族主要以咸镜道和平安道原籍的朝鲜族为主，庆尚道原籍的朝鲜族次之。在吉林省境内，他们主要分布在东部长白山脉和图们江和鸭绿江流域，以及吉林省中部地区。

图4-1-14 朝鲜族女性头顶瓦瓮

图4-1-15 朝鲜族华甲仪式

第二节 满族传统聚落

一、乌拉古镇(松花江流域——吉林市)

(一)概况

乌拉古镇位于吉林省吉林市龙潭区,地处东经126°28′07″,北纬44°05′16″。自然条件优越,西临松花江支流,绵延的松花江自明代古城顺流而下。分别有凤凰山和九泉山,连绵的团山。牛山伏卧在古城西南,构成了乌拉古镇的天然屏障。即所谓的"峰呈东岭,屏列一方,水漾松花,带环三面,是布特乌拉之形胜也。"镇区东西最大宽度为20公里左右,南北最大跨度为25公里,镇域总面积为188平方公里。主要的城镇干路连接202国道,南临吉林市龙潭区金珠乡,北与九台九台市莽乡隔江相望,西与昌邑区土城子乡接壤,东至龙潭区大口钦满族镇。中心镇区是乌拉古镇最重要的行政区之一。自古以来都是重要的交通要塞,其地理位置的重要性可见一斑(图4-2-1)。

(二)聚落发展历史与形态

1. 早期聚落形态——双核空间的出现

乌拉古镇的历史悠久,最早可追溯到5000年前的新石器时代,满族人的祖先肃慎族就已经在学古、阿拉山一带建设小型的村。当时建筑形式以半地穴居为主,历经尧舜禹至商朝等时期,乌拉古镇所在区域为肃

（a）乌拉古镇街景

（b）乌拉古镇民居

图4-2-1　乌拉古镇

慎族人活动的范围之一。最早以完整的城池形态出现是在唐代，辽太祖天显元年（公元926年），城池遭到严重毁坏，成为一片废墟。金熙宗皇统十年（1150年），修筑了"乌拉洪尼勒城"。明正统十四年（1449年），由于扈伦国受到蒙古族的侵占，导致了洪尼勒城时代的结束。明嘉靖四十年（1562年），女真扈伦四部之一的乌拉部主纳齐布禄第六世孙布颜，在乌拉河岸洪尼罗城（今旧街村）建立"乌拉国"，随后重修并加固了洪尼勒城，改名为内罗城，并建了外罗城（图4-2-2）。明万历四十一年（1613年）正月，努尔哈赤亲率大军进攻乌拉，乌拉国沦陷，城内的建筑被付之一炬，城池遭到弃用。清顺治十四年（1657年），清政府在乌拉古镇城设立朝贡机构，史称"打牲乌拉总管衙门"。此时乌拉古城由盛京内务府直辖，由于"打牲乌拉总管衙门"设立再次促进了乌拉城的发展，随着人口数量不断增加、经济持续发展，原有的明代古城已经不能满足社会使用需求，城池土地扩张的趋势蓄势待发。

康熙四十三年（1704年），由于松花江出现水患的原因，总管穆壳登上报朝廷请求迁城，经康熙大帝的御批后，"康熙四十五年（1706年），旧城被迁移至东南高埠向阳之地，并修建了城墙、城门、城楼及角楼"（图4-2-3）。这座乌拉新城就是今天乌拉古镇的中心地带。

乌拉新城内为满族八旗人使用，整座城镇建筑类别以及社会人口结构都围绕着朝贡这一最重要的属性，所以行政机构如"总管衙门"（图4-2-4）、"协领衙门"均在城内，普通百姓的满族旗人同样按照朝贡职能分设各处居住。此外，宗教建筑提供了满族文化仪式的场所。"四祠、八庙"虽然已经不在，但是从历史照片来看，这些祠堂和庙宇的造型精美（图4-2-5、图4-2-6），将满汉文化合理地结合。可见当时乌拉古镇之繁荣。在《打牲乌拉地方乡土志》中对乌拉新城（即乌拉城东部）描述为"土筑围墙，周围八里，每面二里，各设城

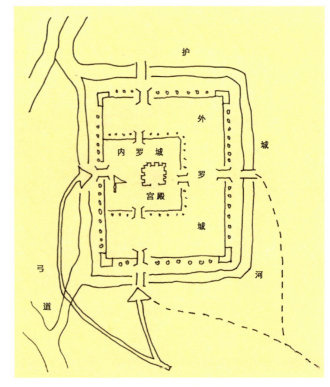

图4-2-2 明代时期的乌拉国（来源：《乌拉史略》）

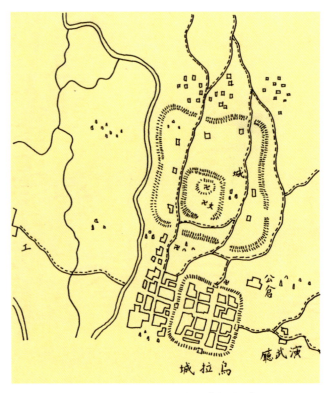

图4-2-3 清代乌拉新城与十字街商业区（来源：《清廷档案》）

图4-2-4 打牲乌拉总管衙门复原图

图4-2-5 宝安寺正门（来源:《满族民俗图录第三集乌拉》）

图4-2-6 财神庙正门（来源:《满族民俗图录第三集乌拉》）

052

门一座。"据考证，城墙基宽3尺，高8尺。城中设过街牌楼两座，城门以东、西、南、北为名；南牌楼有匾额两块，分别刻为"南接龙潭""山围圣地"；北牌楼有匾额两块，分别刻为"北通风阁""水绕名区"。

城内两条东西南北相交的十字街（新城内的十字街通常称"老十字街"）作为城内的城市主干道，东西向称"中西街"，南北向称"尊仁街"。街道两头连接四座城门，南城门称为"永吉门"、北城门称为"永安门"、东城门称为"大东门"、西城门称为"西门"。中西、尊仁两条街成为乌拉新城的交通枢纽。东西胡同除去中西街以外，还有七条与之相平行的胡同，由南至内依次为永吉胡同、永平胡同、永乐胡同、永祥胡同、永康胡同、永久胡同、永远胡同、永安胡同。新城的街道布局十分严谨规整，城内的"八大胡同"均按照天干、地支从城市主次干道的走势，以及建筑的排布与朝向，都与《考工记》中所记录的理想城市空间相近，这种方形网络式的道路在历朝历代的城市营建中都显示出了突出的优越性。

在乌拉新城的西侧，按照康熙大帝谕旨旨意，"城内居民按采珠、捕鱼八旗各按角色分设……不准容留浮民，商贾占居西门外……"设置了以商品贸易为主的商业区，商业区面积很大，几乎是新城面积的一半，区内供汉、回两族人民居住，以"十字街"作为城市干道，将商业区划分为四个区域，南北向称为"尚义街"、东西向仍称为"中西街"。同时亦效仿新城内的街道布置方式设立了八个胡同，由南向北依次为保安胡同、永泰胡同、永康胡同、永章胡同、永庆胡同、永贵胡同、永富胡同、永和胡同。

由此可以看出，商业区与新城的空间网格布局十分相似，清代乌拉新城实际上是一座主辅双核结构的城池。但两个区域的职能却不一样，商业区以经济贸易活动为主，而新城以政治管理职能为主，两者相辅相成，共同促成了清代乌拉城的繁荣一时。自此，东向以政治管理为中心的封闭性空间与西向以商业贸易为中心的开放性空间构成了乌拉城的双核空间格局。

2. 聚落兴盛——双核空间的归并

中华民国时期，乌拉城不再担负朝贡的职能，城镇的社会制度和经济模式均发生了巨大的变化，清代新城的城墙原有的阻隔、划分界限的作用相应地被削弱甚至消失，只是形式上的存在。满、汉、回不同族人之间交流与融合逐渐得到加强。与此同时，中原的商人纷纷迁入，乌拉古镇的商铺数量剧增。文化上的碰撞与交流，使得乌拉古镇的经济蓬勃发展。当初朝贡的物品可以在民间自由买卖，此时的乌拉古镇已经成为一座以商业贸易为主的城镇。

1923年，乌拉古镇向西、南、东三个方向进行扩建，同时保留了清代新城的街道肌理，拆除了新城的西侧城墙。商业区的西面延伸至西江堤，西侧城墙变为一条南北相通的大路（称为"种德街"），两端开设两座城门，南城门称为"南新门"，北城门称为"北新门"。这使得商业区与乌拉新城合并在一起，老十字街与十字街自然连接起来。商业区的南面延伸至泡药社（今瑞祥饭店），同时在十字街的南北段则增设两道城门，南城门称为"天泰门"（通往吉林方向）（图4-2-7、图4-2-8）。新城的东面延伸至东窑村，这样一来，整座乌拉城形成了以三条南北向、一条东西向的城市主干路，东八大胡同和西八大胡同为城市次干路的完整的城市网格道路系统（图4-2-9）。正是由于乌拉古镇的扩建，新城西侧城墙的拆除，使得乌拉城的双核空间格局归并为一体，形成了一个完整统一的城镇。民国之后的乌拉古镇以商业贸易为主，商业区的十字街在城镇发展中的作用提升，可谓门庭若市、商贾云集，各种民间作坊、酒楼应运而生，所以十字街自然地成了全镇的中心。后来渐渐取代城镇的名字，大家都称之为"乌拉古镇"。

图4-2-7 天泰门（来源：《满族民俗图录第三集乌拉》）

图4-2-8 从天泰门看尚义街（来源：《满族民俗图录第三集乌拉》）

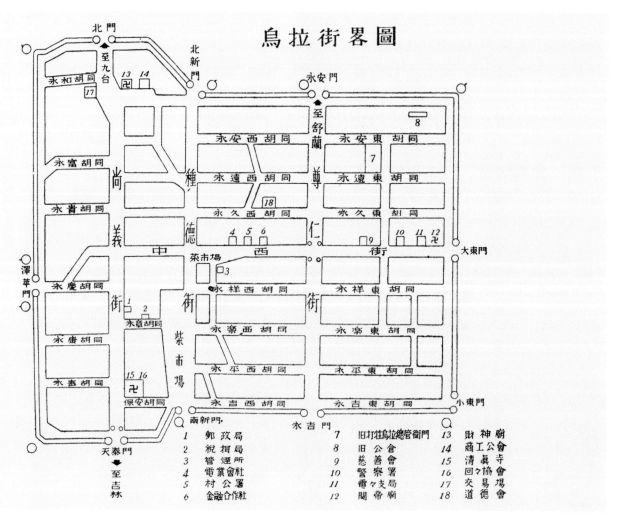

图4-2-9 乌拉古镇街道图（来源：《满族民俗图录第三集乌拉》）

3. 聚落衰落与转型——单核空间的消融

"九一八事变"以后，乌拉古镇被日本侵略者控制下的伪满洲帝国傀儡政府统治。1933年，乌拉古镇满族镇所在区域设3个保76个甲。1945年8月15日，日本宣布无条件投降，伪满洲国傀儡政权解体，乌拉古镇恢复和平。解放战争时期，许多的商人因为躲避战势而纷纷离开，大量的老字号商铺被迫关闭。同时，乌拉古镇的风貌受到严重毁坏，大量传统建筑被毁。

"文化大革命"时期乌拉古镇又遭受到了二次破坏，建筑材料被当作商业物资交易到其他地区，而幸存下来的传统建筑早已破败不堪。在此时期，乌拉古镇的城墙基本消失，边界和道路脉络也变得模糊不清，繁荣的乌拉古镇也走向衰败。

1984年3月19日，经吉林省人民政府批准，将乌拉古镇改为乌拉古镇满族乡，乌拉古镇满族镇的概念至此已形成。当今的乌拉古镇顺应社会发展趋势，得到全面开放，城镇用地属性以及产业结构也发生了巨大的变化，往日的商品贸易形式已不再是特色，主要以农业产品输出和旅游开发为主。尽管如今的乌拉古镇还保留了一些传统建筑和历史街区，但已变得普通和平凡，历经时代变迁十字街不再拥有往日的喧嚣与热闹（图4-2-10）。

图4-2-10 十字街街景

图4-2-11 萨府

（三）建筑特点

1. 萨府

萨府始建者不详，其位置在后府的南面。据说"后府"的名称是由于其在萨府的后面而来，因此萨府的建造年代应在后府之前。萨府现存有一处完整的四合院，门房及院落等仍保存完好。

门房面阔五间，硬山顶，屋脊做成断脊，风格独特，这在乌拉古镇并不常见。

正房面阔五间，堂屋居中，两侧为东西屋，设前廊，前廊两侧建有看墙，正方两侧设拐墙及配门，无论正房还是厢房其高度同后府和魁府相比矮了许多。正房屋面采用小青瓦作仰瓦屋面，两侧用四条合瓦收头，硬山墙，烟囱直接设在屋顶上。厢房屋顶连接处用三条合瓦过渡，两端用两条合瓦收边，建筑中较少雕饰，风格朴素（图4-2-11）。

2. 魁府

魁府建于清光绪元年（1875年），第一任主人王魁福在出征伊犁时受重伤，受到光绪帝的"觐见"和褒奖，晋升为副督统，赏赐金银后衣锦还乡，修建此府。

魁府是目前乌拉古镇传统民居中保存较为完整的民居，平面为二进四合院。从院落的布置和建筑特征看，内院的正房和东西厢房为其始建时的房子，外院厢房、门房及附属建筑是以后的居住者加建的。

正房及东西厢房都是三间，但正房的开间尺寸小于厢房的开间尺寸，这是魁府的一个特点。在高度上正房略高于厢房，无论正房还是厢房都设有前廊，正房前廊

图4-2-12 魁府（来源：李之吉）

两侧和厢房前廊北侧开有券门式廊洞，并用木柱连廊连接，这种处理手法在吉林满族传统民居中较为少见，可能是受京师旗人建筑形式的影响。由于正房及厢房高且相距较近，显得院落不太开敞，阳光照射不很充分。正房及厢房设有暖格，室内有万字炕，开窗一反满族民居的开窗形式，一个开间内开设两个小窗（图4-2-12）。

魁府的柱间尺寸较一般民居要大，博风"穿头花"和"枕头花"虽精细但较简单，建筑风格比较朴素，内外院之间有院心影壁。据记载，魁府的第二任主人为王栋斋，该人曾任安广县知事；第三任主人为张茂堂，外院的厢房、门房及附属用房就是在这一时期扩建的。外院厢房的山墙及大门采用叠落式的线脚砌筑方式，门洞采用拱券结构，显然是受了近代折中主义建筑形式的影响（图4-2-13）。

3. 后府

1894年（清光绪二十年），乌拉总管赵云生开始修建后府，历时三年，耗白银万两。"后府"是一座典型的官宦旗人住宅，两进四合院，占地广阔，建筑气派宏大，雕饰讲究（图4-2-14）。

院落布局按中轴线展开，居中布置正房，两侧布置厢房，正房和厢房均为五开间（图4-2-15）。按照满族风俗，房间数要取奇数，与"齐"同音，取其吉利，固有三、五、七间为惯常作法。正房为上屋，上屋以西为大；厢房俗称下屋，下屋在举架高度及装饰程度都要逊色于上屋，下屋亦有大小之分，东厢房（东下屋）以北为大，西厢房（西下屋）以南为大。

硬山屋顶是乌拉街镇传统建筑的典型特征，后府建筑屋顶同样采用了硬山，屋顶上铺设仰瓦，两端做两垄

图4-2-13 魁府大门

图4-2-14 后府（来源：李之吉）

图4-2-15 后府正房（来源：李之吉）

或三垄合压边，使屋顶看上去不显单调。墙面磨砖对缝，正脊及两山墙斜檐均砌有外挑的脊头，朱红色的廊柱，青灰色的墙面与屋面，白色的石作，赭石色的窗棂子，整个色调古朴、典雅、协调。墙饰方面，后府通过砖石雕刻来表达对富贵平安的美好意愿，在山墙、柱顶石、墙角等处嵌以漂亮别致的砖雕和汉白玉雕刻。山墙腰花是吉林民居特有的砖雕装饰，后府正房山墙正中雕有腰花，是一副大型的双喜花篮砖雕，约1.5米见方，由16块砖雕拼贴而成，无明显缝隙，其造型精致，纹理细腻，是不可多得的艺术珍品（图4-2-16）。博风上部为串枝纹图饰，下部南侧为琴棋书画（图4-2-17），北侧为富贵有余的绶带寓意浮雕（图4-2-18）。除此之外，枕头花也常常作为一种装饰部位被展现出来，通常的做法是在腿子墙与屋脊相交的地方做砖石雕刻。后府建筑中的枕头花大多已经损坏不见。正房腿子墙下用汉白玉雕刻花纹锦地，突出古雅风格（图4-2-19、图4-2-20）。

图4-2-16 后府正房山墙腰花（来源：李之吉）

图4-2-17 后府正房南侧博风上的砖雕（来源：李之吉）

图4-2-18 后府正房北侧博风上的砖雕（来源：李之吉）

图4-2-19 后府正房腿子墙（来源：李之吉）

图4-2-20 后府正房腿子墙迎风石（来源：李之吉）

二、金家满族乡(吉林省内陆吉林市)

吉林省永吉县金家满族乡位于永吉西部偏北,东与大岗子乡依山相连,西与长春市双阳区长岭乡、佟家乡隔河相望,南与皓(黄榆)乡相邻,北与岔路河镇、万昌镇相接,西以饮马河为界,与长春市双阳区隔河相望。1986年1月31日,经省民政厅批准,成立金家满族乡人民政府。全乡幅员面积154平方公里。金家满族乡下辖7个行政村,103个社,87个自然屯,全乡总人口21880人,其中满族7147人,占人口总数的32.7%,其他少数民族778人,占人口总数的3.55%。满族主要分布在金星村和伊勒门村。一栋栋菜棚、一群群牛羊、一片片稻谷、一池池鱼塘,如同一颗颗晶莹夺目的珍珠,撒满在金家的田野上,百里山川,到处是一派生机盎然的景象。

金家满族乡依山傍水,林地、水利资源丰富,2008年有近200公顷的山地、50公顷的水面和大量的河沙资源,西部饮马河流域还有取之不尽的流沙砾,正在发展中的采石业。金家满族乡的南部有储量丰富的石灰石,中部有远近皆知的富铁矿。

金家满族乡聚落空间呈带状,聚落从西向东扩展。南北向的乡镇道路从聚落的西侧穿过,从西入口有一条主路向东延伸,次路与主路垂直将聚落分为若干组团。聚落中部形成十字道路交叉空间,布置向政府及商店及集市空间(图4-2-21~图4-2-23)。民居多数采用满洲老屋建筑形态,平面采用三开间或五开间,入口居中,烟囱采用独立式烟囱。

图4-2-21 金家满族乡

图4-2-22 金家满族乡航拍图1

图4-2-23 金家满族乡航拍图2

三、叶赫满族镇（吉林省内陆——吉林省）

叶赫满族镇位于吉林省四平市东南部，地处东经124°30′至124°41′，北纬42°49′至43°03′，距四平市城区30公里。南邻辽宁省西丰县，东邻梨树县石岭镇，北接四平市山门镇，西靠辽宁省开原市。幅员面积265平方公里，属丘陵半山区。

叶赫是满语，意为"河边的太阳"。叶赫满族镇历史悠久，是满族的重要发祥地之一，是清初开国皇帝皇太极生母孝慈高皇后的出生地，也是清末慈禧太后和隆裕皇后的祖籍地，素以"三代皇后的故乡"而闻名于世，历史文化底蕴深厚。

叶赫满族镇地处半山区，山川秀美。转山湖静水环山，长松绕岭，这里是国家林业局命名的100个天然森林公园之一。叶赫河自东向西流经叶赫全境，一注碧水呈"S"形绕山而行，形成一个5000亩宽阔水域的中型水库，湖岸林木丰美，怪石林立，素有"北方小三峡"之美称。叶赫那拉城坐落于东城山上，巧夺天工的神奇自然景观绘就了一幅"静水环城霞淡淡，长松绕岭雾悠悠"的美丽画卷。叶赫古城是满族文化的重要遗产，在转山湖东山上新建的"叶赫那拉城"再现了昔日古城风采，登上高城，尽可领略古叶赫部落的强盛（图4-2-24～图4-2-28）。

图4-2-24 叶赫古城俯视

图4-2-25　叶赫古城鸟瞰

图4-2-26 叶赫古城近景

图4-2-27 叶赫满族镇

图4-2-28 叶赫满族镇周边聚落

第三节　朝鲜族传统聚落

一、长财村（图们江流域——龙井市）

（一）聚落概况

长财村隶属我国吉林省延边朝鲜族自治州龙井市智新镇，位于龙井市东南方向14公里处，同一方向继续前行5.5公里为智新镇，其绝对地理位置为东经129.54°、北纬42.68°（图4-3-1）。

聚落位于海兰江下游冲积平原的中心，村落前方有一条河，叫六道河，是海兰江的一条支流，沿西北方向流入龙井。六道河发源于智新镇和三合镇之间的山地，途径明东村、长财村、新东村流向龙井市，最终与海兰江汇流直至流入图们江。六道河与河两侧崎岖的山地形成的溪谷致使贯穿新东村、长财村、明东村的交通干路龙北公路只能沿着溪谷走，直到三合镇与朝鲜会宁市交汇，龙北公路也成为龙井市与朝鲜互通贸易的主要干道。聚落的侧面、后面则由起伏的山脉所环抱，形成背山临水的地理环境格局。高山作为天然屏障伫立在村落的西部、北部，与同等地势条件其他地区相比其有冬暖夏凉的特点（图4-3-2）。

（二）发展历史

长财村所属市——龙井作为我国朝鲜族文化的发源地之一，其具有悠久的历史。早在1870～1880年年间，由于清政府对图们江以北地区封禁令的废除和移民兴边政策的实施，使大量朝鲜族人民迁居至"犀斗村"生活，后经发音和含义重命名为龙井。19世纪末由于当时的龙井地区已成为朝鲜进入我国延边地区的交通中心地，同时该地区周边具有丰富的自然资源和肥沃的土地，因此在迁居初期大量的朝鲜农民聚集定居于此，后逐渐扩散至延边州各个地区。

朝鲜人移居至长财村和临近地域定居的时间从历史史实上推测大概是在1881年清朝取消图们江以北地区封禁令前后，长财村所处地域紧邻会宁（朝鲜）—三合—智新—龙井这条重要的移民路径，同时

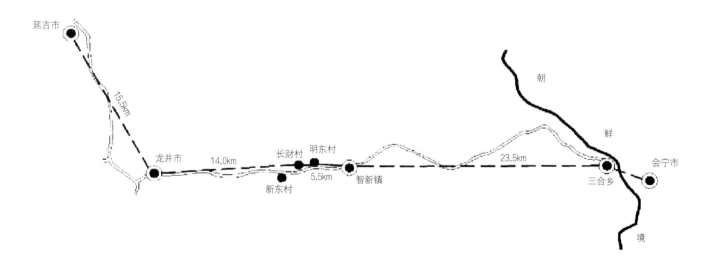

图4-3-1　长财村地理位置

图4-3-2 长财村航拍图

图4-3-2 长财村航拍图（续）

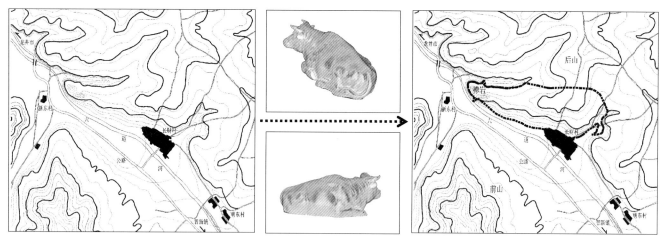

图4-3-3 长财村地貌形态

该地域的自然属性也满足朝鲜自由移民者选择定居场所的基本条件。1879年由于朝鲜北方6镇地区发生的特大火灾，导致大量流民迁居至图们江以北、海兰江以南的我国边境地区，历史将该地域称为"间岛"。其中一部分朝鲜流民因与长财村所处地域临近而迁居至此，当时长财村已有一名董姓汉族地主在此居住，后因长财村的朝鲜移民数量的不断增加，被孤立的董氏在1900年前后搬出该村，从此以后长财村成为朝鲜族村落。日本殖民统治初期，长财村和明东村被并为一个村落，一度发展成为抗日民族教育基地。后由于日本帝国对间岛独立军的镇压，使长财村和明东村重新成为平凡的村落。1947年，中国共产党对解放区进行土地改革，现在长财村的面貌基本形成于当时。

长财村中的"长财"象征着该村朝鲜族人民长期积累的财富。20世纪80年代末期，村内总户数和总人口数达到自拓建以来的最高值，村民全部为朝鲜族，长财村也达到历史的鼎盛时期。现如今由于村民投奔亲属，外出务工等原因导致长财村内村民大量流失，民宅的废弃数量和土地的弃耕面积也在逐年增加。

（三）聚落形态

1. 空间形态

长财村地处后山与六道河之间的缓坡地带，聚落南侧边缘距六道河大约有100米的距离，北侧边缘与后山之间有20~30米的坡田，坡田的北侧同后山的山坡较陡的连接在一起（图4-3-3）。后山的高度不是很高，最高点大约在480米左右，山脉由西北向东南方向延伸，在长财村的南侧可以看到后山山脊同天空形成的交际线，形成良好的空间格局。据村民介绍，长财村与村周边地形结合的平面图像一头牛轮廓，禅岩为牛的头部，后山山脉为牛的脊背，长财村东南侧的山谷为牛的尾巴，而长财村所处位置恰巧为牛的臀部，具有财富、富有的象征，进一步诠释了该村的选址蕴意（图4-3-4）。

财村的总平面呈非规整多边的几何图形，不规则的聚落形态是朝鲜族传统聚落典型特征之一。由于长财村总体布局的不规则，使上、中、下三村及溪水东岸的新村四块区域的界限划分也是呈现出不规则形状，同样由于每个区域地形及界限的不规则，使村民所建造的房屋朝向比较自由，每户宅地的平面布局形式各异，因地

图4-3-4 长财村全貌

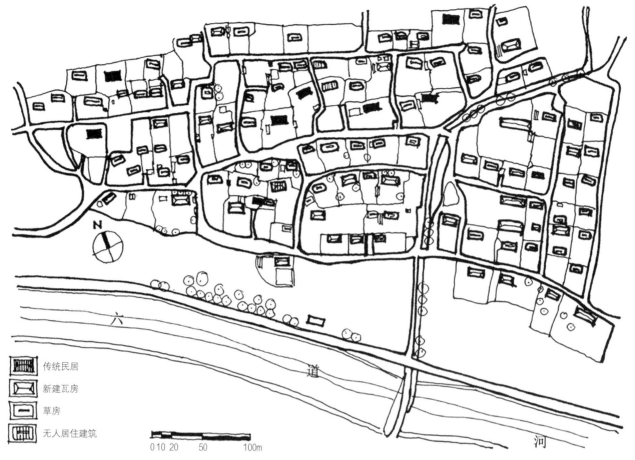

图4-3-5 长财村总平面图

制宜。不规则的聚落形态为村民带来便捷的生活模式（图4-3-5）。

2. 道路体系

长财村作为朝鲜族传统聚落，道路形态比较自由，道路布局因地制宜，在漫长的历史演变中形成宽窄不一、相互交织的不规则道路体系（图4-3-6）。

道路等级根据功能及宽度分为主路、次路、宅前路三个等级。聚落南侧沿着六道河东西向贯通龙北公路，垂直于龙北公路向村内延伸一条主路，主路将聚落分为东西两个区域，再从主路向东西两个居住区域形成次路，次路与住宅则通过宅前路相连。由于地形的起伏与不规则，大部分道路节点呈现"T"字形的三岔路，形态曲折。在长财村发展的鼎盛时期，村内道路除了有通行走道用处外，还被作为集市、村民休闲聊天等用途使用，如今由于村落经济发展的迟缓，道路的集市功能逐渐消失，再加上村民的大量流失，村民在路上聊天的景象也不复存在（图4-3-6、图4-3-7）。

（四）建筑特点

住宅朝向根据地形略有差异，但根据六道河由东南至西北的流向以及沿河公路龙北线的位置分布致使长财村内大部分民居长边基本与六道河平行，即主朝向为西南向。早期住宅根据屋顶形式及材料可分

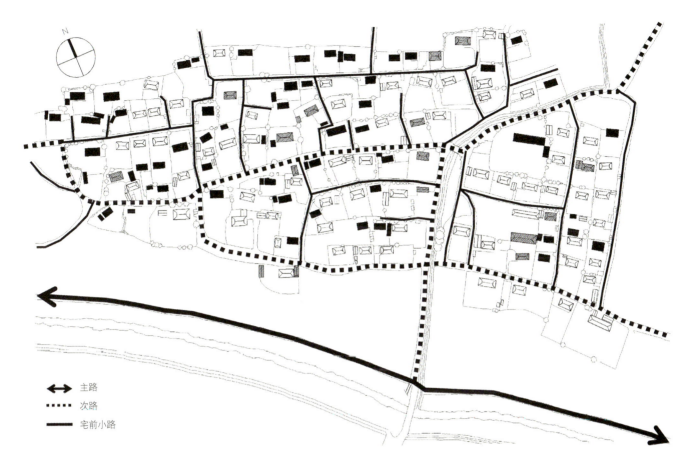

↔ 主路
⋯⋯ 次路
—— 宅前小路

图4-3-6 长财村道路体系

（a）长财村主路　　　　　　　（b）长财村宅前路

图4-3-7 长财村道路

图4-3-8 合阁式瓦屋面住宅

为合阁式瓦屋面住宅和草屋面住宅两种，结构形式均为木结构。住宅通常建立在40厘米高的单层台基上，台子上面设柱础，上面立柱。住宅平面为6~8间。建筑的南面局部凹进，形成退间，退间后面布置"田"字形卧室。南面两间卧室从东向西分别为上房、上上房。按传统方式划分使用空间，上房一般为年老主人居住，上上房是少主人居住，老主人的房间居中，可以掌管家里的一切，空间阶位也是最高，家里的喜事、丧事都在这里进行。上房和上上房是男人的空间，村里的老人或男人来访直接通过退间从上房、上上房的外门进入屋内。北面两间卧室从东向西分别为库房、上库房，出入口分别设在房间的北面和西面。库房一般是长大的女儿使用的房间，待家里的儿子成家后使用库房，女儿就要搬到上库房。上库房原来是储藏空间，与其他储藏间的区别在于它设有炕，可以多用途使用。库房、上库房、鼎厨间作为传统住宅的女性空间，一般限定男性客人进入。如今村里很多房子已没人居住，历经岁月沧桑有许多房子已不复当年风貌，然而岁月的打磨使每一座房屋更加沧桑古朴，成为长财村传统记忆的载体（图4-3-8、图4-3-9）。

二、龙兴村（图们江流域——安图县）

（一）聚落概况

龙兴村位于安图县东南方向珲乌线12公里处石门镇的东北部，距镇政府所在地3公里。共有8个自然屯组成，面积7.91平方公里，全村总户数174户，总人口

图4-3-9 草屋面住宅

474人，其中，朝鲜族331人，汉族142人。全村耕地面积223公顷，其中水田42公顷，旱田181公顷。林地面积903.4公顷（图4-3-10）。

（二）发展历史

龙兴村是由坐落于其北部的龙岩沟几户朝鲜族人家迁徙至此发展而成，他们期望自己居住的村落未来兴盛吉祥，故起名为"龙兴村"。龙兴村早期并没有几户人家，20世纪初，随着大量朝鲜农民涌入我国东北地区，村里的朝鲜族人口迅速增长，到了30年代龙兴村人口规模已达50余户。60年代随着"大跃进"运动，龙兴村人口再次增长，聚落迅速向南侧扩展，并在原有的耕地周边建设大量住宅。

（三）聚落形态

1. 空间形态

早期的龙兴村是按照背山临水的原则进行选址与布局。聚落位于碑石山山脚北侧，根据地形住宅朝南、西南、东南等方向进行布置，形成错落有致的自由格局。在历史的发展与演变过程中龙兴村大致分为三个区域，即北村、中村、南村。其中北村作为龙兴村的发源地，布局最为灵活，住宅朝向各异，道路曲折；中村和南村则位于碑石山西南山脚下，以村落主要道路为界限北侧为中村，南侧为南村，相对早期住宅这两个区域的住宅布局逐渐趋于规整，形成网格式布局，住宅均朝南向进行布置（图4-3-11、图4-3-12）。

图4-3-10 龙兴村航拍图

图4-3-11 龙兴村全景（来源：Yang Seung Jung、Kim Seung Je）

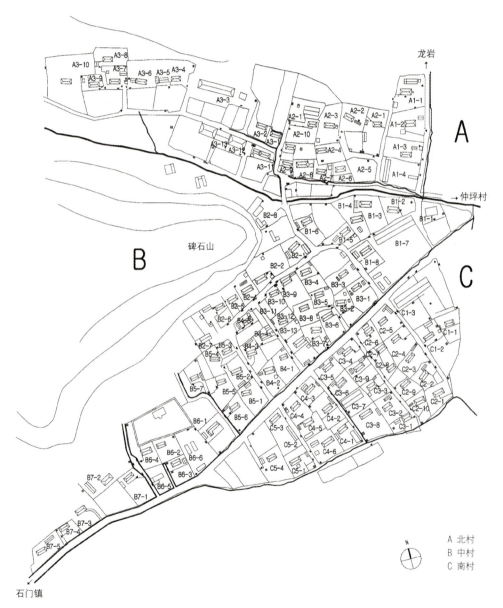

A 北村
B 中村
C 南村

图4-3-12 龙兴村总平面图（来源：Yang Seung Jung、Kim Seung Je）

2. 道路体系

道路分为主路、次路、宅前小路三个等级。龙兴村早期聚落主路位于北村的南侧，一条垂直于村外乡镇公路的主路沿地形向西延伸，次路与宅前小路与主路相连形成自由的道路网。随着聚落的南向扩展，乡镇公路变为穿越聚落中心的主路，北村的主路也改为次路，中村与南村的次路则垂直于主路形成较规则的方格网状道路，并在聚落的南端与稻田的交界处沿灌溉水渠形成曲折的道路，与主路、次路相连形成封闭的道路体系（图4-3-13）。

（四）建筑特点

龙兴村的传统民居主要以四坡草屋顶住宅为主，采用木结构。平面采用咸镜道式朝鲜族民居平面形态，通常以四开间、两进深平面为主，中间设置厨房与净地房，二者相通形成鼎厨间，主入口设在鼎厨间，两侧分别布置卧室和仓库。住宅每个房间对外均设置独立的出入口，夏天敞开，冬天关闭，形成良好的采光与通风效应。

住宅通常位于居住用地的中间位置，南、北分别设

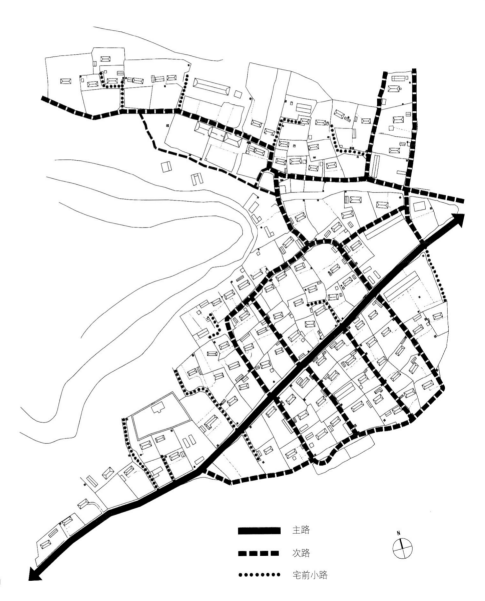

图4-3-13　龙兴村道路体系（来源：Yang Seung Jung、Kim Seung Je）

置菜园与果园，早期还在南面菜园种植烟叶，作为一部分家庭收入来源。住宅的两侧或北侧通常设置室外仓库，用来存放大型农机具。居住用地外围则用木板或栅栏围合，主入口通常设在用地两侧或正面，其中正面入口住宅主要分布在早期聚落北村，侧面入口住宅分布在中村和南村。此外，在中村一些邻接横向次路的住宅将主入口设在用地北侧，便于出入（图4-3-14、图4-3-15）。

三、北大村（图们江流域——图们市）

（一）聚落概况

北大村位于图们市凉水镇北部的一座山脚下，四面环山，空气清新，环境优美。北大村是纯朝鲜族村落，这里的村民勤劳、纯朴，世世代代过着早出晚归的耕种生活，他们已在这里生活了80余载，居住在传统而古朴的稻草房里，秉承着先祖们的生活习俗（图4-3-16、图4-3-17）。

图4-3-14 草屋面住宅（来源：Yang Seung Jung、Kim Seung Je）

图4-3-15 水泥瓦屋面住宅（来源：Yang Seung Jung、Kim Seung Je）

图4-3-16 北大村航拍图

图4-3-16 北大村航拍图（续）

图4-3-17 北大村

北大村农业用地面积140公顷，其中水田10公顷；山林总面积587公顷。全村居民组2个，86户，250人。

（二）发展历史

村落的形成大约是在1930年初。当时，侵华日军在中国东北大举推行"拓殖政策"的同时，为了断绝东北抗日联军的后勤补给，对东北地区的朝鲜族村落进行重新编组的同时，将大批朝鲜人强制迁移东北农村各地，形成"集团部落"，将抗联根据地与村民隔绝开。部落内定量供给村民粮食，并设置严密的封锁线。北大村就是在这样的背景下形成。中华人民共和国成立后，国家实行土地改革，农民获得了真正属于自己的土地。中华人民共和国成立初期村落生产不断提高，人口迅速增长，聚落规模日益扩大。1992年中韩建交，我国东北农村地区的朝鲜族开始纷纷出国打工，很多村屯出现人去村空的现象。北大村也因此逐渐人烟稀少，大量住宅闲置，村落异常平静，展现在人们面前的是一幢幢倾斜的泥草房，饱含历史沧桑。昔日在路口人们交头接耳、欢声笑语的场景已一去不复返。

（三）聚落形态

1. 空间形态

聚落依山傍水，坐北朝南，坐落在平缓的坡地上。北大村早期聚落在集团部落的背景下形成"田"字形布局，聚落形态比较规整，道路横平竖直，在聚落中央围绕广场空间形成纵横交错的两条主要道路，将聚落分割成四个组团空间。每个组团布置6～8栋住宅，住宅用地相连，入口开在临街一侧。广场周边设置巡警所、村委会等管理、监督用房。如今广场空间依旧保留，其西北角设置村委会及老年活动室，广场空间成为村民们集体劳作和开会、休闲、娱乐的场所。村落南边地势较平缓，沿溪流分布大量稻田，北面山脚下则种植玉米等旱地（图4-3-18～图4-3-20）。

图4-3-18　北大村全景

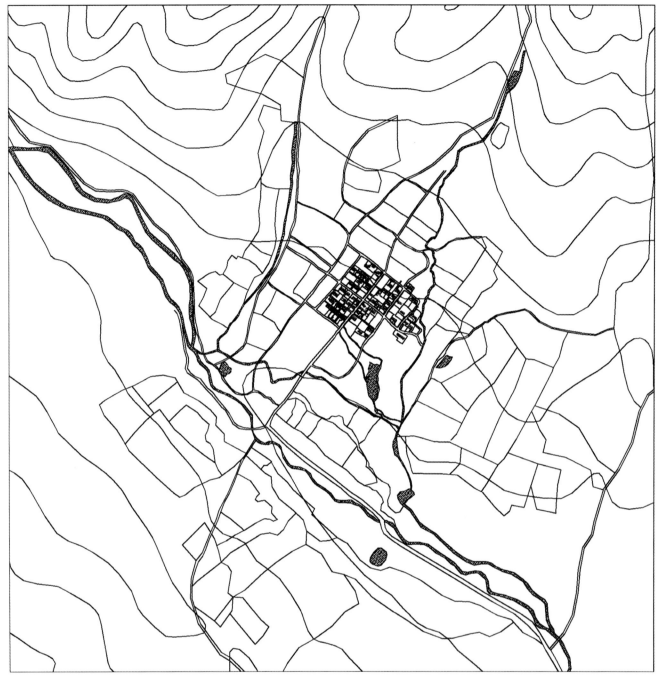

图4-3-19 北大村选址

20世纪80年代,随着农村家庭联产承包责任制的实行,农村生产力得到解放,农业生产得到促进,北大村的人口规模也随之不断增加,村落逐渐向东西两侧扩展。

2. 道路体系

北大村的道路体系由主路、次路和宅前小路组成。主路南北向贯穿整个村落,一直延伸至北面的山脚下。次路分布在各个居住组团之间,并与主路相交,形成规

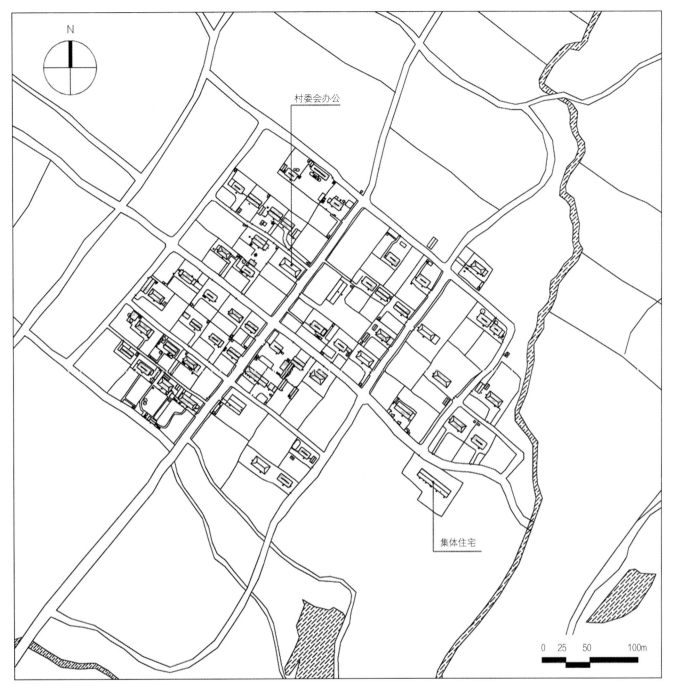

☐ 木构造+四坡草屋顶
☐ 木构造+两坡草屋顶
☒ 木构造+合阁式瓦屋顶
☒ 木构造+四坡瓦屋顶
☐ 木构造+两坡瓦屋顶
☒ 砖混+合阁式瓦屋顶
☐ 砖混+两坡瓦屋顶
▨ 河川

图4-3-20 北大村总平面图

整的方格网体系。宅前小路主要布置在房屋布局不规则地区，用来解决位于组团内部较深处的居住用地的出入问题。主路与次路两侧通常设置明渠，用来排放雨污（图4-3-21、图4-3-22）。

3. 居住用地

1）居住用地构成要素

每一块居住用地主要由住宅、仓库、厕所、苞米楼、鸡（狗）圈、地窖、菜地、果园、晾衣竿、庭院、

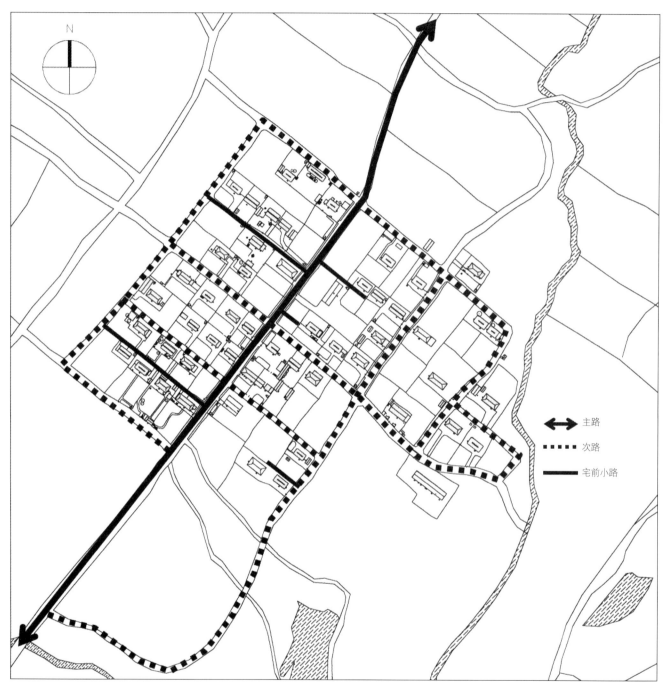

图4-3-21 北大村道路体系

（a）北大村主路

（b）北大村次路

图4-3-22　北大村道路

室外浴室等要素构成。布局自由，形态各异。住宅坐北朝南，位于用地的北侧；仓库位于住宅的两侧，与住宅相连或独立设置；厕所一般位于用地的四角，有些住宅则将厕所布置在马路对面的空地，避免气味的干扰；围绕住宅前面的庭院空间，通常布置地窖、鸡（狗）圈、晾衣竿及酱缸等空间和物品；有些住宅在室外设置了简易的淋浴棚，位于用地内比较隐蔽的地方，通常布置在住宅后面或山墙一侧，一般只在夏天使用。

2）居住用地与道路组合关系

北大村道路系统分为主路、次路、宅前小路三级，南北主路贯穿整个村庄，道路两侧布置临街型居住用地。垂直主路形成若干次要道路与宅前小路，使村庄居住用地向东西方向扩展和延伸，道路与居住用地南北两面相邻或一面相邻。北大村居住用地与道路的关系大致可分为三种：

（1）类型一：两条平行道路与用地相邻

通常将用地的主入口设在主要道路一侧，另外一侧则设置次入口。有些民居在场地内建造两户联立式住宅，并在各自邻接的道路上设置主入口，他们共用一个庭院。还有些住宅场地内只设一个出入口，主入口位于主要道路一侧。

（2）类型二：两条相交道路与用地相邻

通常设置两个出入口，在主要道路一侧设置主入口，次要道路一侧设置次入口。主入口与住宅相近，一般进出人；次入口则与菜地相近，主要进出各种农作物和车马。有些住宅只设一个出入口，通常把主入口设置在主要道路一侧，个别住宅将入口设在次要道路。

（3）类型三：一条道路与用地相邻

这种情况下，居住用地的出入口只有一个。当道路位于用地的东西两侧时，场地入口设置在南侧庭院一侧；道路位于用地的南北两侧时，将主入口设置在离村口主要道路较近的一侧（表4-3-1）。

北大村居住用地与道路组合关系　　　　表4-3-1

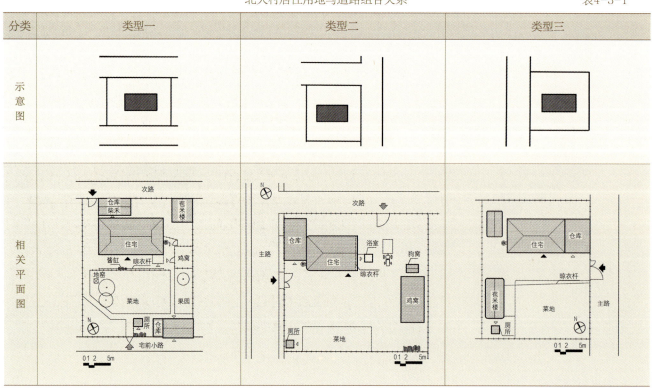

续表

分类	类型一	类型二	类型三
相关平面图			

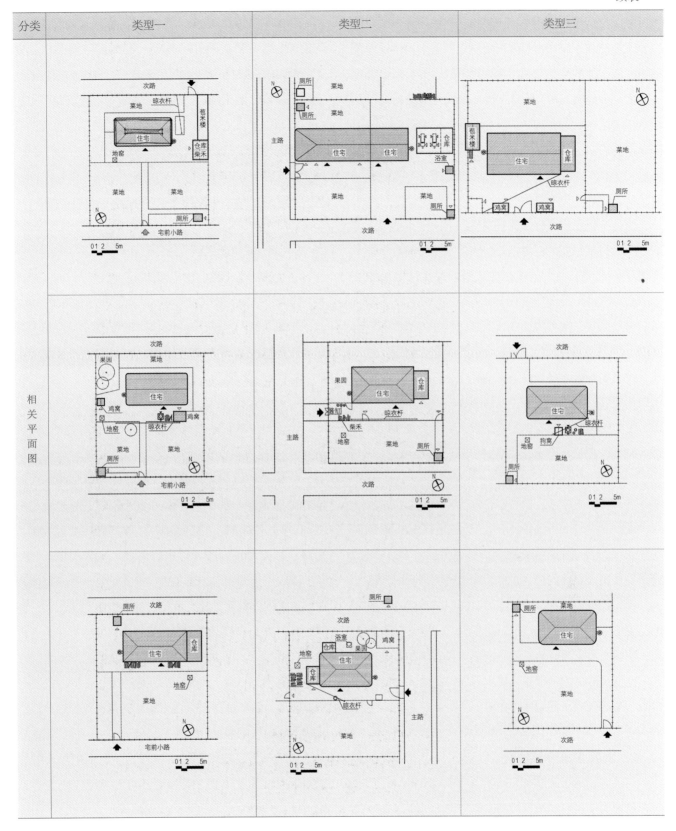

（四）建筑特点

北大村传统住宅中草屋占90%，其屋顶形态采用两坡或四坡屋顶，屋面材料采用稻草，墙体采用木柱泥墙结构。洁白的墙面与灰色屋顶交相辉映，淳朴而自然。

大部分住宅采用六开间平面。中间设置鼎厨间，两侧布置卧室和仓库，主入口设在鼎厨间。建筑进深采用1~2间。

1. 早期住宅1

该住宅历史悠久，从建筑规模和门窗形式分析，可能是北大村最早期的住宅之一。该住宅现居住着一位中年男子，据他介绍，他出生在这里，这幢住宅是他爷爷一代建造的，大约也有70年的历史。住宅由于时间久，有些倾斜，墙体表面多处脱落，但整体结构仍旧很坚固，体现了朝鲜族传统建筑合理的木结构体系。

住宅用地南北各设一条村道，均设有大门。主要出入口在北面，离住宅比较近；南面大门主要用于车马进出，秋末把稻田里晒干的稻草运来，可以直接通过南门进入菜地，把稻草堆积在菜地上（图4-3-23）。

2. 早期住宅2

该住宅建于20世纪30年代。建筑坐落在45厘米高的单层毛石台基上，南北朝向，平面为6间，每一间都设单独的出入口。门扇为木框镶嵌玻璃的平开门，据主人介绍，这是后来在改造住宅的过程中被替换的，原来的门是直棂栅靠里侧裱糊窗纸的形式。住宅前面是庭院，中间布置室外灶台。庭院角落堆积稻草和柴火，其余的空地一般做农活使用。住宅后面有菜地，主要种植白菜、葱等蔬菜（图4-3-24）。

3. 20世纪50年代住宅

该住宅始建于20世纪50年代。平面为6间，南北朝向，屋顶为前后双坡稻草屋面。住宅位于村路旁边，在使用过程中向道路方向进行扩建，增加一间开设小商店，商店入口设在道路方向。商店内侧通过门与储藏空间相连。现在家里只剩下老人一人，商店关闭已久，商店和储藏间整合为一个空间用于仓库。住宅前面的菜地变成了庭院，晒干辣椒、茄子、晾衣等都在该院子里进行。厕所位于住宅后院，通过住宅左侧的小道可通向后院，后院主要种植蔬菜（图4-3-25）。

四、下石建村（图们江流域——图们市）

（一）聚落概况

下石建村位于图们市南部的图们江沿岸，与石建坪村（原名始建里）相距1.7公里，与延吉市相距50公里，与朝鲜隔图们江相望。最初村名叫下始建，后来编入月晴乡石建村2队，称下石建（图4-3-26、图4-3-27）。

（二）发展历史

顺治元年（1644年）图们为清朝"南荒围场"。清同治八年（1869年）朝鲜咸境北道6个郡发生特大旱灾，钟城郡钟城面青东洞的部分朝鲜人冒禁越江，在始建里屏风岩一带垦荒种地，朝来暮归。清光绪七年（1881年）清朝废除"南荒围场"，实行移民实边政策。同期，有五六名满族人移居屏风岩。光绪八年（1882年）清政府为改善与朝鲜关系，允许朝鲜越垦流民依照中国垦民惯例领照纳租。次年，完全废除封禁政策，朴德彦等朝鲜人带着家眷移居屏风岩，此地朝鲜移民逐日增多，约30余户。清光绪十一年（1885年）清政府在和龙山峪设越垦局，图们江以北长约350公里，宽25公里地区划为朝鲜垦民专区。朝鲜移民在这里开荒种地，并建住宅安居下来。

1910年下石建南部的石建坪村已达到相当大的规模：附近设立了小学、警察署及市场及渡船码头等设施。1910年建立"始建里永成朝鲜人私立学校"，1928

（a）早期住宅1左侧外观

（b）早期住宅1右侧外观

图4-3-23　北大村早期住宅1

（a）早期住宅2外观

（b）早期住宅2室内

图4-3-24 北大村早期住宅2

(a) 20世纪50年代住宅外观　　　　　　　　　　　　(b) 20世纪50年代住宅室内

图4-3-25　20世纪50年代住宅

图4-3-26　下石建村航拍图

图4-3-26　下石建村航拍图（续）

图4-3-27 下石建村

年又建立了"石建坪小学"。

1945年日本投降后,一部分朝鲜人回到朝鲜半岛,下石建人口急剧减少。1947年,中国共产党颁布《中国土地法大纲》,并在东北和华北等解放地区实行土地改革。在此次土改中下石建曹氏家族被定为"富农",政府没收其所有土地,均匀地分给村民。

20世纪50年代随着"人民公社化"运动和"大跃进"的展开,全国各地农村纷纷并合村落,建立人民公社,并将土地、家畜、农具等归集体所有。当时下石建隶属"月晴公社"。"文化大革命"期间,下石建村一度停止发展。

1980年随着家庭联产承包责任制的出台,将集体所有的土地分配给各农户。同期,村里进行了自来水敷设工程和水田水利工程。1985年随着"月晴乡农房领导小组"的成立,对下石建的规划进行指导,村落用地及道路形态网格化发展,这时候村里开始建造砖瓦房。

20世纪80年代后期我国出现农村人口涌入城市的现象,而且1992年中韩建交使大量朝鲜族出国劳务。人口的流出导致聚落出现"人去村空"的现象。周边村落的汉族人想要搬进村里租种土地,但因村民的反对,未能入住,直到现在下石建村依旧是纯朝鲜族所组成的传统聚落。

(三)聚落形态

1. 空间形态

下石建村坐落于图们江沿岸。村落西北方向青山环绕,东面邻接图们江,有一条小溪东西方向流过村庄。聚落早期建在西山脚下,是一个典型的背山临水的布局形态,后来随着人口的增加,逐渐向图们江沿岸扩展。下石建村落由二队和三队两个聚落组团组成,两队之间有水系和旱地。以图和线公路为界限,西面布置住宅地,东面靠近图们江布置水田。农业形态从早期的旱田逐步转变为如今的旱田和水田兼作的形态。

聚落的西侧山坡上朝东设置墓地,阳光充沛,视野好,体现了朝鲜族对祖先的尊敬之礼仪。公共设施集中设

104

图4-3-28　下石建村全景

置在村中心十字路口处，有门球场和石凳等设置。傍晚和农闲时期，村里的男女老少聚集到这里进行闲聊、下棋、打球等活动。过去下石建村在入口处建设一座公会堂，内设活动和集会场所。如今该建筑已消失，聚落中心成为人们主要集会及活动的场地（图4-3-28～图4-3-30）。

2. 道路体系

聚落道路分为主路、次路、宅前小路三个级别。二队和三队各自形成独立的道路体系，两队之间通过外围路相连。村落东面有公路经过，垂直于公路各形成两条主路，分别贯穿二队、三队聚落中央。围绕主路设置次路，将聚落分为若干组团，并在聚落西侧通过外围次路将各个组团及二队和三队紧紧联系在一起。宅前小路主要分布在二队和三队之间的早期聚落组团里，由于住宅布局比较自由，大多形成尽端式道路与住宅相连，道路形态曲折蜿蜒。聚落东侧的一些临街住宅为了出行便利，也是通过宅前小路直接在公路开口（图4-3-31、图4-3-32）。

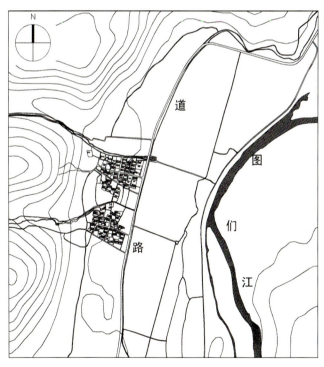

图4-3-29　下石建村选址

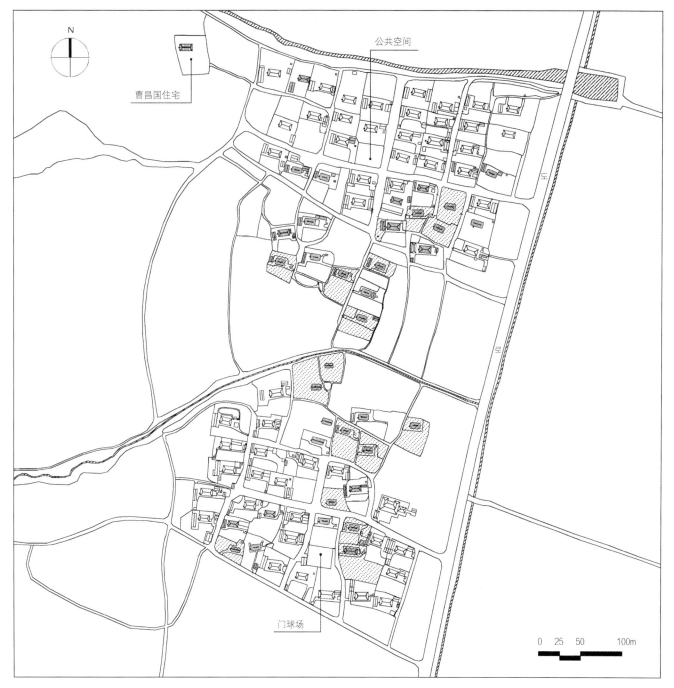

木构造+四坡草瓦屋顶
木构造+双坡草屋顶
木构造+四坡草屋顶
木构造+石棉瓦屋顶
砖混+歇山瓦屋顶
砖混+四坡瓦屋顶
民居旧址
河川

图4-3-30 下石建村总平面图

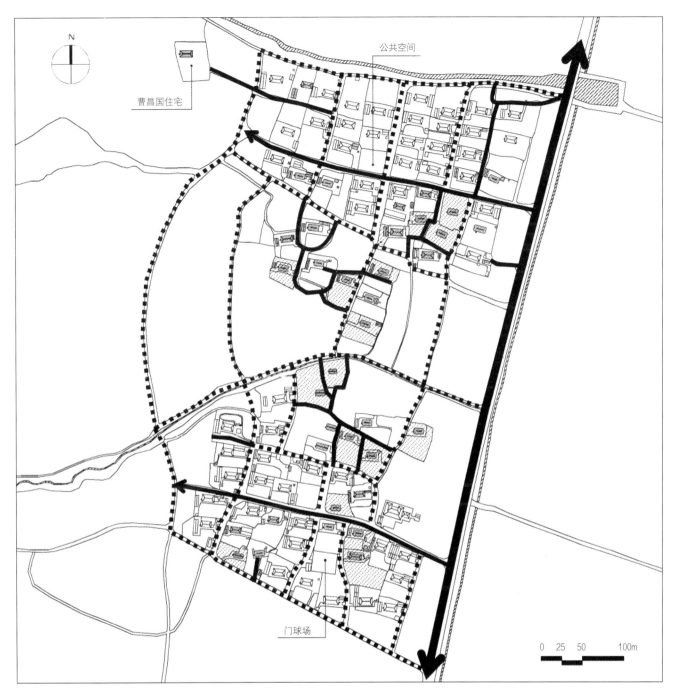

↔ 主路

••••• 次路

── 宅前小路

图4-3-31 下石建村道路体系示意图

中国传统聚落保护研究丛书 吉林聚落／第四章 人文环境与聚落特征

(a)下石建村主路

(b)下石建村次路

图4-3-32 下石建村道路

3. 居住用地

1）居住用地构成要素

下石建村居住用地的构成要素与北大村居住用地大体相同，主要由住宅、仓库、室外厕所、鸡（狗）圈、地窖、菜地、果园、晾衣竿、庭院等要素构成。住宅坐北朝南，位于用地的中间或北侧，南侧布置庭院和菜地，北侧布置菜地及果园，两侧布置仓库和卫生间。仓库的数量通常为1~2个，与住宅形成"L"形、"凹"字形、"工"字形等空间形态，卫生间一般设置在用地的东侧。前后各布置菜地和果园，庭院是进行室外农作和活动的空间，功能丰富，通常布置地窖、鸡（狗）圈、晾衣竿及酱缸等空间和物品。居住用地的外围采用木栅栏，木条之间的间距约10厘米，防止家禽、牲口进出菜园。

2）居住用地与道路组合关系

下石建村道路系统分为主路、次路、宅前小路三级，公路位于村落东侧，与图们江相邻，垂直主路形成两条东西方向的主路，分别贯穿石建二队和三队，垂直主路又形成了南北向的次路，各宅前小路及胡同与次路相连。依据下石建村的道路体系，其居住用地与道路的关系大致可分为五种类型：

（1）类型一：居住用地的四周与道路相邻，形成"口"字形组合

"口"字形组合是道路围合居住用地而形成的四边形或多边形的组合关系。居住用地南北两侧的道路一般为次路或宅前小路，东西两侧的道路为宅前小路。住宅用地入口一般设置在东西两侧，与住宅南侧庭院相连，形成主、次入口。

（2）类型二：三条道路与居住用地相邻，形成"凹"字形组合

这种组合类型一般分布在村落中心道路的两侧或村落的边缘，用地通常设置1~2个出入口，入口位于居住用地的东西两侧或一侧。两个入口的情况下，主入口设置在次路或较宽的宅前道路一侧，另一侧则设置次入口。一个入口的情况下，场地入口一般设置在较窄的道路一侧，不难想入口一侧的道路是为有效连接村落的主、次路而设置的便道。

（3）类型三：两条相交道路与居住用地相邻，形成"L"形组合

这种组合类型一般分布在村落的道路交叉口，且设置一个出入口，入口通常位于居住用地东西两侧的道路上。

（4）类型四：两条平行道路与居住用地相邻，形成"二"字形组合

两条平行道路与居住用地的南北界面或东西界面相邻，其中一条是便道，连接村落中心道路。当居住用地的南北两侧设置平行道路时，场地通常设置一个出入口，入口位丁南侧的道路上。当居住用地的东西两侧设置平行道路时，场地通常设置两个出入口，贯穿中间的庭院空间在居住用地东西两侧分别设置主、次入口，主入口一般设置在较宽的道路一侧，次入口位于宅前小路或巷道上。

（5）类型五：一条道路与居住用地相邻，形成"一"字形组合

这种组合类型一般分布在道路的中间位置。三面与其他居住用地邻接，只有一侧与道路相连，居住用地的出入口只有一个（表4-3-2）。

（四）建筑特点

下石建村传统民居根据墙体材料与结构可分为木结构住宅与砖混结构住宅。其中木结构住宅根据屋顶形态进一步可分为合阁式瓦屋面住宅、四坡瓦屋面住宅、四坡草屋面住宅、两坡草屋面住宅等类型；砖混结构住宅根据屋顶形态可分为合阁式水泥瓦屋面住宅、四坡水泥瓦屋面住宅。

下石建村居住用地与道路组合关系　　表4-3-2

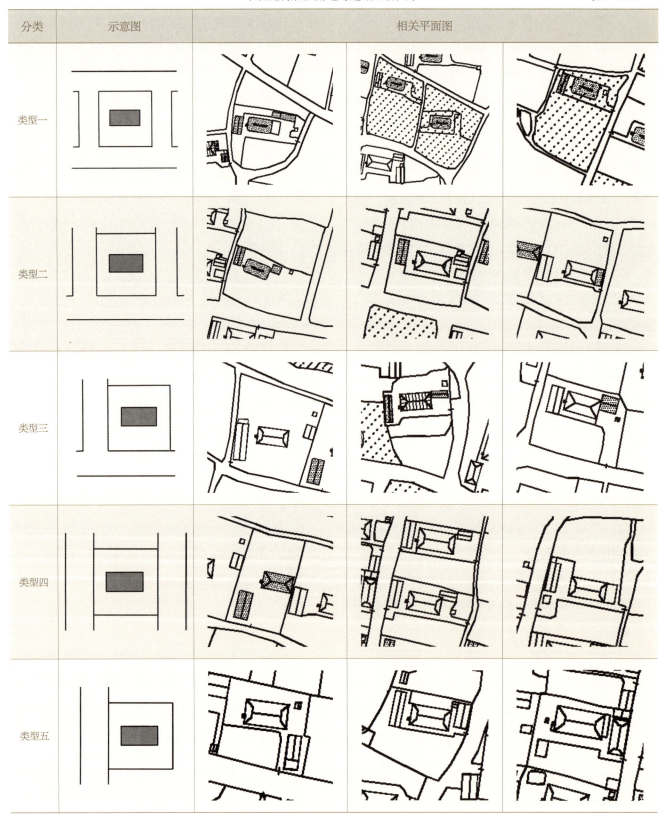

110

1. 合阁式瓦屋面住宅

曹氏住宅是下石建村历史最悠久的住宅建筑之一，已有百年历史，是下石建村一号保护建筑，屋顶采用合阁式瓦屋顶。

该住宅建造在两层自然毛石台基上，平面为"田"字形，共八间房，每个房间对外都设有单独的出入口。平面中间是鼎厨间（炕与厨房相连而形成的开敞空间，是咸境道型朝鲜族民居的主要特点之一）；东侧两间分别是储藏间和牛舍；西侧为四间卧室，各个房间通过拉门相连通。住宅外墙采用木柱土墙结构，其构筑方法是：先立柱，然后在柱子之间搭水平木杆，沿木杆的垂直方向捆绑高粱秆，最后将搅拌的黏土浇筑在上面，待墙体凝固后，在表层涂刷白灰。住宅门窗均采用直棱式，下面附有厅板，防止雨水溅入。

卧室南面设有退间，进深约90厘米，台面高于地面40厘米，用宽约20厘米的木板并排东西向铺设，通常家里的老人坐在这里乘凉。空间及色彩上，退间的暗红色木柱与后面的雪白墙面形成强烈对比，加上深远的挑檐所形成的阴影和平台下方的柱础及架空空间，使得该空间格外丰富。

屋顶采用朝鲜族传统的合阁式屋顶，正面形态形似"八"字，因此又称八作屋顶。屋顶挑檐中间平缓，四角向上昂翘，形如一只展翅的飞鹤。屋脊部分同样中间平缓，两端耸起，与屋面整体形态相协调。烟囱位于住宅的西山墙一侧，高度高于建筑屋面，其构造做法是：用四张木板拼成方筒，并沿垂直方向分三段用木方绑扎，为了增强其横向稳定性，用三脚架套住烟囱，固定在山墙上。

屋顶构造采用木结构榫卯方式，由大梁、檩、枋、椽等受力构件组成。檐柱东西方向支撑檐枋、檐檩，南北向支撑大梁；大梁上面再加一个方木形成叠梁，中间立童子柱支撑脊檩，叠梁两端直接支撑中檩。图4-3-33（b）

（a）合阁式瓦屋面住宅外观

（b）合阁式瓦屋面住宅室内

图4-3-33　合阁式瓦屋面住宅

中的中柱穿过大梁至顶，大梁并不断开，而是将柱子从梁底面起中间挖空，使叠梁穿过柱子，这样的构造做法防止叠梁左右错位，增强其稳定性。檩条上面架椽子，其上面铺盖板，然后覆土找坡，最后铺瓦。从山墙图片中可以看出，瓦件非常传统，圆形瓦当刻着莲花瓣图案（图4-3-33）。

2. 四坡瓦屋面住宅

金氏住宅是下石建村四坡瓦屋面住宅的典型。该住

（a）四坡瓦屋面住宅外观

（b）四坡瓦屋面住宅室内

图4-3-34 四坡瓦屋面住宅

宅位于图们市月晴镇下石建村中部地区。住宅历史近百年，是20世纪初建造的传统瓦屋面建筑。

平面形式为六间，中间是厨房、鼎厨间，东侧是牛舍、仓库，西侧是卧室。早期每个房间都设有单独出入口，后来部分门被扇改为窗户，原来的直棂栅及裱纸形式的门窗被改为如今的木框、玻璃门窗。建筑的南面设有退间，进深约90厘米，木板沿纵向短边铺设。平台高于地面30厘米，加上挑檐的遮挡，雨水不易侵入墙壁和室内。平台上面存放各类杂物，秋季在上面晒干辣椒、玉米等农作物，平时还可以坐在上面乘凉。

屋顶四坡瓦屋面，构造采用叠梁式，与曹氏住宅的做法基本相似，而山墙部分采用斜檩，相对合阁式屋顶做法简单一些。中檩悬挂酱引子，截面高度约30厘米，底边距炕面约1.8米，人可以借助椅子等工具在上面挂东西，扩大室内储藏空间。

室内凡是露出黏土的部分均刷白灰，不仅提高室内明度，而且美观、清洁。柱、梁、檩、椽子、门框等表面刷上油漆，从而达到防潮、防腐、防蛀的目的。色彩上暗红色构件和白色墙面、棚顶形成强烈对比（图4-3-34）。

3. 四坡草屋面住宅

住宅形式与其他地区的咸境道型朝鲜族民居基本相同。建筑坐北朝南，入口设在东边，用地周边用木栅栏围合。厕所位于住宅东侧，入口朝西，与南北朝向的储藏间紧挨着，形成"凹"字形围合空间。住宅的西侧也布置一栋仓库，东西朝向，分为两间，一间是牛舍，另一间是仓库。住宅前面设有大面积的菜地，后面设置果园。

屋顶采用朝鲜族传统四坡草屋面，平面为6间。住宅通常坐落在50厘米高的单层台基上，台基宽度与挑檐宽度相同，上面摆放一些杂物。住宅的侧面和前面靠墙整齐地摆放着朝鲜族特有的酱缸，色泽黝黑的酱缸与粗糙的墙面形成强烈对比。

厨房焚火口下卧，距地面45厘米，上面铺设木板，与锅台平齐。做饭时将木板掀开，在下面烧火；炊事完了又将木板整齐地铺上，人可以站在上面，进行家庭作业。下沉式厨房不仅增加了屋内使用面积，还可以防止下面的灰尘飞扬，保持室内的整洁。厨房下卧是咸境道型朝鲜族民居的另一主要特点（图4-3-35）。

(a) 四坡草屋面住宅外观

(b) 四坡草屋面住宅室内

图4-3-35 四坡草屋面住宅

（五）聚落变迁（表4-3-3）

下石建村聚落变迁　　　　　　　　　　　表4-3-3

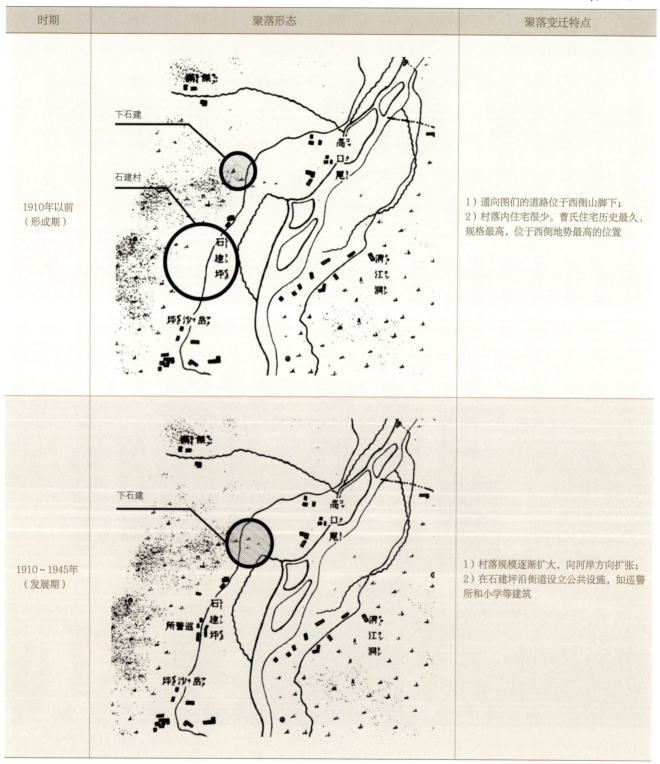

时期	聚落形态	聚落变迁特点
1910年以前（形成期）		1）通向图们的道路位于西侧山脚下； 2）村落内住宅很少。曹氏住宅历史最久、规格最高，位于西侧地势最高的位置
1910~1945年（发展期）		1）村落规模逐渐扩大，向河岸方向扩张； 2）在石建坪沿街道设立公共设施，如巡警所和小学等建筑

续表

时期	聚落形态	聚落变迁特点
1945~1978年（变化期）	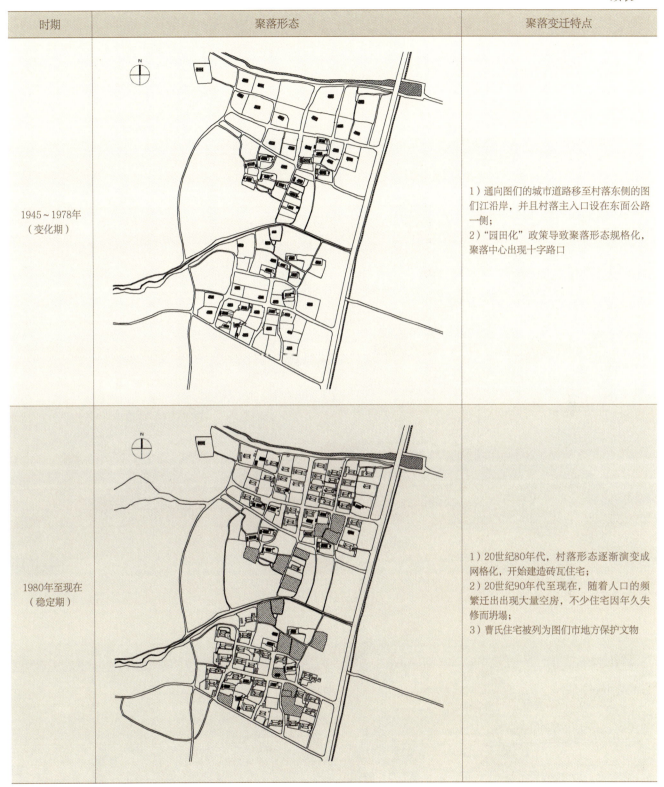	1）通向图们的城市道路移至村落东侧的图们江沿岸，并且村落主入口设在东面公路一侧； 2）"园田化"政策导致聚落形态规格化，聚落中心出现十字路口
1980年至现在（稳定期）		1）20世纪80年代，村落形态逐渐演变成网格化，开始建造砖瓦住宅； 2）20世纪90年代至现在，随着人口的频繁迁出出现大量空房，不少住宅因年久失修而坍塌； 3）曹氏住宅被列为图们市地方保护文物

注：1. 发展期的村落布局图来自"（近世）韩国五万分之一地形图"（1917年绘制）；
　　2. 变化期的村落布局图是根据调研中一位村落老人凭着记忆完成的手绘图而绘制（2008年）。

五、梨田村（鸭绿江流域——长白县）

（一）聚落概况

梨田村位于鸭绿江沿岸，又名梨田洞，是由朝鲜平安北道的火田民移居于此地而建成的村落，大概建立于宣统元年（1909年）。梨田村隶属长白朝鲜族自治县十八道沟朝鲜族自治乡，现划分为半截沟朝鲜族自治乡（图4-3-36）。

图4-3-36 梨田村

（二）发展历史

早期的朝鲜移民居住在建造简单的窝棚或用原木垒起的"霸王圈"式住宅里，在山坡上开辟火田，种植玉米和土豆等农作物。

东北沦陷时期，日伪政权对"满洲"边境地区的朝鲜人村落加强管理，当时一些散居自由移民被强制迁入到梨田村。

1947年进行土地改革，农民获得了土地。

1953年梨田村属长白县第二公所管辖。1954年随着第二公所的取消，设立"十八道沟朝鲜族自治区"。1956年1月废止延边朝鲜族自治区后设立了5个朝鲜族自治乡，梨田洞隶属"十八道沟朝鲜族自治乡"。1957年3月，政府又将"十八道沟朝鲜族自治区"恢复，管理五个朝鲜族自治乡。1958年"长白县"改名为"长白朝鲜族自治县"，次年3月县内设置4个人民公社。

1983年9月长白朝鲜族自治县开始实行联产承包责任制，同时将"人民公社制"改为"乡制"。20世纪80年代，国家对边防地区实行住宅扶助政策，而梨田村未能得到其优惠。

（三）聚落形态

1. 空间形态

梨田村的布局和土地使用与周边环境有着密切的联系。村落坐落于半山坡，以居住地为中心前后布置农地；山坡最上面是山林，设置墓地，其意图与下石建村相同；下面是水系，隔着小溪对面山坡是旱地和山林，形成对称似的布局。村落主要道路伸向鸭绿江沿岸，与国道相接，聚落和国道之间设置储水池和山林等用地。梨田村的公共设施除了村口处的小学和村委会建筑，还有在主要道路一侧的联立式住宅上所开设的小卖店。道路具有交通和广场的功能，晚饭后闲暇时间人们来到马路上闲聊，孩子们玩耍，颇为热闹（图4-3-37～图4-3-40）。聚落建筑经历了三个时期，在住宅朝向、建筑形式等方面具有明显的划分。

2. 道路体系

梨田村道路体系主要依据地势而形成，分为主路、次路与宅前小路。由于山坡较陡，主路在村口前经过一段缓行，上升至在半山坡高度，并平行于住宅穿过村中央。次路与小路则顺应山势自由布置，大部分次路都是封闭式。位于聚落腹地的住宅通过宅前小路与次路、主路相连，一条小路近端通常连接1~4户住宅（图4-3-41、图4-3-42）。

3. 居住用地

1）居住用地构成要素

梨田村的居住用地主要由住宅、仓库、苞米楼、室外厕所、鸡（狗）圈、菜地、晾衣竿、庭院等要素构成。居住用地根据地形布局自由，形态各异。住宅位于用地的中间或北侧，住宅两侧布置仓库和卫生间，南侧布置庭院和菜地。住宅朝向根据建造历史可分为西南向与南向两个方向，早期住宅通常采用背山面水的布局手法，住宅面向西南方向布置，住宅与村落主路平行；近期住宅则坐北朝南，住宅与村落主路形成垂直关系。受当地满汉民族的影响，有些居住用地设有苞米楼等谷仓，大部分谷仓位于庭院内。而有些居住用地，比如村落中心沿主要道路设有幢联排式住宅，其居住用地被道路一分为二，道路对面设有谷仓，住宅南侧既是道路又是居住用地的庭院空间。居住用地的周围采用木篱笆围墙，用参差不齐的木板或木桩码成一圈，围出一方别致的空间，夏天围绕篱笆挂满豆角及喇叭花等图腾类植物，既生态又美观。

2）居住用地与道路组合关系

梨田村道路系统分为主路、次路、宅前小路三级。主路由南至北贯穿整个村落，与主路垂直沿山坡地势形

图4-3-37 梨田村全景

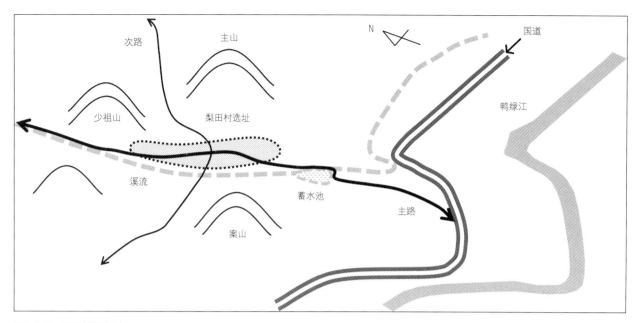

图4-3-38 梨田村选址依据

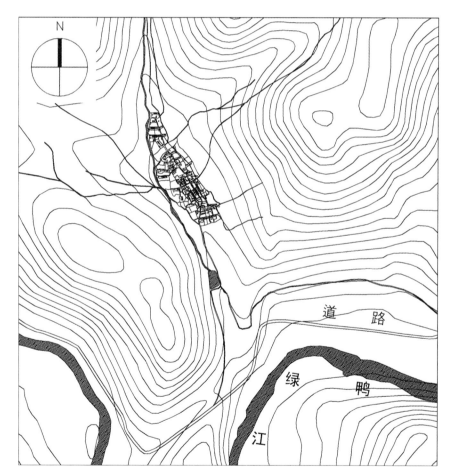

图4-3-39 梨田村选址

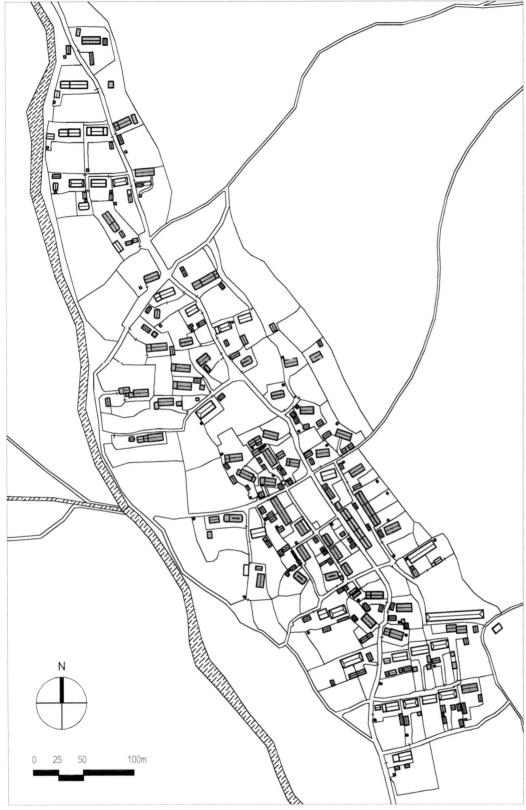

图4-3-40 梨田村总平面图

←→ 主路

...... 次路

—— 宅前小路

图4-3-41 梨田村道路体系

(a)梨田村主路

(b)梨田村次路

图4-3-42 梨田村道路

成次路，次路将聚落分为若干组团，组团内通过宅前小路连接各个居住用地。梨田村的居住用地与道路关系大致可分为五种类型：

（1）类型一：三条道路与居住用地相邻，形成"凹"字形组合

这种组合类型一般分布在村落的边缘，通常设置1~2个出入口。主入口位于距离村落中心道路较近的一侧，与庭院相连。次入口则设置在邻接菜地一侧的道路上，便于进出。

（2）类型二：两条相交道路与居住用地相邻，形成"L"形组合

当相邻道路中有一条道路位于用地的南侧或北侧，另一条道路位于用地的东侧或西侧。这种组合类型的入口设置方式与"凹"字形组合相同，通常设置1~2个场地入口，主入口与住宅及庭院相连，次入口与菜地一侧的道路相连。主入口的位置取决于住宅、庭院及菜地的布局方式。当菜地位于用地的南侧时，场地主入口设置在东侧或西侧的道路上；当菜地位于用地的东侧或西侧时，场地入口通常设置在南侧或北侧道路上，且选择离村落中心较近的一侧设置主入口。

（3）类型三：两条平行道路与居住用地相邻，形成"二"字形组合

两条平行道路与居住用地的南北界面或东西界面相邻，其中一条是主路或次路，另一条道路则是宅前小路。场地通常设置两个出入口，主路或次路一侧设置主入口，与住宅庭院相连，宅前小路一侧则设置次入口，与菜地相连。

（4）类型四：一条道路与居住用地相邻，形成"一"字形组合

居住用地三面与其他居住用地邻接，只有一侧与道路相连，居住用地的出入口只有一个，一般设置在与村落主路方向较近的一侧。

（5）类型五：一条道路穿越居住用地，将用地一分为二

这种组合类型是沿街居住用地常用的布局形态。道路在居住用的南侧或北侧，住宅与道路相邻。梨田村的联排住宅虽然采用临街式布局，但在道路的对面又布置了谷仓及室外厕所等空间，形成了道路穿越居住用地的空间形态，住宅南面既是庭院空间，又是村落的道路公共空间。这使该区域成为村落的休闲及活动的空间。傍晚时分老老少少聚集在这里交流、锻炼，老人们坐在屋檐下的台基上打牌、下棋，年轻人们三三两两站在路边交流畅谈，孩子们在道路上跑来跑去尽情玩耍（表4-3-4）。

梨田村居住用地与道路组合关系　　　　表4-3-4

分类	示意图	相关平面图
类型一	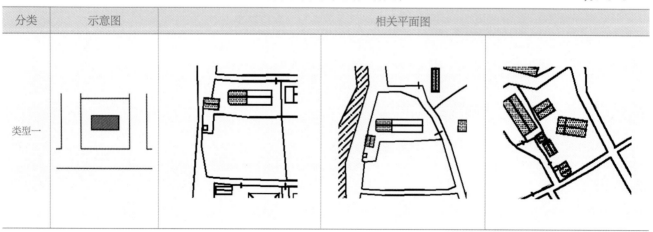	

续表

分类	示意图	相关平面图		
类型二				
类型三				
类型四				
类型五				

(a) 联排式住宅全景

(b) 联排式住宅外观

图4-3-43 联排式住宅

（四）建筑特点

1. 联排式住宅

在梨田村的中心位置沿村落主干道坐落着三列联排式住宅，建设年代大约是在20世纪30年代，是当时日本侵略者执行的集团部落"保甲制"的产物，住宅布局相对紧凑。

住宅建在60厘米高的台基上，防止山洪或雨水的浸入。住宅的屋顶采用双坡稻草屋面，由于年久失修，有些屋面已塌陷，大部分屋顶表面加一层塑料膜，防止雨水渗入对结构的腐蚀。站在高处俯瞰，建筑似乎贴在地面，起伏的屋面与地面完全融为一体。住宅烟囱位于后院，采用原木，既原始又生态。仓库和牛舍隔着村道布置在住宅前方，后面布置菜地（图4-3-43）。

（a）崔氏住宅外观　　　　　　　　　　　　　　　　　　（b）崔氏住宅室内

图4-3-44　崔氏住宅

2. 崔氏住宅

该住宅平面为四间，从左至右依次为储藏间、厨房、净地房（与厨房相连的炕空间）、主卧，主入口设在厨房一侧。厨房按"凹"字形布置，灶台上设置四个不同大小的锅，对面布置酱缸、水桶、盆等生活用具。

住宅正面在主入口两旁的台基上堆放干柴，由于挑檐深远，可以遮挡雨雪。而且柴火摆放在入口两侧，与厨房较近，缩短了路径。

净地房原来与卧室用推拉门隔离，如今家里只剩下老人和孩子，不需要太多的房间，故取消了内部隔墙和房门，将所有空间打通。虽然空间开敞了，但由于窗户较小，光线微弱，室内比较昏暗（图4-3-44）。

3. 安氏住宅

该住宅已有80多年历史，原住户是朝鲜族，现如今为汉族住户，是在1990年左右搬进该住宅。住宅形态基本保留着原貌，住宅采用朝鲜族传统四坡草屋顶，平面由原来的四间扩至五间，是在原有住宅旁边加设了一间室外仓库。结构方面：原有住宅采用柱梁式传统木构造形式；扩建的仓库部分则采用了长白山地区的传统木构造形式"木克楞"，当地居民称"霸王圈"。不论是"木克楞"还是朝鲜族传统木结构，虽然它们采用的构造方式不同，但在材料上形成统一，它们都使用了当地的自然材料，在地域性意念上形成了统一与和谐，这也证明了在特定的地域环境里，民俗与文化将统一于地域性（图4-3-45）。

（五）聚落变迁

早期的梨田村只有朝鲜族传统住宅，住宅背山面水西南朝向布置，村落前面小河流过，一条纵贯整个村落的南北村道与鸭绿江边大道相连接。从规模上看，该村落最初也就只有20几户人家，住宅分布比较分散。道路东面靠后山一侧集中布置联排式住宅，住宅群与南北村道平行，道路较宽，是过去村民们散步、集会的主要场所。东西方向几条村道沿着山坡向山谷延伸，便于进山砍柴、狩猎。

20世纪50年代随着人口不断增多，村落向北发展，这一时期建设的住宅朝向大部分为南向。住宅分布

(a)安氏住宅外观

(b)安氏住宅木烟囱

(c)安氏住宅室内

图4-3-45 安氏住宅

比较零散，道路形态曲折。

70年代，村里改造旧房并建新房，住宅构造发生一定变化，用三角木屋架代替传统梁檩枋结构，并出现少数砖瓦房。

到了80年代，村里开始兴建砖瓦建筑，在村口道路以北山坡上盖了几排跌落有序的砖瓦住宅。随着村落的发展，梨田村由纯朝鲜族自然村转变为朝、汉混居的村落。

2005年随着新农村建设的推广，村里的旧房、危房得到修缮，有些住户推倒老房，在原址上新建了砖瓦住宅（表4-3-5）。

梨田村聚落变迁　　　　　　　　　　　　　　表4-3-5

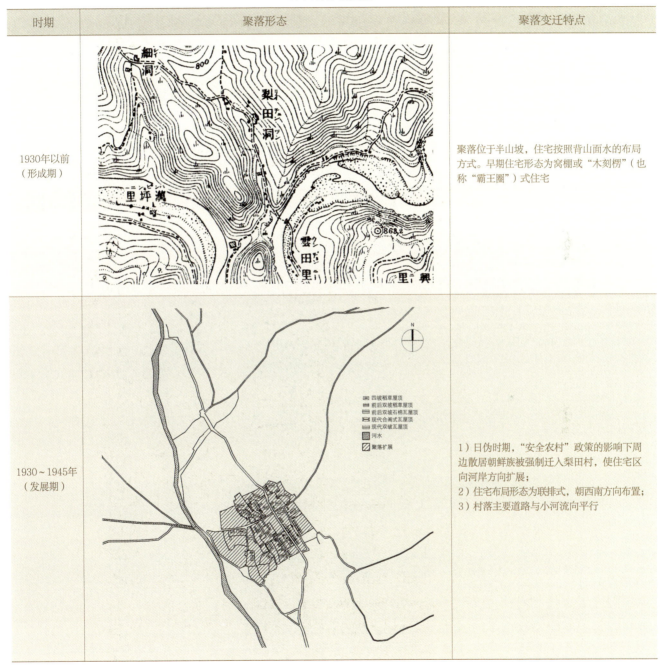

时期	聚落形态	聚落变迁特点
1930年以前（形成期）		聚落位于半山坡，住宅按照背山面水的布局方式。早期住宅形态为窝棚或"木刻楞"（也称"霸王圈"）式住宅
1930~1945年（发展期）		1）日伪时期，"安全农村"政策的影响下周边散居朝鲜族被强制迁入梨田村，使住宅区向河岸方向扩展；2）住宅布局形态为联排式，朝西南方向布置；3）村落主要道路与小河流向平行

续表

时期	聚落形态	聚落变迁特点
1945～1978年（变化期）	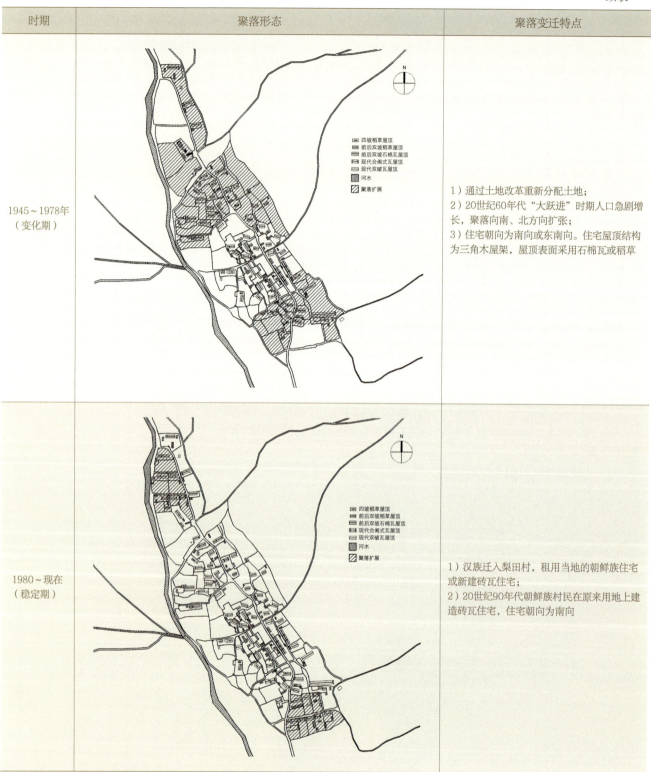	1）通过土地改革重新分配土地； 2）20世纪60年代"大跃进"时期人口急剧增长，聚落向南、北方向扩张； 3）住宅朝向为南向或东南向。住宅屋顶结构为三角木屋架，屋顶表面采用石棉瓦或稻草
1980～现在（稳定期）		1）汉族迁入梨田村，租用当地的朝鲜族住宅或新建砖瓦住宅； 2）20世纪90年代朝鲜族村民在原来用地上建造砖瓦住宅，住宅朝向为南向

注：1. 发展期的村落布局图来自"（近世）韩国五万分之一地形图"（1917年绘制）；
　　2. 变化期的村落布局图是根据调研中一位村落老人凭着记忆完成的手绘图而绘制（2008年）。

六、三道阳岔村（长白山脉——临江市）

（一）聚落概况

三道阳岔村隶属临江市六道沟镇。六道沟镇为吉林省特色旅游名镇，东与长白朝鲜族自治县八道沟镇接壤，南濒鸭绿江与朝鲜两江道厚昌郡隔水相望，西与临江市四道沟镇以五道沟河为界，西北与临江市蚂蚁河乡、桦树镇接壤，东北与抚松县隔封山相连，边境线长61公里。六道沟镇1892年建屯，因近六道沟河，故名六道沟；1902年属临江县荣生保，1912年为临江县第三区，1923年3月（民国12年）设临江县三区，辖六个村：丰和、守望、通安、集贤、兴临、富源村；1930年（民国19年）将丰和守望合并为华丰村；通安和集贤合并为安贤村；兴临、富源村未动，共四村；1935年，东北沦陷时期华丰村改称桦皮甸村，安贤村改称六道沟村，兴临村改为七道沟村，富源村改为虎洞沟村，仍四村，村下设屯；1947年临江县人民政府成立初期改为临江县第三区，辖六道沟镇、大杨树村、错草顶子村、仁德村、桦皮甸子村、乱泥塘村、夹皮沟村、东马鹿泡村、火绒沟村；1956年为临江县六道沟乡；1959年改临江县六道沟公社；1983年改临江县六道沟乡；1984年建镇，定名六道沟镇。

三道阳岔村坐落于临江市六道沟镇的偏隅一角，位于六道沟镇东北部、七道沟河的北岸，距六道沟镇约30公里，与长白县隔河相望，是一个朝鲜族村落。三道阳岔村村域面积297平方公里，其中耕地面积900亩，林地面积177亩。全村辖三个自然屯，全村人口284人，全部为朝鲜族，他们保留着原始纯朴的朝鲜族民俗风情和生活习惯。附近有七道沟遗址、桦皮甸子城址、临江冶铜遗址公园、临江鸭绿江水利风景区等人文及自然景观（图4-3-46～图4-3-50）。

图4-3-46　三道阳岔村位置（来源：谷歌地图）

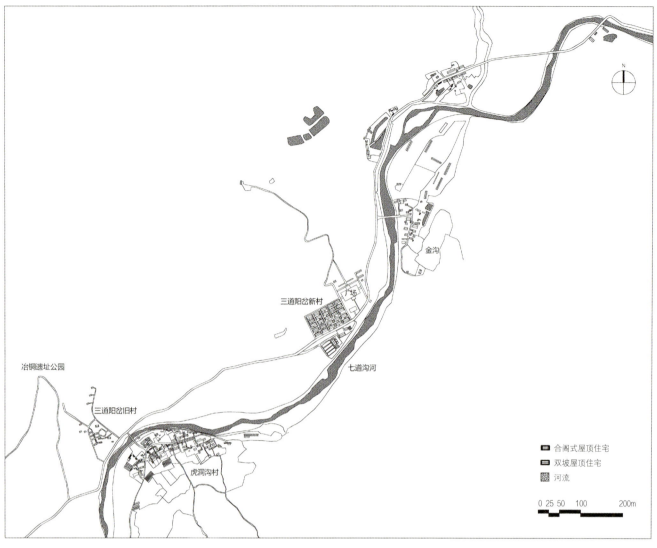

图4-3-47 三道阳岔村分布图

图4-3-48 三道阳岔村旧村（来源：申世兴）

132

图4-3-49 三道阳岔村新村航拍图

图4-3-50 三道阳岔村新村街景

（二）发展历史

唐渤海国时期，六道沟镇域范围内冶铜产业发达，鼎盛时期有劳工一万余人。由于三道阳岔村临近七道沟河，水路运输便利，这里成为人们运送铜产品及林木资源的水陆交通枢纽，人们在此将物资经水路运往鸭绿江。村落最早期仅有大车店、小酒馆等简单的驿站功能。随着人流聚集，渐渐有人选择在此定居生活，村庄也由简单的服务设施发展为小型村庄聚落。到了清朝时期，随着清政府解除封禁的政策以及朝鲜连年自然灾害，很多朝鲜垦民跨过鸭绿江来到中国耕作生活，这一时期三道阳岔村的居民逐渐增多。抗日战争时期，日本占领中国东北地区，通过"集团移民""开拓团移民""迁村并屯"等政策强行移民迁徙朝鲜和当地的居民。日本战败后，被集中管理的部落居民一部分返回朝鲜，另一部分选择留在这里生活。经过几代人的更迭演变，形成了现有的村落格局。

（三）聚落形态

1. 空间形态

三道阳岔朝鲜族村位于临江市六道沟镇东部，位于高山峡谷之中。村域境内群山环抱，山峦起伏，七道沟河从村落南部穿流而过。三道阳岔村由新村、旧村、广场等要素构成。

旧村位于七道沟河的北岸，南接乡道，北邻冶铜遗址，西邻山谷小溪，是早期平安道迁徙民聚居而形成的朝鲜族部落。村落民居古朴自然，历史悠久，大多数住宅背山面水，面朝南向或东南方向依势而建。由于村落位于多条小溪河流的汇聚点，多雨季节经常遭受洪涝灾害，后期整村搬迁至沿乡道往东500米的位置。2014年三道阳岔村成功列入中国传统村落名录，村落以旧村为中心全力打造鸭绿江流域朝鲜族传统村落，保护和修缮了旧村所留存的历史住宅，同时在村落中心设置博物馆、圆形广场等公共建筑与配套设施。

新村坐落于旧村东北方向的一块向阳坡上。村庄南侧邻接乡道和七道沟河。聚落平面成方格网布局，农房采用了联排式建筑，一栋农房设置两户，左右对称。住宅背山面水，朝东南方向面向七道沟河进行整齐地排列布置。道路对面设置村委会和其他公共设施。新村旁边设有一块方形广场，供村民文化活动使用（图4-3-51、图4-3-52）。

2. 道路体系

旧村道路分为主路、次路、宅前小路。乡道与旧村相邻，成为村落的主路，并在村落的两侧垂直主路设置两条次路，宅前小路垂直次路与住宅相连。大部分道路因地势而建，如左侧次路与溪流平行，中间宅前小路则与等高线和住宅平行。

新村道路分为主路和次路。新村南侧有一条乡道沿着七道沟河蜿蜒向北延伸，乡道作为新村的主路。垂直主路有六条次路向村庄延伸，并在村落的中心和北侧设置两条横向次路，与纵向次路相交接，形成纵横交错的方格网道路（图4-3-53、图4-3-54）。

（四）建筑特点

三道阳岔村早期民居采用"木刻楞"建筑形式。这种建筑由一根根砍了刻口的原木，纵横交错咬合成墙壁，横木至门窗口时，原木与原木之间用"木蛤蟆"相连接，使其稳固。在山墙中间，内外各立一根木柱，紧紧夹住木墙，使其牢固。木墙的内外均敷以黄泥，以防风保暖和防止木头风化。屋顶为前后双坡或四坡屋顶，铺设茅草或木板瓦。当地居民习惯在屋架与屋面隔出的空间内存放杂物。住宅平面采用平安道型朝鲜族民居形式，采用单进深串联的功能布局，厨房与卧室间通过推拉门或窗墙进行联系，门窗一般采用直棂式。烟囱通常立于建筑山墙一侧，由原木掏空芯部制成（图4-3-55）。

位于新村的新式农房采用了砖混结构和合阁式彩钢屋面，一栋两户，左右对称。内部空间按照平安道型朝鲜族民居的特点进行布局，厨房与净地房之间设置推拉门或窗间墙。

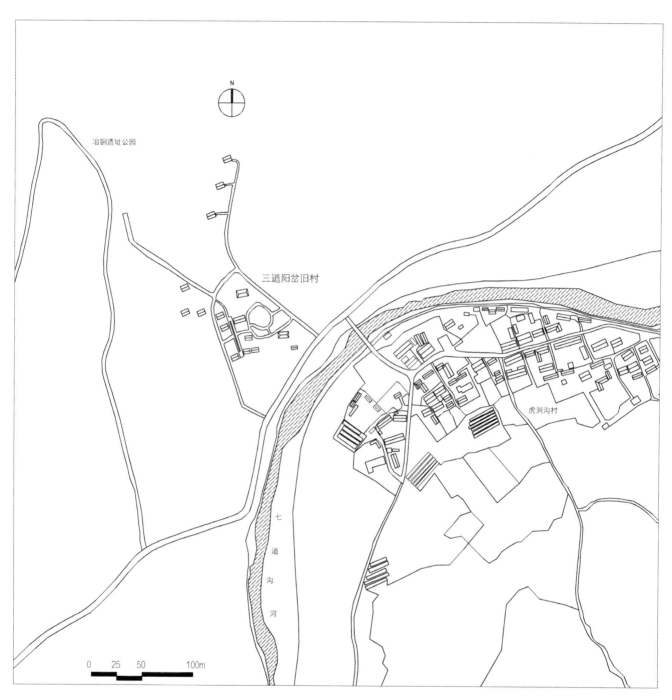

图4-3-51 三道阳岔村旧村总平面图

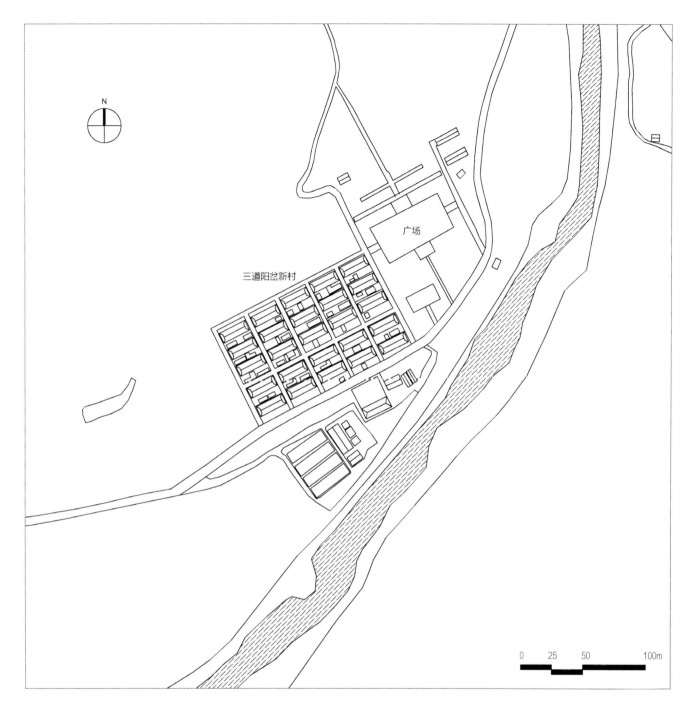

☐ 合阁式屋顶住宅

▨ 河流

图4-3-52 三道阳岔村新村总平面图

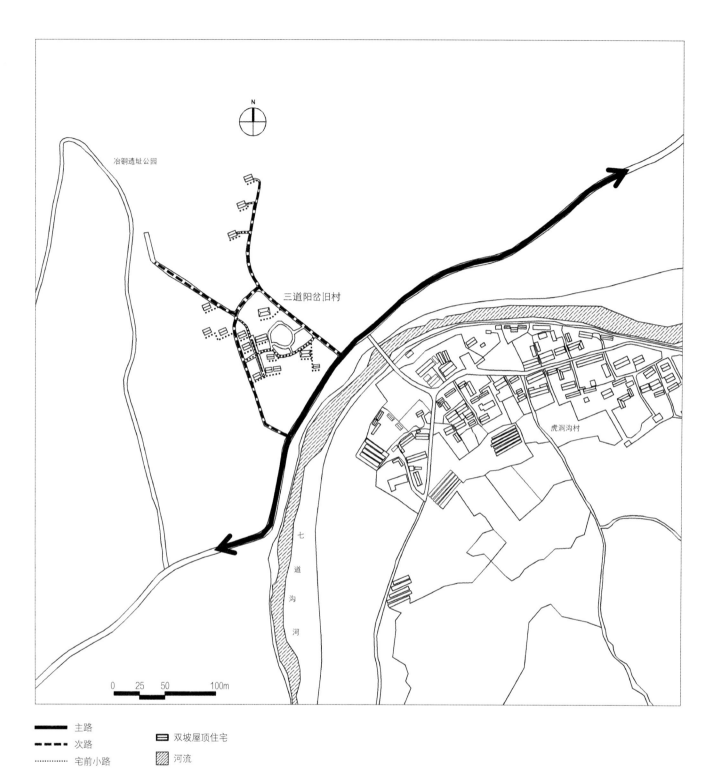

图4-3-53 三道阳岔村旧村道路体系

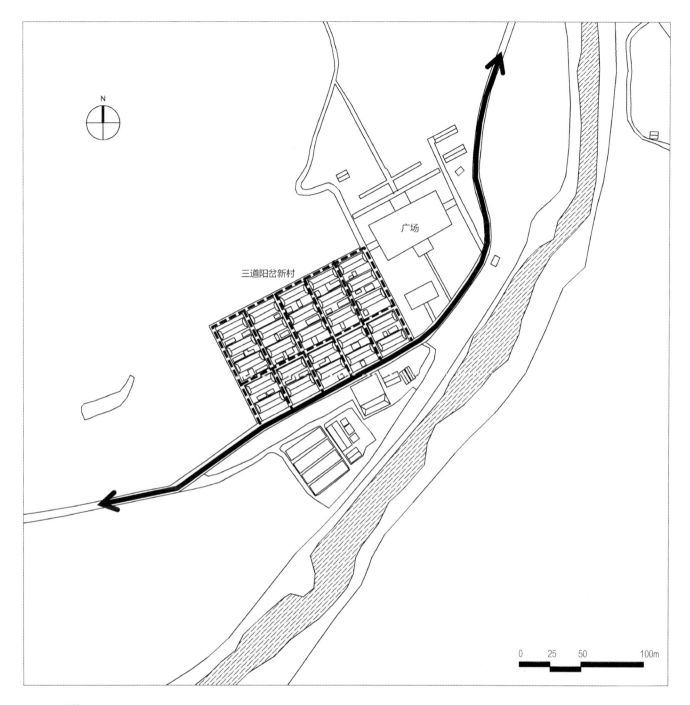

— 主路
---- 次路

图4-3-54 三道阳岔新村道路体系

图4-3-55 三道阳岔村民居（来源：申世兴）

第四节　长白山传统聚落

一、锦江木屋村（长白山脉——抚松县）

（一）聚落概况

1. 村落位置

在吉林省东部山区有一个比较特殊的传统村落，这个村落的所有房屋、构建、设施均由木材组成，我们称之为"锦江木屋村"。锦江木屋村位于抚松县漫江镇西北约5公里的锦江右岸的长白山密林中，距锦江约1.5公里，原名孤顶子村。据《抚松县史志》记载，孤顶子村建于1937年。孤顶子是抚松县漫江镇的一个自然村，聚落地处长白山腹地，森林茂密，景色秀丽，以当地有一座孤立突起的山峰而得名。因有锦江从此流过，现改称锦江木屋村（图4-4-1）。

2. 气候条件及自然资源

锦江木屋村属温带大陆性季风气候，为高寒山区，四季分明，冬季漫长寒冷，积雪深；夏季短暂温暖，雨量集中，无霜期90～120天。村域内有头道松花江、锦江、漫江、秃尾巴河等水系流过，锦江村为山地、丘陵地貌，地势西北低、东南高。有丰富的景观及野生动植物资源。

3. 建筑概况

锦江木屋村，完整地保留着一处木屋群，无一处砖瓦建筑，连一块砖头、一块瓦片也见不到，可称之为长白山木文化的"活化石"。这个历经沧桑、完整保存至今的木屋建筑群，是长白山地区仅存的居住文化遗产，堪称"长白山最后的木屋村落"[①]（图4-4-2、图4-4-3）。

图4-4-1　锦江木屋村位置（来源：谷歌地图）

[①] 王纯信. 长白山漫江木屋探查、研究与保护[J]. 通化师范学院学报，2013，34（2）：20-22.

图4-4-2 锦江木屋村全景（来源：张俊峰）

图4-4-3 锦江木屋村改造后街景

(二)发展历史

抚松县位于吉林省东南边陲,松花江上游,东南与朝鲜为邻。这里地处长白山腹地,漫山原始森林,古树参天,遮云蔽日。锦江木屋村是抚松县漫江镇的一个自然村,以当地一座孤立突起的山峰而得名。纵横上千公里的长白山区是多民族繁衍生息与相互融合的舞台,早在三四千年以前,这里就有人类生活的足迹,而吉林省抚松县就是满族的发祥地。清初,康熙、乾隆时期为保护祖宗发祥地,将广阔的长白山区列为封禁之地长达200多年,直到光绪年间才开禁。在封禁期间,虽擅自入山伐木、挖参等被严禁,但仍有大批流民来此从事开垦、采集、狩猎等活动。他们在老林深处伐木建屋,以御风雪。居住在这里的山民,延续了满族先民的居住习俗,砍树造屋,代代相袭,绵延至今。1937年,日伪实行"并屯"政策,锦江木屋村就是在这样的背景下形成并逐渐发展,如今成为长白山独有的木屋群聚落。2006年锦江木屋村被抚松县政府列为"县级文物保护单位",2009年被吉林省政府列为"文化遗产保护单位",2012年被吉林省人民政府公布为"省级重点文物保护单位",2013年9月被列入第二批中国传统村落名录。

(三)聚落形态

1. 空间形态

锦江木屋村的空间形态采用带形布局。主路与漫江镇的302省道相连,向西延伸,并贯穿整个村庄。聚落坐落于半山坡,选址在山中的缓坡地带,背靠孤顶子山,朝东南方向,以获得避风向阳的良好环境。村落布局走向沿山体走势,内由一条主街道串联院落单元,依托地形山势呈"一"字带型空间结构,垂直等高线的泥土道路为辅,这种布局方式呈现出较为单一的空间结构,但可依托山体形成独特的景观效果。住宅大部分布置在道路以北,南侧则沿主干道路建设一排建筑,主要

图4-4-4 锦江木屋村总平面图（来源：吉林省长白山地区传统村落保护与更新研究）

用于居住和公共服务设施。耕地集中在道路以北，南侧根据地形形成小溪和蓄水空间（图4-4-4）。

2. 道路体系

锦江木屋村的道路体系主要沿山脚等高线因地势而形成，分为主路、次路与宅前小路。主路东西向贯穿整个村庄，次路垂直于主路向山坡延伸，与宅前小路相接。道路因地制宜，蜿蜒曲折（图4-4-5）。

（四）建筑特点

1. 院落空间

锦江木屋村的院落单位的民居多为"一"字型的平面，院落宽敞，居住建筑靠近院落北侧，南侧留出大面积的空间作为菜地。居住的正房东西两侧一般设存放杂物的仓库，正房与仓库相邻设置或相连设置。院落内同时布置有柴草垛、禽畜棚、旱厕等设施。各户人家的院落之间不设墙垣，院落边界以木制栅栏区分，有栅门与外界连通（图4-4-6）。

2. 建筑形态

锦江木屋村山民沿用至今的木屋，当地人称为"木刻楞"，意为用圆木凿刻垒垛造屋，如同上下门牙咬合一样；又称之"霸王圈"，意喻非常牢固，即使有霸王的骁勇也无可奈何。木墙、木瓦、木烟囱，创造了长白山地区木建筑文化艺术，独具特色（图4-4-7~图4-4-9）。

住宅坐落于山脚下，"木屋"按南北朝向布置。住宅平面采用三开间，主入口设在中间开间，俗称外屋，兼作厨房，设东西两个锅灶，分别与东西两间卧室（俗称里屋）的土炕相连，卧室一般设有对面炕，对面炕之间的山墙处搭砌一铺拐炕，以连接南北炕，这种炕被称为"万字炕"。院落布局方面，住宅南侧布置庭院和菜园，两侧加建仓库，院落主入口通常朝南面或北面设置。

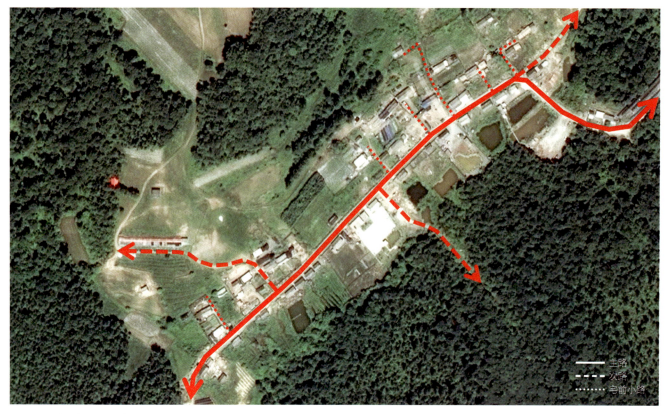

图4-4-5 锦江木屋村道路体系

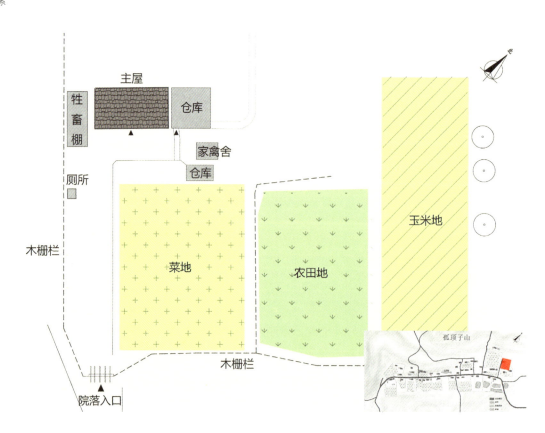

图4-4-6 锦江木屋村某院落空间（来源：吉林省长白山地区传统村落保护与更新研究）

图4-4-7 木刻楞住宅群

图4-4-8 早期木刻楞住宅形态（来源：张俊峰）

图4-4-9 早期木刻楞住宅烟囱（来源：张俊峰）

二、珍珠村松岭屯（长白山脉——临江市）

（一）聚落概况

松岭地处临江市花山镇珍珠村，面积11平方公里，距临江市区24公里，距珍珠门影视基地5公里。该村是典型的山东移民村，这里民风淳朴，民居风貌多保持东北林区原生态。相传1300年前，大唐名将薛礼曾征战于这松林之中，日间突降暴风骤雪，使征东大军困于此，薛将军望苍天祈祷，岭虽无言，然非无声，三扣九拜之后，突天降祥瑞，九天之外袭来百只仙鹤鸣叫，道路两侧生出数百尺高参天松树，仙鹤泣声指路，松枝为其遮挡风雪，大军顺利通过，薛将军率众部将修建神庙以敬苍天，并有一语流传民间："神岭松鹤保大唐世代昌盛！"并在村口题字"雪村松岭"，此地则取名为"松岭"。村内设有百年历史的日伪时期修建的铁路、隧道及碉堡等建筑。松岭四季分明，冬季漫长且寒冷，全年有六个月的积雪期，冰雪覆盖率达95%以上。全村森林覆盖率达80%以上，林下植物种类八大类，达千余种，具有地方特色的山野菜有蕨菜、薇菜、山芹菜、刺嫩芽等。松岭现有125户居民，总人口为443人，土地面积288亩，主要以农业和旅游业为主。

松岭屯住户不过一百多户，房子高低分布在村落的岭上及小山底部，自然生态保持完好，四季景色特色分

图4-4-10 松岭屯位置（来源：谷歌地图）

明，春季山花烂漫，夏季翠绿温凉，秋季五花山绚丽多彩，冬季白雪皑皑，银装素裹。美景如画，每年吸引摄影和绘画爱好者纷拥而至。关于松岭的摄影作品在国内知名度很高，被誉为"关东雪村——水墨松岭"。近年，松岭屯致力于"松岭雪村"和"水墨松岭"的主题打造（图4-4-10～图4-4-14）。

（二）发展历史

松岭屯是由山东移民所形成的自然部落。聚落从早期的散落移民住户逐渐演变为沿松岭山脚围合聚居发展的山地聚落。

松岭背面有一颗古树，已存在百余年，一直以来是村民们祭拜山神老把头的地点。祭拜老把头的风俗与节日在当地世代传承，俗称"三月十六，点灯以后，祭拜把头，把头保佑"。老把头节是一个传递情感的日子，纪念挖参、放山的老把头以祭拜的方式传递一种深深的情感，这是当地村民的一种品质，充分表明了人类"有祖而尊"的道德品质；老把头节又是一个尊重自然的日子，尊重自然是人类在久远的生存历程中探索出来的珍贵的生存经验和生存科学，老把头节就是在寻求着人与社会、人与自然的和谐与共。

1931年日本人在"九一八"事变之前就曾妄想吞并东北，并把长白山作为掠夺东北资源的重要地区，松岭铁路及碉堡见证了这段历史。松岭火车站是

图4-4-11 松岭屯分布图

图4-4-12 松岭屯全景

图4-4-12 松岭屯全景（续）

图4-4-13 松岭屯航拍图

图4-4-13 松岭屯航拍图（续）

图4-4-13 松岭屯航拍图（续）

图4-4-14 松岭屯街景

一个十分重要的交通枢纽，日本侵略者通过铁路将长白山矿石、木材等大量珍贵资源运往朝鲜，从朝鲜再运回日本本土。在修铁路和碉堡时大量征用松岭本村的村民参与建设，铁路和碉堡承载着松岭雪村百姓无数的心酸记忆，更是日本人企图占领东北的最有力证据。

近年来，松岭雪村陆续被评为国家级传统村落、中国最美休闲乡村、省级美丽乡村、省特色旅游名镇名村等。中国艺术摄影协会、吉林老年摄影家协会、白山青年摄影家协会将其作为摄影基地。2014年花山镇松岭雪村被列入第三批"中国传统村落"名录，2016年开始根据《保护与发展规划》进行修缮建设，坚持以规划为引领，保护与适度开发并重的原则，深入挖掘聚落历史文化底蕴，着力打造美丽乡村、魅力山村。

（三）聚落形态

1. 空间形态

松岭屯位于珍珠村西侧的松岭山脚下，与珍珠村通过铁路和乡道相连。住宅与山岭的等高线相平行，错落而有序地沿着松岭山脚形成环绕式布局，主要集中在松岭的南侧和北侧。从珍珠村走向松岭屯的乡道在离松岭约1公里的位置形成岔路，一条通往松岭的南坡，另一条通往松岭的北坡，与松岭屯的环山道路形成闭合。村落的发展也是按照南北两条路径纵深发展，南坡相对北坡住宅要密集一些。

村落地处山林，由于耕地紧张，当地村民只能开垦荒山，种植粮食。农地主要集中在聚落附近，周边则森林密布。松岭屯除了村口和北坡的林地，山岗上下适合农作物生长的地方均被开垦成农地，空中俯瞰神似高山梯田。数十载的山地居住，也使当地人懂得了适度开垦与保护林地之间的度的把握，松岭南坡入口处的一片茂密的松树林正是松岭几代人保护与呵护的生态结晶（图4-4-15）。

2. 道路体系

松岭屯道路体系分为主路、次路、宅前小路三个等级。主路围绕松岭形成环形道路，在村东口与乡道相连接。因道路蜿蜒曲折、上下起伏较大，在山脚和山顶多处设置缓冲和休息平台。跨越松岭山岗和农地，形成两条连接南北村落的次路。早期大部分住宅沿主路两侧布置，形成主路两侧各一户的布局形式。随着村落人口的增加，南坡聚落规模逐渐扩大，沿着次路和松岭山坡形成2~3排住宅，每家每户需引出一条与主路或次路相连接的道路，便形成了宅前小路（图4-4-16）。

（四）建筑特点

松岭屯大部分住宅沿街两侧布置，不论是北坡或南坡，住宅均朝南向。房屋周围用大门、仓库、栅栏进行围合，形成封闭式院落空间。院落入口处通常架设大门，有些大门通过柱檩结构形式形成"门"字框，上方檩条通常设二道，以此增强大门的稳定性；有些大门则在檩条上方架设屋顶；还有些大门将入口与两侧仓库整合在一起形成门房，入口居中，两侧设置仓库，通过整体式屋顶将大门与仓库进行整合（图4-4-17）。

住宅根据结构类型分为木刻楞、黏土墙、砖墙三种类型。木刻楞是早期山民常用的住宅建造类型，将原木纵横交错咬合成墙体，内外敷以黄泥，屋顶铺设木板瓦，建筑就地取材，技术原始而生态。随着村落规模的增加，有些住宅融合了其他地区的房屋建造手法，将黏土作为主要的墙体材料进行垒筑，为了增强房屋的稳定性，通常墙体四角用砖石砌筑。到了20世纪90年代，砖瓦建筑迅速在农村地区普及，松岭屯的很多住宅采用了砖混建筑模式，砖逐渐替代了木材和黏土（图4-4-18）。

图4-4-15 松岭屯总平面图

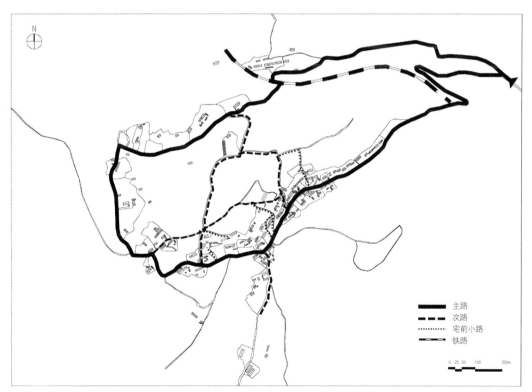

图4-4-16 松岭屯道路体系

图4-4-17　松岭屯民居大门

图4-4-18　松岭屯民居

三、夹皮沟村（长白山脉——临江市）

（一）聚落概况

夹皮沟村隶属临江市六道沟镇，位于六道沟镇南部，现有280户居民。由于人多地少，当地人以种植黄烟为主业，传承了先辈们留下来的种烟技术，黄烟的种植面积多达200多公顷，是省内外远近闻名的"黄烟村"（图4-4-19～图4-4-22）。

（二）发展历史

夹皮沟村种植黄烟的历史已逾百年，从清朝便有人开始种植。种植方法传统而科学，施肥考究，放露适时，晾晒独特，加工细腻，色泽金黄，口感醇香，养精提神，赋白山绿水之神韵。抗战时期，当地有一个豆油厂被炸，豆油浸透了夹皮沟村附近的土地，原本以为污染了环境，但没想到却使那片土地逐渐变得肥沃。夹皮沟村的烟叶产品享誉省内外，夹皮沟村被称为"黄烟村"。

（三）聚落形态

1. 空间形态

夹皮沟村三面环山，一面临鸭绿江。整个村落坐落于东面山脚下的缓慢坡地上，村落的西侧有一条山谷河流至南向北汇入鸭绿江，村落周边开辟了大面积的烟草种植基地。村落住宅垂直坡地而面朝南向布置，顺应山坡形成叠落有序的屋顶空间形态。村落北侧临接鸭绿江省道设置入口广场，周边布置村委会和其他公共建筑设

图4-4-19 夹皮沟村位置（来源：谷歌地图）

施。入口广场为村民休闲、娱乐的场所，也是游客集散空间（图4-4-23）。

2. 道路体系

夹皮沟村属于典型的山地型聚落，道路形态因地制宜，顺应周边山水的地形和地貌发展。临白线省级公路沿着鸭绿江从夹皮沟村的北侧通过，垂直省道有两条乡道分别从村落的中心和西侧向南延伸，形成村落的围合及对外联系。夹皮沟村内部道路体系，根据道路功能和宽度分为主路、次路、宅前路三个等级。主路由两条乡道构成，北至临白省级公路，南至村落南口乡道的汇合点；次路与主路垂直，东西方向延伸至村落周边的黄烟种植基地；垂直于次路南北方向设置若干宅前路，解决村落腹地住户的出入问题（图4-4-24）。

（四）建筑特点

夹皮沟村大部分建筑采用院落围合式布局，围绕房屋主体四周用大门、仓库、栅栏、围墙等进行围合，形成封闭式院落空间。建筑根据墙体材料，可分为黏土墙建筑、黏土墙与砖墙混合建筑、砖墙建筑三种类型。早期的建筑大部分以黏土墙建筑为主，建筑墙体全部采用黏土夯实而成。到了20世纪六七十年代，在"农业学大寨"的背景下，村落人口逐年增多，村落规模不断扩大，建筑墙体从原先的黏土墙演变为黏土墙与砖墙混合模式，建筑四角用砖砌筑，中间用土填充夯实，建筑墙体的强度与稳定性得到了大大提升。20世纪90年代，随着农村砖瓦建筑的普及，建筑墙体大多改为全部砖墙的建筑类型。建筑屋顶采用木屋架前后双破屋顶形式。按照当地的居住习俗通常在屋架与屋面间隔出空间，存

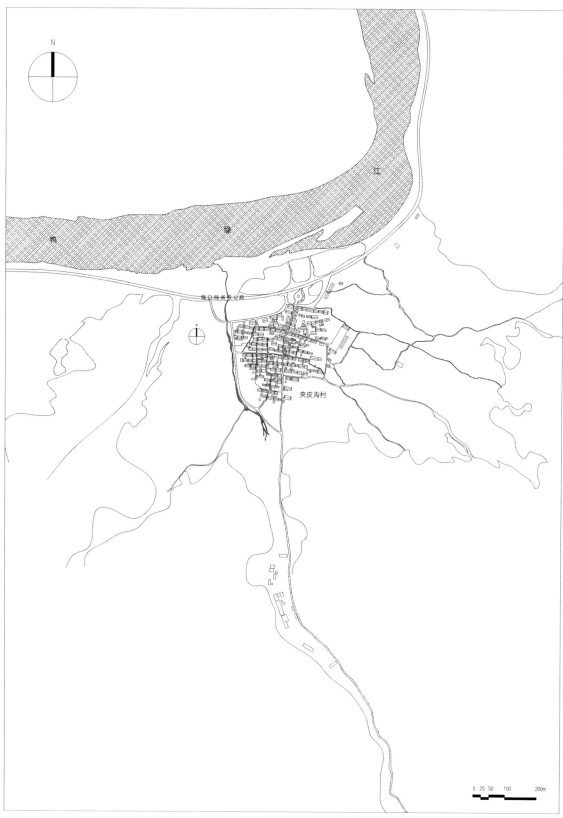

图4-4-20 夹皮沟村分布图

图4-4-21 夹皮沟村全景

图4-4-22　夹皮沟村街景

▨ 合阁式屋顶住宅
▤ 双坡屋顶住宅
▨ 河流

图4-4-23 夹皮沟村总平面图

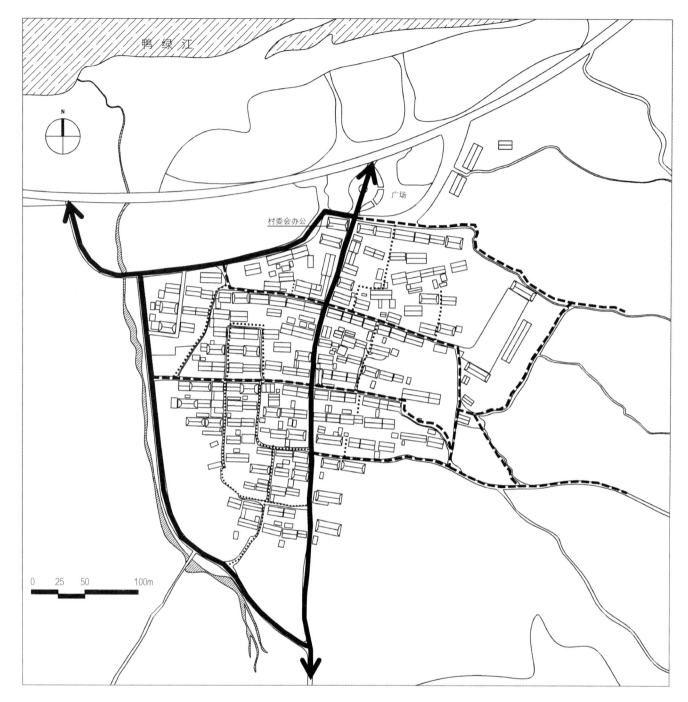

━━━ 主路
━ ━ ━ 次路
.... 宅前小路

图4-4-24 夹皮沟村道路体系

放杂物，早期民居将两侧山墙顶部与屋架底梁平齐，其上方整体镂空，而到了后期山墙延伸至屋顶，在墙体上方居中开口设置通风口，洞口大小保证一人能够进出，以此达到屋顶下面不仅能够存放东西，而且通风良好。建筑的烟囱均设置在屋顶上方。仓库、饲养间等附属用房，从早期的干栏式木构建筑，如今演变为砖墙木屋架结构形式（图4-4-25、图4-4-26）。

四、西小山村转头山屯（长白山脉——临江市）

（一）聚落概况

转头山屯隶属临江市桦树镇，地处临江市东南部临江与抚松交界处，东部毗邻黑河，与漫江隔河相望。距临江市区约为70公里，距桦树镇50公里，距

图4-4-25 夹皮沟村民居

图4-4-26 夹皮沟村民居附属用房

长白山景区直线距离仅为43公里,距抚松县漫江镇20公里。全村户籍人口220人,常住人口130人,有六十余户人家,主要以汉族为主。该屯位于长白山高原原始森林腹地,海拔千米,属于北温带大陆性季风气候带,冬季漫长寒冷,降雪量大,最低气温可达-36℃(图4-4-27~图4-4-29)。

（二）发展历史

转头山屯始建于清代,日伪时期称"断头山",后改称"转头山"[①],现今称为临江市桦树镇西小山村转头山屯,当地人也称转阳山屯。转头山屯距西小山村24公里,原先是东小山村的一个自然屯,后划归西小山村管辖。由于村屯地处长白山高原原始森林腹地,周边盛产木材,伪满时期日本人在村落周边的河流上大量修建拦河木桩水闸,用于放木排。在转头山屯西南方向约3公里的大石桥处,至今还遗留着伪满时期的水利设施"一号水闸"和"二号水闸",水闸河名叫"东柳树河子"。伪满时期日伪伐木组合在转阳山采集优

图4-4-27 转头山屯位置（来源：谷歌地图）

---

① 刘静祥. 人民网-吉林频道, 2020.04.13.

图4-4-28 转头山屯分布图

质木材集中贮存,汛期在东柳树河子放木排,经过临江四道沟河进入鸭绿江主航道。如今,村民们依托当地林地资源丰富的优势,大力发展林下经济,种植林下参、蓝莓、香菇等,通过种植特色农产品实现增收致富。

(三)聚落形态

1. 空间形态

转头山屯位于长白山高原原始森林腹地,向东远眺可以看到长白山天池的峰顶。村落选址于一块坡度较缓的向阳坡地,住宅布局因地制宜,分散而有序,大部分住宅背山面水朝南向或东南方向布置(图4-4-30)。

2. 道路体系

转头山屯道路由主路、次路组成。一条乡级公路贯穿村落中心向东北方向延伸,形成村落的主路;围绕主路左右两侧设置若干条次路与主路相交形成闭合空间,有些次路单向发展,连接着离主路较远的散落式住宅(图4-4-31)。

(四)建筑特点

转头山屯民居大多采用"L"型、"凹"字型、"口"字型等院落式布局。"L"型院落布局,围绕房屋主体一侧布置仓库,仓库与主体建筑垂直;"凹"字型院落布局,围绕房屋主体左右两侧布置仓库,两栋仓库与主体建筑垂直;"口"字型院落布局,则是在房屋主体的两侧和前方均布置附属用房的形式,两侧建筑与主体垂

图4-4-29 转头山屯航拍图（来源：申世兴）

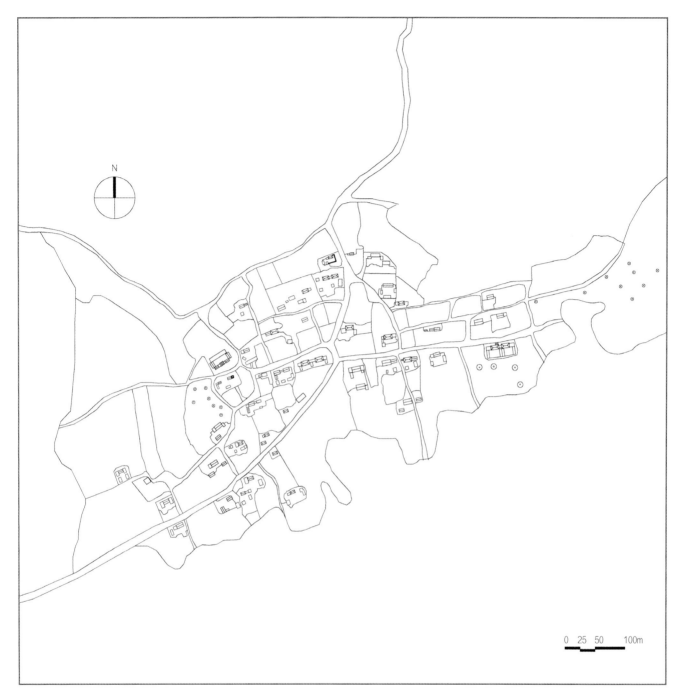

▩ 四坡屋顶住宅
▭ 双坡屋顶住宅

图4-4-30 转头山屯总平面图

—— 主路
---- 次路

图4-4-31 转头山屯道路体系

直，前方建筑与主体平行，形成围合空间。大部分住宅采用长白山地区传统的木刻楞民居形式，将砍了刻口的原木纵横交错咬合成墙体，木墙的内外均敷以黄泥，屋顶采用木屋架，上面铺设木板瓦或黏土瓦，通常在屋架与屋面间隔出室外储藏空间。建筑底部采用毛石墙体，防水且增加房屋的稳定性。当地村民始终保留着长白山山地聚落传统的建构方式（图4-4-32～图4-4-35）。

五、火绒沟村（长白山脉——临江市）

（一）聚落概况

火绒沟村隶属于临江市六道沟镇，距离临白线省级公路33公里。村落位于松花江、鸭绿江的分水岭地区的一处高原台地上，海拔950～1200米，地处深山，是临江市比较偏远的一个山村。火绒沟村一年四季气候分明，冬季降雪量较大，最深处雪厚可达1.5米，村落周边原始森林密布，连绵形成长白山喀斯特地貌，各类野生动物丛生，植被茂密，登高望远，心旷神怡，到处都能感受到自然、生态、纯朴、和谐的生活气息。村落共有三个社，三个社各有一条河流，流入五道沟河。火绒沟村村域面积59.95平方公里，耕地面积2400亩，林地面积1800亩，户籍人口357人，常住人口105人，现居住42户，共83人。村民以种植玉米、黄豆、人参为主要产业（图4-4-36～图4-4-38）。

（二）发展历史

1. 村落历史

清朝初年封禁长白山，原有土著居民被驱除，到同治年间始有流民陆续移居此地伐木狩猎、挖参、采药、垦荒，此后大批移民携家带口接踵而来，谋生定居。火绒沟村正是在这样的闯关东大潮中形成。1915年（民国4年）形成屯落，1921年为临江县三区火绒沟村，1956年为经建乡火绒沟村，1958年为六道沟公社火绒沟管理区，1962年为火绒沟大队，1983年改大队为村，命名火绒沟村，1983年地名普查时确定此名。

该村原有五个部落，分别为朝鲜坡子、于沟子东岗、火绒沟、西大坡、于沟子等自然屯。其中，火绒沟为火绒沟村驻地，海拔843米，因地处火绒沟内而得名，1915年形成屯落，1983年地名普查时而得名；朝鲜坡子位于火绒沟村驻地西0.72千米，海拔752米，从前此处多朝鲜族居民，故得名朝鲜堡子，又因是个山坡，故而又叫朝鲜坡子，1945年形成屯落时确定此名；于沟子东岗位于火绒沟村驻地东北5000米，海拔821米，因地处于沟子东岗附近而得名，1963年形成屯落时命名；西大坡位于火绒沟村驻地西北2千米，海拔826米，因地处火绒沟西侧的山坡上，故名西大坡，1921年形成屯落，1983年地名普查并确定此名；于沟子位于火绒沟村驻地北3000米，海拔831米，因地处于沟子附近，故名于沟子，1935年形成屯落，1983年地名普查并确定此名。五个自然屯后经合并为火绒沟村三个村民小组。

火绒沟村早期移民中山东籍人口占绝大多数，村落人口98%是山东移民，口音多为山东临沂、乳山、莒南等地方言，生活习惯和风俗都一如山东，大多移民以"木把"（伐木）和垦荒种地为主业。[1]

2. 历史遗址

火绒沟村景色宜人、历史悠久、文化底蕴出色。这里有远眺长白山的高原苔地，有"城市之肺"称呼的千

---

[1] 临江市民政局地名志办公室. 临江市地名志[M]. 长春：吉林省文史出版社，2014.

图4-4-3 砬头山屯民居（木刻楞、板瓦顶）

图4-4-33 转头山屯民居屋顶（来源：申世兴）

图4-4-34 转头山屯民居厨房（来源：申世兴）

图4-4-36 火绒沟村位置（来源：谷歌地图）

图4-4-35 转头山屯民居建构技术（来源：申世兴）

亩保护湿地，有扣人心弦的抗联红色文化遗迹，有百年传承的传统村落霸王圈建筑，有闯关东历史传承的生活习俗，有土改政策智斗土匪的传奇故事，处处是风土人情，全村区域内每一处都透露着丰厚的历史文化底蕴和浓郁的地域特色文化。

（1）大刀会遗址：日本侵略我国东北时期，长白山周边土匪泛滥不断，由姜水之组织的当地农民抗联组织，手持大刀和红缨枪，与日军及当地恶势力搏斗，谱写了东北农民不畏强暴、不怕流血牺牲、敢于斗争的革命精神。

（2）胡子洞：火绒沟村地形特殊，植物繁茂，在民国时期村落土匪泛滥，每一个山头都有一窝土匪占领（那时土匪简称"胡子"）。据村里的老人们说一部分土匪抢夺村民的钱财、粮食、牲畜、衣服，如果有反抗者或者不交东西者便抓回洞中，等待家人交赎金，也有一

图4-4-37 火绒沟村分布图

图4-4-38　火绒沟村全景（来源：申世兴）

部分土匪只抢有钱人家不会欺负老百姓。后来日本侵略中国，大部分土匪参加了抗日队伍。现火绒沟村还存在"胡子洞"遗址。

（3）古柞树：火绒沟村有一棵千年的柞树，虽然历经沧桑却枝繁叶茂，见证了火绒沟村村落的诞生和发展，它像一位老者默默地守护着这个村落。

（4）日伪时期"归村"遗址：日伪统治时期，为加强对村民的统治和管理，割断村民和抗日联军的联系，日本人将村民集中在村东部进行安置。"集团部落"设有东门和西门，其余用木篱和围墙圈禁，当年村民称之为"围子"，围墙遗址痕迹尚存于三社东部开阔地内。

（三）聚落形态

1. 空间形态

火绒沟村是在清朝末年闯关东大潮中形成的。这里山高林密、地多人少，适于农民开荒生存。很多逃荒难民陆陆续续来到这里，在小溪旁、树林下等地方择地选址，安身置家，后来随着人口越来越多逐渐形成了村落。大部分人迁徙到这里多为选取向阳、开阔地安家，住宅坐北朝南。

火绒沟村共由三个社组成，呈分散布局。一条公路连接三个社，入口为梨树岗顶，12公里处至一社，18

公里处至二社，23公里处至三社，从三社西北方向出口5公里至五道沟河乡路。村落民居中木刻楞民居达60余处，大多于民国时期或20世纪50年代建设（图4-4-39～图4-4-41）。

2. 道路体系

村落道路由主路和次路组成。一条乡级公路贯穿村落的三个社，形成每个社的主路，垂直主路形成若干次路，连接着散落在林地间的各住户。由于火绒沟村地形复杂，地势起伏较大，很多道路蜿蜒曲折，山间小径引人入胜（图4-4-42～图4-4-44）。

（四）建筑特点

火绒沟村民居以木刻楞（霸王圈）为主，多达60多栋，其次泥打房（泥房）约有15栋，两者占村内住房总数的90%以上。这些始建于20世纪初的山区传统民居，至今仍然有人生活居住着，当地村民原汁原味地保留了传统的建筑形态与生活习俗。

木刻楞是长白山区一种典型木构民居。主要工艺是用刻口原木纵横交错咬合排列垒筑木墙，以竖桩加固，外墙内外敷上黄泥抹平，顶棚横铺木板，上置锯末用于保暖，室内以报纸糊墙，住宅用火炕和火墙取暖，屋顶以木片做瓦，俗称"苫房板"。

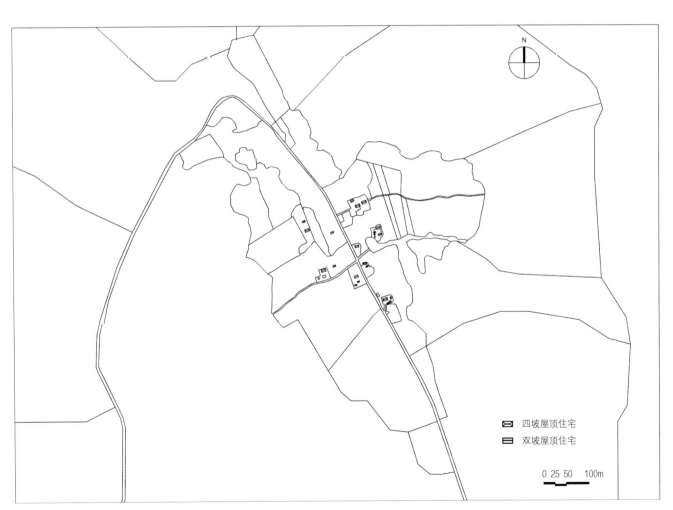

图4-4-39 火绒沟村一社总平面图

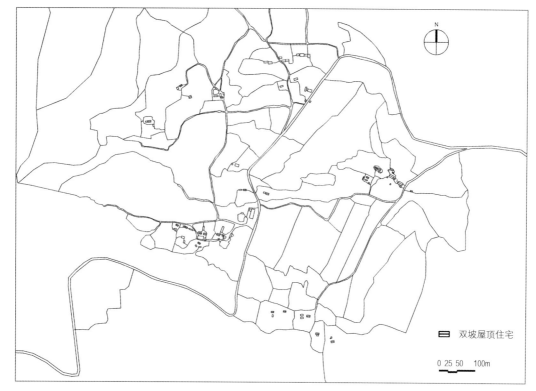

图4-4-40 火绒沟村二社总平面图

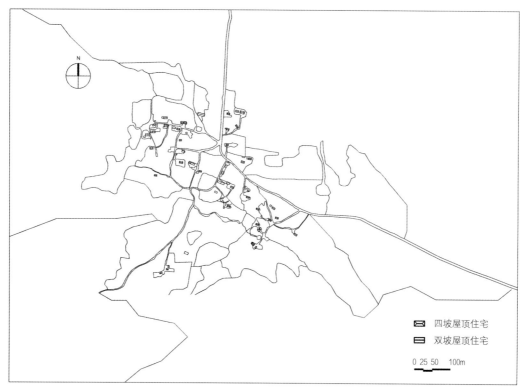

图4-4-41 火绒沟村三社总平面图

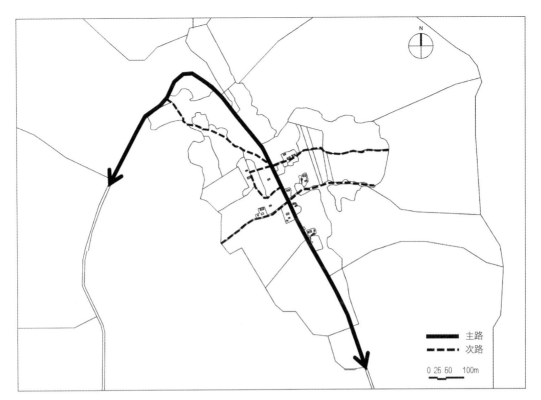

图4-4-42 火绒沟村一社道路体系

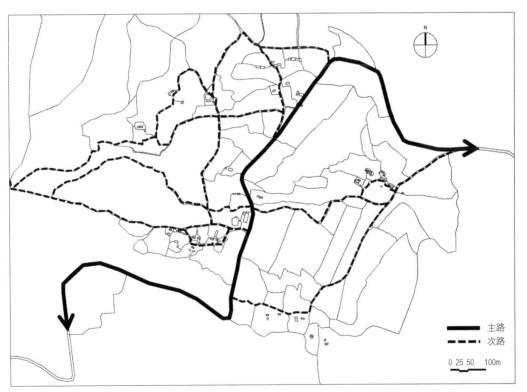

图4-4-43 火绒沟村二社道路体系

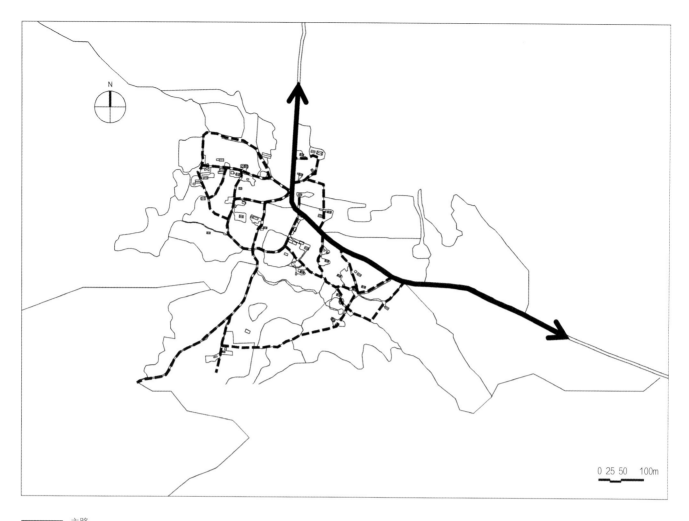

图4-4-44 火绒沟村三社道路体系

泥打房是以石头垒砌房屋基础,在半米高石墙的上面,再用黄泥垒打房屋外墙的结构形式。建筑功能和屋顶形态与木刻楞相同,房顶采用木片做瓦,这是东北劳动人民在山区就地取材,以最低经济和劳动力成本建造房屋的智慧。

在过去的新农村建设中,吉林省对农村危房进行全面更新和改造。有些村落对传统民居的保护意识较弱,将大量年久失修的木构建筑、泥草房等传统民居全部推倒,原地新建砖瓦建筑,导致吉林传统民居大量消失。深居吉林省东部山区腹地的长白山聚落,因交通不便、经济落后等原因,村落更新比较缓慢,使这些典型而珍贵的长白山民居得以完整保留(图4-4-45~图4-4-47)。

图4-4-45 火绒沟村民居（来源：申世兴）

图4-4-46 火绒沟村民居室外苞米楼（来源：申世兴）　　　　图4-4-47 火绒沟村民居室内灶台（来源：申世兴）

第一节　满族传统民居

一、满族民居空间形态

满族文化是在继承传统的女真文化的基础上发展而来的，可分为肃慎文化、挹娄文化、勿吉—靺鞨文化、女真文化和旗人文化。成熟的满族文化主要是以清代满族文化为基础发展形成的。

满族文化在形成初期，构成复杂，独具特色。《晋书·肃慎传》中记载：肃慎人"夏则巢属，冬则穴处"。"夏巢"：选择一片野兽难以跻身的密林，砍去紧挨相邻的一片树木的树冠部分，在离地面一定距离的众多树桩上，铺上一层木头作为地板，配木梯供上下，这很类似在东北地区仍能见到的苞米楼（图5-1-1）。这种"树屋"离地面有一定的距离，可避免野兽侵袭。但其致命缺点在于怕火，这直接导致满族先民对祭火礼仪非常重视。"穴室"：是冬季居住的场所，考古发现的穴室面积可达200多平方米，墙壁采用油砂黄泥涂抹焙烧，既坚固又防潮，有的还在四壁用岩石垒砌，隔冷防潮，不易坍塌，中置灶膛，用于取暖，既保暖又安全，可以度过漫长而寒冷的冬季。

据《后汉书·挹娄传》中记载，挹娄人"处于山林之间，土地极寒，常以穴居，以深为贵，大家达九梯"，这种居室酷似竖井以深为贵，在入口处以木为梁，上覆干草等，出口设在顶端，以梯子作为进出的垂直交通工具。在"挹娄人"的"穴室"地面出口，常用石板、树木筑起平顶"凉亭"式的遮盖物，遮避风寒、挡雪防雨，旗人称其为"珠什暴"。

图5-1-1　农村苞米楼（来源：百度图片）

"夏巢"和"穴室"的使用缺点促使满族先民开始发展半地下的居室。据《魏书·勿吉传》，勿吉人因"其地下湿，筑城穴居，屋形似冢，开口于上，以梯出入。"这是一种典型的半地穴式居室，在地表挖1~2米深的土坑，在坑上架木梁，覆以树枝编织为棚，棚上以草泥抹面。类似今天山林中仍可见的"地窨子""马架子"（图5-1-2）。这种"半穴房"在地面上形成框架式结构的建筑，是地下建筑向地面建筑发展的一种过渡形式，是一个具有重大意义的进步。在其出口处，常用石板、木板搭起一道屏障，以防敌人和野兽入侵。这种屏障是满族民居中"影壁"的原始雏形。

文化的渗透，对于地域文化的发展，有着重要的影响，公元7世纪，粟末人建立了"海东盛国"——渤海国，在当时渤海国的统治中心，富丽堂皇的宫殿、砖瓦的居室比比皆是，材料也采用了砖、瓦、琉璃等，其风格有明显的中原文化痕迹，但边远的平民居所仍以半穴居为主，在此阶段，由土墙发展来的火炕已开始得以应用。

辽金时期女真人的居室，由穴居变为地面居室，在满族建筑发展史上迈出了重要一步。变革的关键条件是火炕得以普遍应用。据《大金国志》记载，女真人居住"多依山谷，联木为栅，扉既掩，复以草。穿土为床，温火其下，而寝室起居其上。"房屋多依山而建，用木头作墙和屋顶，用草拌泥抹于室墙和棚顶上，冬天将窗户堵严。当时的屋门都背阴朝阳，是为了取暖、采光，这种住房最显著的特点，是屋内设火炕，人们在火炕上睡眠、休息、饮食，这种居室使女真人开始了真正意义上的定居生活，给后世满族的住宅奠定了基础。火炕，这一独具特色的元素，体现着地域气候环境对于建筑的巨大影响，并直接影响到家庭生活的基本状态，形成以"炕"为中心的建筑布局，进而形成一种特殊的生活方式和社会文化。

图5-1-2　长白山地窨子（来源：百度图片）

明代中叶以后，女真族的后裔在东北地方扩大势力，至努尔哈赤于建州建立政权，向四方发展，征服少数部落，领土日广，形成后来强盛的清代封建王朝。满族建筑也发展到鼎盛时期，出现了规模庞大的贵族豪宅、皇家宫殿和陵墓。建筑更是多方面吸收其他民族文化，充实本民族原生文化，使其进一步强大、发展。

满族建房有"以西为贵，以近水为吉，以依山为富"的原则，盖房时，须先盖西厢房，再盖东厢房，最后再建正房。而落成的正房，也以西屋为大，称为上屋；上屋内的西炕就是敬祭神祖的圣洁场所。满族先民在迁房、盖房时都要请萨满祭典，由萨满占卜来决定迁房、建房的吉地。往昔满族的居室，还有一个不引人注目的房屋微记，便是在西墙房山上有一段鹿或牛筋绳。这段筋绳必须是从萨满野鼓北面串铜钱的筋绳中截取下来的。还有的满族人家房门上方的正墙挂一面小圆镜，这是往昔萨满跳神用的铜镜的演化。铜镜，满语为"托里"，被视为避邪之宝。

满族文化从初期的原始混沌，至后来强大、衰退，不断发展变化，在这一过程中，历史发展的沧桑与复杂的社会发展历程交揉碰创，本民族的原生文化不断受到影响和削弱，虽然如此，满族建筑还是有着自己的鲜明特色。从早期的地穴、半地穴屋室，到后来的豪门深院、宫室陵寝，都是不同历史时期、不同阶段的典型代表，各类建筑异彩纷呈，独具特色，装点着广袤的东北大地。

二、满族民居主要空间名称及用途

（一）外屋，里屋

满族的宅院，一般都坐北朝南，在东端南边开门，形如口袋，故称"口袋房"，又因形似斗形，称为"斗室"。房内布局，进门是伙房，又称外屋，从伙房西墙开门到卧室，又称"里屋"。平面开间通常为三或五间，中间一间为厨房，灶膛位于中间，这与穴居时中间为火塘的房屋结构是相似的，大小成"一楹""二楹""三楹"不等。有的伙房东西墙中间都开门，布局对称，称为"对面屋"，里屋分为"东屋"和"西屋"（图5-1-3、图5-1-4）。

（二）万字炕

近代以来，东北满族大部分农户的住宅仍是口袋房。也有的厨房布置在东屋的后半部，在入口的对面分割出小屋："暖阁"，满语称"倒闸"，《旧城旧闻》记载："厅堂多设炊具，富者别以暖阁俗曰倒闸"。火炕虽非满族的发明，但是，在长期的发展过程中与满族

图5-1-3　满族传统民居　　　　　　　　　　图5-1-4　满族民居内部空间

文化融合在一起，在沈阳朝阳西三家辽金遗址发现的辽金火炕的遗迹已有成熟的形制。满族卧室的布局，环室三面筑火炕，这种炕也叫"万字炕"或"蔓子炕"（图5-1-5）。一般南、北炕为大炕，东端接伙房炉灶，西炕为窄炕，下通烟道。在西屋西炕墙上端供着神圣的"渥萨库"——祖宗板，这是一块不到一米长的木板，上放神匣，神匣内装有祭神的神器或神木。祖宗板上常贴挂签，一种表示吉祥和家世的剪纸（图5-1-6）。西炕不能让人坐、睡，包括贵宾挚友也不例外，西炕上一般不摆设杂物和空碗。南炕放描金红柜，北炕陈设一只与炕同宽的长木箱，俗称"檀箱"，内放被褥和枕头。北炕上放一张小炕桌，冬令时，常放一只泥制或铁制的火盆、炉子，以供取暖。

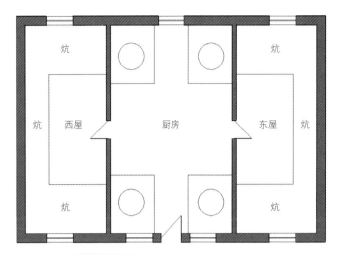

图5-1-5 万字炕平面示意图

炕的常见砌制方法是在屋内靠墙横砌四道60厘米左右的矮墙，中间两道墙之间一般封死，成正方形。四道矮墙上方安铺大的薄石板，石板上涂上一层拌有"羊胶"的稀黄泥，以灶火烧烤烘干，灶坑中飘进炕洞里的烟，会顺着两边的炕洞走到屋子东西墙外的烟筒里，飘向空中。俗称"七层锅台八层炕"，即炕墙一般以八层土坯砌成，其长度即是屋的长度，宽度一般比一个人的高度略长（图5-1-7）。

三、其他建筑要素

（一）影壁

影壁是中国古代院落大门内（或大门前）的一种屏障，也称照壁。"影壁"二字由"隐蔽"二字变化而来，在门内为"隐"，在门外为"避"，后来统称为"影壁"。它是中国传统建筑中建造在院落的大门外或在大门前起屏障作用的特有的墙体，在院落中通常用于遮挡视线、美化实现和突出大门的作用，其建筑材料包括砖、木、石和琉璃等不同的类型。砖影壁多由壁座、壁身、壁顶组成，体量与主体房屋对应，多在壁身做装饰，风格古

图5-1-6 满族老宅祖宗板

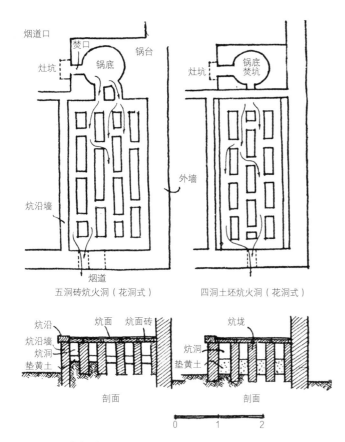

图5-1-7 满族火炕的平剖面图（来源：张驭寰，《吉林民居》）

图5-1-8 魁府跨山式影壁

朴。土影壁壁基多为毛石垫底，用草辫加泥砌筑，屋顶做法与房屋相同。木影壁相当于庭院的屏风，通常影壁座用长方方形夹杆石夹立四根立柱，上下穿横梁，中嵌木板做成方形壁心，上做双坡木板顶，饰有精美花饰，造型优美。

影壁根据位置分为大门内和大门外两大类。大门外影壁通常设置在王府及等级较高的府邸大门外。正对大门处设有影壁，起着标志某宅在此的作用，有一字形的与八字形的两种。八字墙两边向内形成一个角度。大门外影壁一般是贴着大门对面胡同的墙而建的。只有少数面临广场或胡同极宽时，才有独立而建的。大门内影壁迎着大门而立，与左右对峙的屏门，四者共同组成传统围合院落里的第一道空间。大门内影壁有独立式与跨山式两大类。

1. 独立式影壁

影壁就是一堵墙。正规的影壁下面做须弥座，顶上做筒瓦屋檐，屋脊、蝎子尾俱全。墙面上用砖雕表示出柱枋的形象，俨然是一座压扁了的砖造建筑。硬心影壁的影壁心用斧刃方砖斜摆，磨砖对缝，影壁心上加砖雕花饰。软心影壁则壁心内砌砖墙，表层抹白灰，周边用木条做成花纹图案的边框，中间挂上匾牌。更有在影壁心上绘壁画的。

2. 跨山式影壁

影壁做在大门以内正对着的墙上，通常是东厢房或东厢房盝顶的南侧山墙上。由墙面上挑出屋檐，影壁心就做在墙面上，有的干脆就不表示基座，有的也浮雕出基座形象来。这种影壁用在大门内地皮较紧，做独立式影壁太局促的条件下。它的装饰繁简程度，相差悬殊。这样使人进门时，眼前见到的是一块方整的形状，是象征性存在的影壁，多用于很小的四合院，等于画出一块影壁。

早期吉林满族合院建筑在院子入口处一般采用跨山式影壁（图5-1-8）。

（二）烟囱

烟囱是房屋走烟过火的"设备"，又叫"烟道"，因高于房墙，又称之为"烟突"。满族的烟囱形式非常有特色，不是建在山墙上方的屋顶，也不是从房顶中间伸出来，而是落地的独立式烟囱。早期多用空心整木，也可用木板围成，也又采用土坯砌筑，后来多为砖砌筑。烟囱底部有窝风巢，以回挡逆风，使烟道通畅，又不易倒塌。外观粗大敦实，远远望去，犹如"炮台""瞭望台"一般。其个数和位置不定，按室内烧炕走烟的需要设定。烟囱的形状成塔状，下部在高出地面30厘米左右建水平烟道与室内相连，民间又称之为"跨海烟囱""落地烟囱"，满语称为"呼兰"。烟筒脖子直接建在地面上或高出地面一段距离，下面以木架支撑。有些人家利用下面的空间做鸡窝、狗窝等，里面很温暖。砖砌的烟囱形状方、圆不同，形制多为塔状，简单大方（图5-1-9）。

（三）索罗杆

满族民居通常在影壁后竖立一根长约九尺、碗口粗细的木杆子，杆下堆石三块，称神石，杆上端贯一斗，或木斗，或草把，此杆称为"索罗杆子"。杆上的斗或草把，是放五谷杂粮和猪杂碎的，以供奉乌鸦、喜鹊等，因为它们曾救过努尔哈赤的命。影壁和神杆是满族住宅的独特标记。也有部分民居将"索罗杆子"立在房前左侧（图5-1-10）。

（四）砖雕

在满族民居中砖雕是重要的装饰技艺。如吉林乌拉古镇后府、魁府、萨府等，其砖雕和石刻技艺精美，气势雄浑古朴，造型灵动，寓意深厚，与东北地区自然地理面貌相得益彰，虽历经百年沧桑仍难掩当年的繁华，堪称东北地区满族民居之萃。由此一窥历史，不仅能领略工匠高超的技艺和府邸主人的抱负与希冀，也能体会当年的繁荣景象和生活场面，是满族传统建筑文化在今日之具体见证。

民居建筑中的雕刻艺术是一种媒介和符号载体，寄托了人们对生活的热爱和美好希冀。人类先民通过在房

（a）土坯烟囱

（b）砖砌烟囱

（c）木烟囱

图5-1-9 满族民居的"呼兰"

图5-1-10 索罗杆

图5-1-11 满族民居砖雕

屋上刻画各种各样的纹饰和形象，以期达到祈求平安、逃避灾祸的目的，不同纹样具有不同寓意。

1. 对美好生活的向往

中国传统观念里，松、鹤、寿（瘦）石、菊花、寿桃、八仙等形象象征着延年益寿，用"五福捧寿""蝠在眼前""福寿双全"等固定搭配的传统图案和大量的蝠纹来体现屋主人对生活中"福"的强烈期盼。还通过雕刻象征"喜"的"报春图""喜上眉梢"和"双喜"文字图形等，传递对"喜庆"的希冀。这些砖雕和石刻图案组合在一起，充分表达主人对平安、富贵、吉祥生活的向往以及对健康、长寿的渴望。

2. 对加官晋爵的渴望

满族民居雕刻艺术中"指日高升""天官与童子形象""一莲一鹭"等内容，体现了主人对仕途上更上一层楼的强烈渴望，也表达了对子孙未来官宦生涯的企盼和殷切希望。

3. 对文韬武略的崇尚

满族是"马背上的民族"，因而骑射成为清朝武功和八旗文化的核心内容，使得无论官方还是民间，"国语骑射"始终在八旗中占据着军事文化领域的正统统治地位。砖雕石刻艺术中箭筒和施旗等军中器物的形象，正是八旗骑射思想在建筑实物上的折射。除此之外，在有些满族民居在正房的博风处醒目地刻有"琴棋书画"四艺之事，凸显出士大夫阶层高雅的文化修养和对修文明义的践行。

4. 对清高志趣的追求

一些民居在砖雕和石雕的内容上刻意弱化对"财"的追求，相对"禄"则多有刻画。通过"梅兰竹菊"四君子图，表达主人对自身高洁志趣的寄托和对雅逸生活空间的追求。

5. 对民族传统的坚守

这类雕刻强调其内容的写实性。工匠雕刻的造型栩栩如生，严格按照现实的事物进行临摹和再现。雕刻内容的选择上则完全是对地方日常生产生活的一种反映。如桃子、松柏、菊花、牡丹、鸡、喜鹊、鹿等，皆为吉林地区的常见之物，也凸显了人民勤劳、务实的民族性格（图5-1-11）。

图5-1-12 满族民居糊窗纸

窗棂上，为了让它经久耐用，人们会在窗纸上均匀地涂上豆油，让它在干燥后变得既挺括又结实，能够抵御风吹雨淋，同时还能对木制窗棂起到保护作用，从而延长了木制窗户的使用寿命（图5-1-12）。

四、满族民居平面分类

东北地区的满族民居平面根据开间数可分为两开间与三开间平面。其中两开间平面为该地区朝鲜族民居的原始平面形态，平面分别由厨房和卧室两部分组成，主入口设在厨房一侧。三开间平面则是在两开间的基础上增加了一开间作为卧室使用。根据平面中卧室的位置三开间平面又可分为并联型和串联型两种：前者厨房位于平面中间，卧室位于两侧，东边屋称为东屋，西边屋称为西屋，主入口设在中间厨房一侧，在房间的使用上，长辈居住在西屋，而子女们则居住在东屋；后者厨房则位于平面的一侧，两个卧室串联在一起，我们将远离厨房的卧室称为"里屋"，靠近厨房一侧的卧室称为"腰屋"，在房间的使用方面，里屋住长辈，腰屋住晚辈（表5-1-1）。

（五）糊窗纸

"窗户纸糊在外"，这是满族民居的又一特色。传统满族民居窗户大多是木棂格子窗，窗户朝外开，屋中顺手推窗，这样做可以增大窗纸吸收阳光的面积，避免窗棂中积累，泥沙不易损坏窗纸，可谓一举三得，反映出满族人民的智慧。糊窗所用的窗纸是一种叫作"豁山"的纸，满语称为"摊他哈花上"，制作烦琐。人们常将两张窗户纸中间夹上网状自制的麻绳糊在一起粘到

表5-1-1 满族民居平面类型

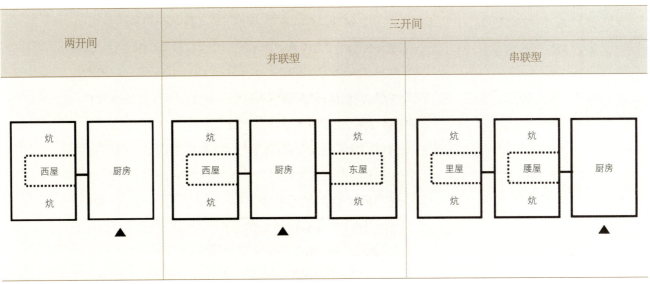

图5-1-13　满族地窖子类型一

图5-1-14　满族地窖子类型二

图5-1-15　满族地窖子室内

五、吉林满族民居类型

（一）地窖子

一种半地穴式的原始住所，流行于东北山林地区，为我国东北地区肃慎族系传统居室。考古发现表明，先秦肃慎人已住这种半地穴式房屋，一般在山的斜坡挖建，利用上坡为墙，下坡用石块垒砌，面积长6米，宽4米。《后汉书》等载挹娄人也是"穴居"。南北朝以后的勿吉、靺鞨、女真，或"以深为贵，大家至接九梯"，或"负山水坎地，梁木其上，覆以土，夏则出随水草以居，冬则入处其中"。

建造地窖子的房址，一般选在背风向阳、离水源较近的山坡。先向地下挖三四尺深的长方形坑，空间大小根据居住人口多少确定，在坑内立起中间高、两边矮的几排房柱，柱上再加檩椽，椽子的外（下）端搭在坑沿地面上或插进坑壁的土里，顶上绑房芭和草把，再盖半尺多厚的土培实，南面或东南角留出房门和小窗，其余房顶和地面间的部分用土墙封堵。这种房子地下和地上部分约各占一半，屋内空间高两米左右，或砌火炕，或搭板铺在地中央生火取暖。房顶四周再围以一定高度的土墙或木障，以防牲畜踩踏。

早期吉林东部山林地区的满族民居采用这种简陋房屋，只是不同地区结构及覆盖物稍有差异。这种地穴或半地穴式的房子一直延续到民国以后，东北民间称为"地窖子"（图5-1-13～图5-1-15）。

（二）马架子

"马架子"是早期满族住宅的重要类型之一，为满族早期的一种简陋住屋，一般分布在人烟稀少的山林地区，具有就地取材、体量小、易建造等特点，通常作为临时性短期居住空间来使用。

建筑平面呈方形，立面从正面（山墙一侧）看呈三角形，形似马架，侧面看呈长方形。房屋举架两米左

图5-1-16 满族"介"字形马架子

右,建筑主入口及窗户设在南面山墙一侧,室内无隔墙,有的只在西边搭炕,有的东、西两边皆搭炕,灶台设在火炕南端。建造方式与一般草房基本相同,即以土坯或木垒为墙,房顶有檩、椽子,上盖茅草;但式样有异,即其山墙皆坐北朝南,门开于南山墙,门的两侧各有一小窗。具体建构顺序为:首先夯实、找平地面,再立柱,然后架上高出地面的木屋架,上面覆盖兽皮、土或草,形成马架式房屋。根据屋身形态马架子可分为"介"字形和"人"字形两种(图5-1-16～图5-1-18)。

马架子是在地面形成框架木结构的早期满族住宅之一,是地下建筑向地面建筑发展的一种过渡形式,具有重要的发展意义。这种房屋在新中国成立后逐渐消失。

（三）满族老屋

"满洲老屋"是满族农村传统民居的主要形式之一,建筑通常采用二至三开间。三间房满洲老屋是吉林地区较常见的民居形式。外墙采用木构架承重、土坯墙围护结构;屋顶采用草屋面;两端各设一座烟囱,分别位于东山墙外侧与住宅的西南向转角处,烟囱的形状成塔状,顶部采用空心整木,底部则用土坯砌筑,向上逐渐收分;住宅东侧建有"苞米楼子",底层架空;西侧设有厢房,主入口开在山墙一侧。

通化县东来乡鹿圈子村是目前长白山脉保存较完好的满族传统村落之一,具有浓郁的民族文化及地域特色。住房周围多以细木杆围墙,也称"障子"。院门多设木栅栏或者横一圆木,以防牲畜出入。

厨房位于住宅的中间，其东西两侧布置卧室，东边屋称为"东屋"，西边屋称为"西屋"，屋内均采用弯子炕。按照"以西为贵"原则，长辈居住在西屋，子女们则居住在东屋，西屋"弯子炕"墙上摆放祭祖板。西屋天棚中间设有吊绳，用于吊挂婴儿摇篮。主入口设在厨房的南侧，采用双重门，外门采用单扇直棱式平开门，下面附有厅板，内门采用双扇厅板式平开门。厨房中间设有方形餐桌，夏天或就餐人数较多的时候，就会在厨房餐桌上进行就餐，平时一般在西屋的南炕进行就餐（图5-1-19～图5-1-21）。

图5-1-17 满族"人"字形马架子

图5-1-18 马架子室内

图5-1-19 两间型满洲老屋

图5-1-20 三间型满洲老屋

图5-1-21 满洲老屋室内

图5-1-22 吉林市某度假村三合院民居（来源：张俊峰）

（四）合院式民居

1. 三合院满族民居

吉林满族民居单体建筑的平面布局，一般采用"一"字形，固然采光、通风、日照都好，但相对浪费用地面积。另外，如前所述，吉林地区历来与中原文化交流频繁，以四合院为主体的中原文化及其建筑形态必然对东北民居产生影响。于是，在东北地区也出现了围合布局的建筑形式，正房坐北朝南，配合东西向厢房，入口在南侧，形成了既符合儒家礼仪又比"一"字形布局节约用地的布局方式。

然而吉林地区较低的日照角度，必然使四合院正房——长辈居住的房屋，在日照和采光方面受到影响，于是将四合院的倒座去掉而形成"凹"形布局的三合院式平面，成为东北严寒地区的一种典型住宅布局方式。

既有合院的围合感，还能满足基本的采光、日照要求（图5-1-22）。

2. 四合院满族民居

吉林四合院一般多指东西南北四面围合的青砖瓦房加院墙构成的独立院落，但也可包括三面房舍和一面门楼的"四合院"，但通常由砖木结构建造，不同于农村的土坯草房院落（图5-1-23）。

吉林四合院和北京四合院在结构上最显著的区别是大门的位置。北京四合院如果坐北朝南，院门开在南面东侧的角上，而东北四合院门则设于南面正中。这一差别使两地四合院民居给人的感觉全然不同。北京的院门通常设在东南角，进门面向影壁，向西走到院落的二门，院落正北坐落正房，两侧布置厢房，垂花门的南侧与正房相对布置倒座，整体较为封闭。吉林四合院

图5-1-23 吉林市某度假村四合院民居（来源：张俊峰）

的人门则居中南向开启，入门便正对院落中心，院落开敞明亮，直来直去，有的摘下门槛就可进出大马车，其布局很符合东北人朴实豪爽的民风。东北城镇四合院的院子一般较北京四合院大，是为获取日照的原因（图5-1-24、图5-1-25）。有些吉林四合院的布局方式则采用北京四合院的模式，如吉林乌拉古镇魁府，将主入口设在院落的东南角，大门内侧设置影壁（图5-1-26）。

城镇四合院又可分为几个档次。王公贵戚、高官富商所住者最为气派。南面三间屋宇式大门，正中一间是出入的大门，旁边两间则是称"倒座"的门房，供守门人或佣人居住。正对大门是高大的影壁墙，门前有上马石和拴马桩。院子通常为两进，中间或设二门或建院心影壁分隔内外院。外院两侧建小厢房，主人所居内院正房五间，东西厢房各三间，正房北，有的还建有供存放物品和仆人居住的后罩房，一般也是五间。房屋样式基

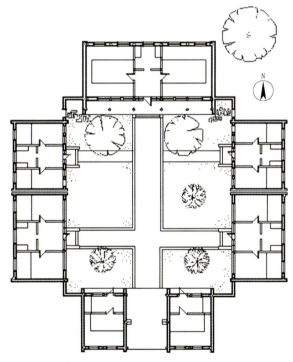

图5-1-24 乌拉古镇萨府平面图

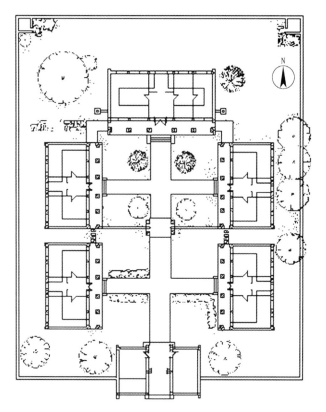
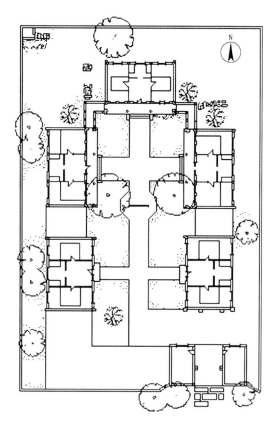

图5-1-25 乌拉古镇后府平面图

图5-1-26 乌拉古镇魁府平面图

本都是青砖小瓦、硬山到顶，正脊、戗檐、腿子墙等部位装饰砖雕或石雕。由于东北房屋进深大，使房屋更具稳重、浑厚之感。小一点的四合院则是一进，有的用砖砌门楼或单间大门，院内空间宽敞的也设砖砌或木板影壁，还有因空间限制而从侧面开院门的。此外，民国年间，东北一些地处偏远区的村屯富家大院，为防"胡子"（土匪）袭击，不仅院墙高大，家里养着看门护院的"枪手"，而且在院墙四角修有炮楼或"防御工事"，即使几十人来进攻也能确保安然无事，可称为"堡垒式"四合院。

第二节　朝鲜族传统民居

一、朝鲜族民居空间形态

我国早期朝鲜族住宅根据移民的迁徙年代和分布地区不同平面各异，大体由厨房、各房间及室外厕所等组成。住宅大部分是单栋，由于社会地位和经济等限制，未能出现朝鲜上流住宅那种具有一定规模和严格空间界定的宅院。

（一）寝室

朝鲜族民居的寝室根据地区的不同有所不同，图们

图5-2-1 温突房

江和鸭绿江沿岸及部分吉林内陆地区的朝鲜族称寝室为"温突房",寝室由满铺式火炕组成,"温突房"是朝鲜语音译。吉林内陆地区与满、汉混居的朝鲜族则称寝室为炕,炕的形式与汉族、满族的火炕较相似,形成"南北炕"或"万字炕"。朝鲜族火炕炕面通常高于地面40厘米左右,较满、汉民居火炕低10~15厘米(图5-2-1)。

(二)厨房

朝鲜族民居中厨房分为开敞式和封闭式两种:开敞式厨房是咸境道型朝鲜族民居特有的空间形态,厨房与炕连在一起,形成鼎厨间,主要分布在我国图们江流域和中俄边境地区。开敞式厨房通常采用下沉布局,焚火口下沉地面标高50厘米,灶台高出地面20~30厘米,焚火口上面与灶台面平齐铺设木板;封闭式厨房有两种,一种是厨房居中或在山墙一侧,南北贯通,另一种是厨房位于平面北侧。前者主要分布在鸭绿江流域和吉林省内陆地区,分为平安道型朝鲜族民居和庆尚道型朝鲜族民居,平安道型朝鲜族民居延续了传统平面形态,厨房与炕之间设置推拉门或带有小窗的隔墙,厨房与炕之间存在一定的空间联系,而庆尚道型朝鲜族民居则受满、汉民居的影响而形成较封闭独立的厨房空间;厨房后置平面形态主要分布在吉林省内陆地区,是传统民居在后期改良和改建过程中形成的平面形制,通常厨房位于平面北侧,以走廊或玄关为中心连接各个空间(表5-2-1、图5-2-2)。

(三)净地房

净地房是咸境道民居独有的空间形态,通常炕与厨房连为一体,形成开敞空间鼎厨间。净地房具有会客、就寝、用餐等功能(图5-2-3)。

朝鲜族厨房类型　　　　　　　　　　　　　　　　　　　　　　　　　　　　　表5-2-1

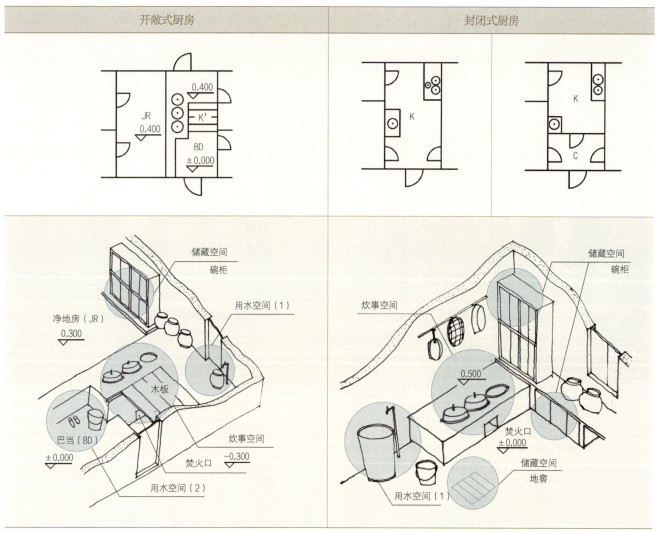

注：JR（净地房）、BD（巴当）、K'（开敞式厨房）、K（封闭式厨房）、C（走道或玄关）。

图5-2-2　咸境道型朝鲜族民居下沉式厨房

图5-2-3　净地房

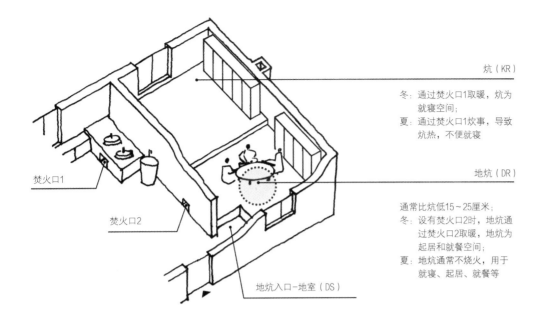

图5-2-4 地炕空间示意图

（四）地炕

地炕是在朝鲜族改良式住宅中出现的一种平面形态。地炕一般高于地面20~30厘米，比炕面低20厘米左右，不设烟道，上铺木板，主要以过道及夏天起居、就寝等多功能空间来使用。地炕的形成方式有两种：一种是将朝鲜族满铺式"温突房"局部降低的方式出现，这样的平面主要出现在吉林省中俄边境地区的咸境道型原籍的朝鲜族民居中；另一种是在万字炕或北炕式平面中以抬高地室的方式出现，其平面形态主要分布在吉林省庆尚道原籍的朝鲜族民居中（图5-2-4、图5-2-5）。

（五）玄关

图们江和鸭绿江沿岸及中俄边境地区的朝鲜族民居通常玄关和厨房连为一体，韩语称"巴当"（朝文音译）；内陆地区的朝鲜族民居以走道式空间为主，比如将中间厨房兼走道，或入口处形成封闭的走道或玄关，或在铺式火炕南面削减部分炕面形成走道等（图5-2-6）。

（六）卫生间

朝鲜族民居中卫生间通常设置在室外，目的是为了保证室内环境的清洁。近年随着经济的发展，村落的排污设施得到改善，一些新建的住宅将卫生间布置在室内，但由于气味、排泄等问题，大部分住宅仍旧使用室外卫生间，室内卫生间成为洗漱专用空间（图5-2-7）。

（七）牛舍

对于以农业为生的朝鲜族来说，牛的重要性不言而喻。在咸境道和平安道原籍朝鲜族民居中牛舍通常与住宅连为一体，位于山墙一侧与厨房紧密相连。如今，随着朝鲜族务农人口逐年减少，大部分朝鲜族民居将牛舍改为仓库。

二、朝鲜族民居平面分类

（一）按交通流线和功能关系分类

根据交通流线和功能关系，将东北地区的朝鲜族民居分为净地中心型（J型）、厨房中心型（K型）、走道或玄关中心型（C型）、客厅中心型（L型）、混合型（J-C型）五个类型，再根据空间名称及使用形态进行二次分类（表5-2-2）。

图5-2-5 地炕空间形态

图5-2-6 巴当

图5-2-7 室外卫生间

朝鲜族民居平面分类表　　　　　　　　　　　表5-2-2

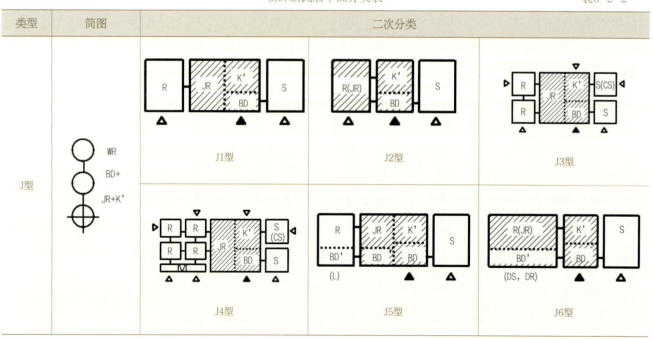

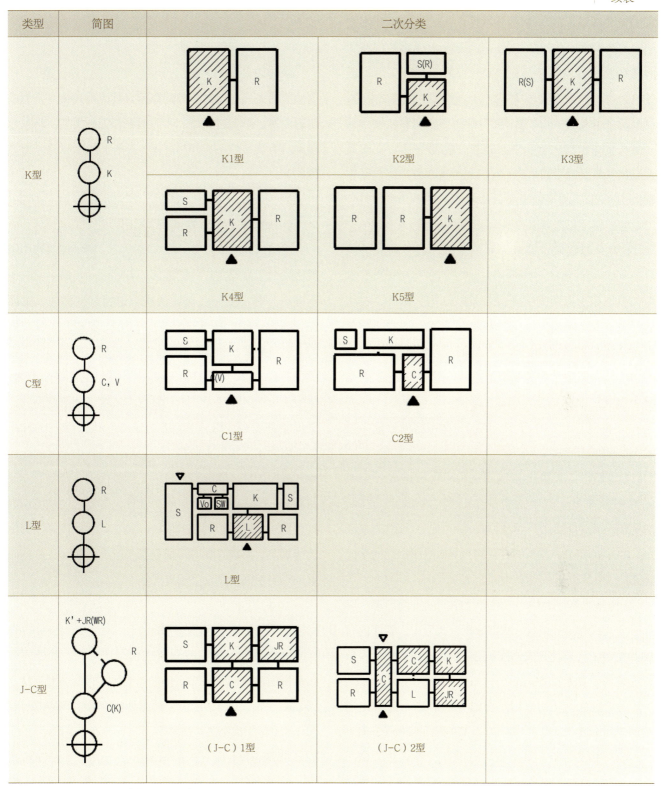

注：R（温突房、炕）、JR（净地房）、L（客厅）、K（厨房）、BD（巴当）、DS（地室）、DR（地炕）、T（卫生间）、CS（牲畜间）、S（储藏间）、Vo（锅炉房）、C（走道）、V（玄关）、SW（洗手间）。

J型是以净地（JR+K'）为中心进入各个空间的平面类型。其中，J1是J型的基本型，构成单列三开间或单列四开间平面；J2型是在J1型基础上，用推拉门将厨房与净地房（JR）隔离；J3型是双列三开间平面，以净地为中心一侧布置温突房，另一侧布置仓库和牛舍；J4型是在净地的一侧布置"田"字形温突房和抹楼，另一侧布置仓库和牛舍的平面形态，是J型平面中面积最大、级别最高的平面形态；J5、J6型是在温突房前面布置巴当（BD）的平面类型，两者的区别是J5型以J1、J3型为原型，J6型则以J2型为原型进行变化。

K型是以汉族或满族平面为基础，通过独立的厨房空间进入各室的平面形态。其中，K1为K型的基本型，由炕和厨房两间组成；K2型以K1型为基础，在厨房后面布置仓库或房间，形成双列型平面，这种平面多数是根据防寒或房间的需求改造而成；K3型是以厨房为中心两侧布置寝室的平面形态；K4型是在K3型的基础上温突房北面布置仓库或洗手间的平面形态；K5型是在K1的基础上，在寝室一侧加一间寝室而形成串联式火炕的平面形态。

C型是以入口处的走道或玄关为中心进入各个空间的平面类型。其中C1型是在K3型的基础上，在厨房南侧分离出走道的平面形态；C2型是在C1型的基础上，将走道变窄，重新组合厨房和其他附属空间的平面形态。

L型是以客厅为中心联系各个空间的平面形态。客厅分为立式和坐式两种，大部分以立式为主，客厅内布置沙发或床。采暖方式分为家用锅炉和温突两种，多数以温突为主要采暖方式。

J-C型是J型和C型相结合的平面形态。根据走道的形态可分为（J-C）1型和（J-C）2型两种：（J-C）1型与C1型较相似，只是后面的厨房和寝室通过拉门连为一体形成J型的净地空间；（J-C）2型是以C2型平面为基础，厨房和寝室相同的同时，南面设置客厅的平面形态。

（二）按原籍分类

朝鲜族是从朝鲜半岛迁移过来的"过界民族"，根据他们的先民在朝鲜半岛的原籍，其民居大致可分为咸境道原籍、平安道原籍、庆尚道原籍三种类型。将东北各地具有代表性的朝鲜族民居134例，按照原籍分析具体如下：

1. 咸境道朝鲜族民居

咸境道朝鲜族主要分布在图们江、鸭绿江流域和中俄边境地区及黑龙江内陆地区，各地区的民居平面有所不同。分布在图们江流域的咸境道朝鲜族民居，平面类型有J3、J4、J6、C1、（J-C）1型，其中J3型分布最广、数量最多；鸭绿江流域的咸境道朝鲜族民居的平面类型有J1、J2、J3、C1型，其中J1型为主要平面类型；中俄边境地区和黑龙江内陆地区的咸境道朝鲜族民居，平面类型为J1、J2、J3、J5、（J-C）2型，其中J1和J5型平面为主。从以上分析中可以看出，作为早期的迁徙地——图们江、鸭绿江流域的朝鲜族民居，传统形式保留较好，而中俄边境地区和黑龙江内陆地区的咸境道朝鲜族民居，既保留传统的同时，又在其他民族居住文化的影响下，出现J5型等平面类型的变化，在温突房前面形成巴当空间（图5-2-8）。

2. 平安道朝鲜族民居

平安道朝鲜族主要分布在鸭绿江流域，此外还分布在图们江流域和东北三省内陆地区。平面类型有J1、J3、K1、K3、K4、K5、C1、（J-C）1型，其中以J3、K3、C1型平面为主。J3型平面主要分布在鸭绿江和图们江流域；K3、C1型平面则分布在东北三省内陆地区。说明图们江、鸭绿江流域的平安道朝鲜族民居，传统形式保留较好，而东北三省内陆地区的朝鲜族民居受

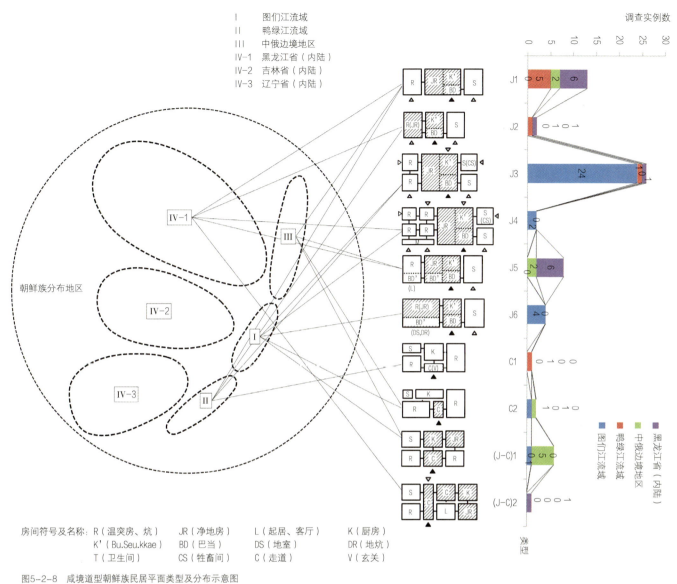

图5-2-8 咸境道型朝鲜族民居平面类型及分布示意图

其他民族影响较多，形成厨房中心型（K型）或走道中心型（C型）平面（图5-2-9）。

3. 庆尚道朝鲜族民居

庆尚道朝鲜族主要分布在东北三省内陆地区和中俄边境地区，大部分是20世纪30年代被强制迁移的朝鲜人开拓民及他们的后代。庆尚道朝鲜族民居的平面类型有J1、J3、J5、J6、K1、K2、K4、K5、C1、C2、L、（J-C）1型。其中J型和J-C型主要分布在黑龙江内陆地区和中俄边境地区；K型分布在黑龙江和吉林省内陆地区；C型则均匀地分布在东北三省各内陆地区。从以上分析中可以看出，黑龙江内陆地区和中俄边境地区的庆尚道朝鲜族受该地区其他原籍朝鲜族民居的影响较多，形成J型和J-C型平面，而其他地区的庆尚道朝鲜族受汉族、满族居住文化影响较多，形成K型、C型、L型平面（图5-2-10）。

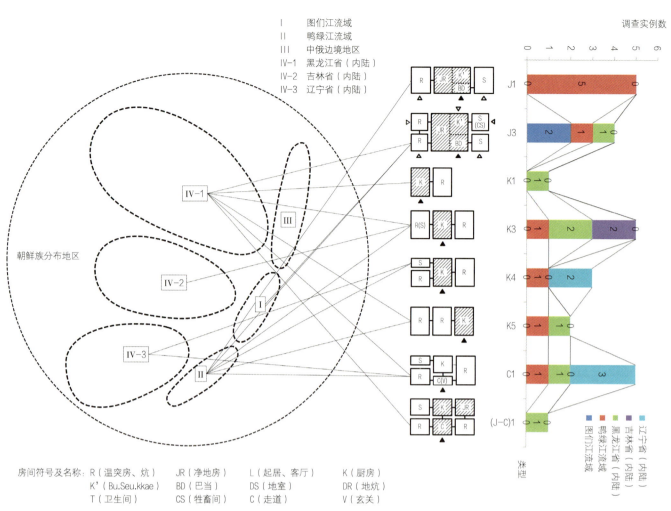

图5-2-9 平安道型朝鲜族民居平面类型及分布示意图

三、吉林朝鲜族民居类型

吉林省朝鲜族民居根据其地域及原籍,可分为咸镜道型朝鲜族民居、平安道型朝鲜族民居、庆尚道型朝鲜族民居三种类型。其中庆尚道原籍朝鲜族由于长期与满汉民居混居,其建筑空间及居住文化特点逐渐消失,相对其他两种朝鲜族民居类型特点并不明显。

(一)咸境道型朝鲜族民居

咸境道型朝鲜族民居,主要是由来至朝鲜半岛咸境道的朝鲜族迁徙民所建造,分布在我国东北地区的图们江和鸭绿江沿岸。咸境道型朝鲜族民居属木结构建筑,大多采用木柱土墙,屋顶根据材料分为草屋面和瓦屋面两种。建筑平面以"田"字形布局为特点,男女空间有别,其空间形态深受儒家思想的影响。该建筑类型在我国朝鲜族民居中历史最悠久、面积最大、形制等级最高,是朝鲜族传统居住文化精髓的代表。

1. 分布

咸境道型朝鲜族民居,主要分布在我国延边朝鲜族自治州图们江沿岸地区。在选址方面除了朝向因素,还考虑周边河流情况及地形等自然因素,以便于水稻的种植。咸境道型朝鲜族民居历史悠久,大部分建筑寿命超过百年,由于年久失修,在各传统村落中的留存数量并

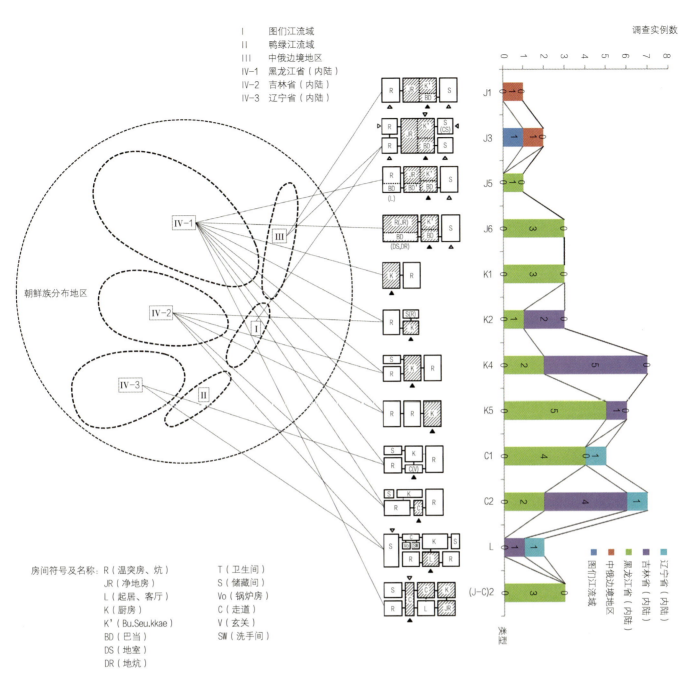

图5-2-10 庆尚道型朝鲜族民居平面类型及分布示意图

不多，大多数建筑已成为乡镇级及市级文物保护单位。

2. 形制

住宅平面为八间，建筑的南面局部凹进，形成退间（图5-2-11、图5-2-12）。退间后面布置"田"字形或"日"字形卧室。南面两间寝房从东至西分别为上房、上上房。按传统方式划分空间，上房一般年老的主人居住，上上房是少主人居住。老主人的房间居中，空间最高，家里的喜事、丧事都在这里进行。上房和上上房是男人的空间，村里的老人或男人来访直接通过退间从上房、上上房的外门进入屋内，不允许经过厨房、鼎厨间进入上房。北面两间从东到西的顺序分别为库房、上库房，入口分别

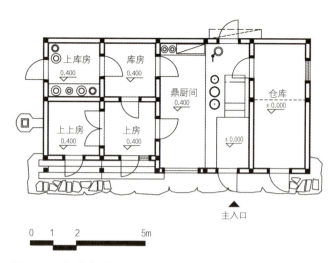

图5-2-11 "田"字形平面

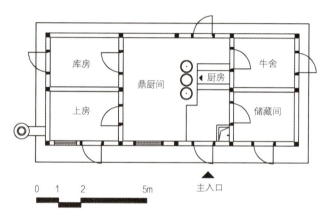

图5-2-12 "日"字形平面

设在北面和西面。库房一般是长大的女儿用的房间，家里的儿子成家后将使用该空间，女儿就要搬到上库房。上库房又是储藏空间，设有火炕，可以按居住用途使用。

平面的中间是鼎厨间，是由火炕和下沉式厨房所组成的开敞性空间。一般是家里的女人和孩子们生活在这里。

库房、上库房、鼎厨间作为女性空间，限定男性客人进入。

3. 建造

建造流程为：住宅建立在40厘米高的单层台基上，台子上面设柱础，上面立柱。根据柱梁关系住宅的结构类型分为穿斗式与抬梁式两种。屋顶通常采用四坡草屋顶或歇山式屋顶。屋面构造从上至下依次为面层（瓦或稻草）、找坡层（覆土）、柳条或秸秆编织层、檩条、室内天棚。室内天棚通常采用泥浆抹灰找平或用木板做天花板，表面粉刷白灰。墙体表面一般表面粉刷白灰或贴墙纸，增强室内的洁净。

4. 装饰

建筑在室内外凡露出黏土的部分均刷白灰，不仅提高建筑的明度，也保证建筑的美观与清洁；在结构构建部分，如柱、梁、檩、椽子、门框等表面刷上油漆，从而防潮、防腐、防蛀。暗红色构建与白色墙面、棚顶形成强烈对比。民居雕饰丰富，多在屋顶山墙及瓦当等各类构件上赋以各种吉祥图案（图5-2-13、图5-2-14）。

5. 代表建筑

1）图们市月晴镇白龙村百年老宅

建筑位于吉林省延边朝鲜族自治州图们市月晴镇白龙龙村，是一个具有133年历史的咸境道式老宅。该老宅由朝鲜移民商人朴如根所建，1887年始建，1890年竣工，历时三年。房屋采用土木和瓦结构建造，无一根钉子，使用的工具均为原始的大锛、小锛和斧子等，所

图5-2-13 室内装饰

用木材为长白山优质原木,通过木排运至此地,瓦片则是对岸朝鲜用船运至(图5-2-15)。

2)长财村金氏住宅

在长财村早期传统住宅中草屋面住宅占有相当大的比例,金氏住宅就是其典型案例。

住宅采用六间型平面,功能布局与前面所介绍的柳氏住宅相同,厨房采用局部下沉式,将焚火口降低上铺木板,饮用水采用手动压水机。住宅正面设有三个门,从左到右分别为卧室入口、主入口、储藏间入口。其中,主入口和储藏间入口是常年使用入口,卧室入口一般只是夏天使用,冬天由于气候寒冷而将其关闭。住宅采用柱梁式木结构,建立在20厘米高的石台基上,屋顶采用四坡草屋面。烟囱位于住宅西侧,使用木板拼接,高度高于住宅屋顶。

图5-2-14 合阁式屋顶山墙纹样

图5-2-15 白龙村百年老宅

图5-2-16　长财村金氏住宅

如今，该住宅已无人居住，荒废多年，院子里杂草丛生，屋子里布满灰尘，白色墙面的点点斑迹，仿佛向人们诉说着长财村的沧桑历史（图5-2-16）。

6. 成因分析

咸境道型朝鲜族民居，是我国朝鲜族居住文化的象征。所谓咸境道型，是指它最初的建造者、使用者为从朝鲜半岛咸境道迁徙而来的朝鲜族，他们主要分布在图们江与鸭绿江沿岸。咸境道型朝鲜族民居，从它的布局与空间使用形态上看，体现了儒家男女有别思想；建筑装饰细腻、手法统一，体现着朝鲜族固有的传统文化，表现出他们对吉祥、幸福的向往和追求。

（二）平安道型朝鲜族民居

平安道型朝鲜族民居，主要是由来自朝鲜半岛平安道的朝鲜族迁徙民所建造，早期的平安道迁徙民以开垦火田著称，故大部分民居依山而建，就地取材。该建筑类型在我国朝鲜族民居中历史较悠久、建筑形制独特，是朝鲜族传统居住文化中不可或缺的重要元素之一。

1. 分布

平安道型朝鲜族民居主要分布在我国鸭绿江沿岸及吉林省和辽宁省内陆地区。而且，早期的平安道型朝鲜族民居主要分布在山林地区，建筑布局遵循一定的地理环境学原理，按照"背山临水"的原则依山而建，且离住宅不远处有河流，既能抵御寒风享受充足的阳光，又能在其周边开发水田。

2. 形制

建筑通常坐北朝南，屋身平矮；屋顶通过木屋架、檩条、覆土层及稻草面形成四坡和前后两坡等形态，屋面坡度缓和，倒角平缓；墙体采用木柱泥墙结构。空间布局上，房前有菜地、仓库和玉米楼，房后有果树，用木桩和柳条编成围墙。

建筑平面沿水平方向呈"一"字形展开，通常采用单进四开间或五开间平面。主入口设在厨房一侧，以厨房为中心，一侧布置卧室，另一侧布置仓库或牲口间。厨房与卧室用推拉门隔离，所有空间既对外独立开口，又在室内形成穿套型连接（图5-2-17）。

厨房按"凹"字形布置，一侧布置灶台，灶台上设置四个不同大小的锅；另一侧整齐摆放酱缸、水桶、盆等生活用具；中间靠墙一侧布置橱柜，方便与灶台和就餐的鼎厨间的炕体空间相联系（图5-2-18）。

此外，在正面主入口两旁的台基上通常堆放干柴，利用深远的挑檐遮挡雨雪。而且柴禾摆放在入口两侧，与厨房较近，搬运方便（图5-2-19）。

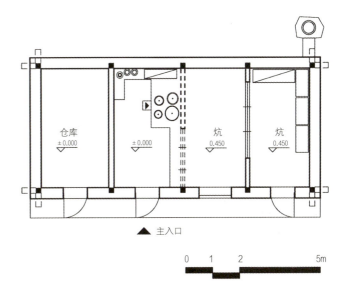

图5-2-17 "一"字形平面

3. 建造

建造流程为：住宅建立在40厘米高的单层毛石台基上，台子上面设柱础，上面立柱；然后在柱子之间搭水平木杆，沿木杆的垂直方向捆绑高粱秆，最后将搅拌的黄土浇筑在上面，待墙体凝固后，在表层涂刷白灰；建筑屋顶采用传统木结构形成四坡两坡屋面；室内用薄板做成天花，表面粉刷白灰。

图5-2-18 平安道型朝鲜族民居厨房

4. 装饰

在装饰方面，平安道型朝鲜族民居以就地取材为其特点。由于当时经济条件的限制，很多住宅都省略了其装饰效应，有些建筑直接将黄土墙裸露在外面。泥墙、木烟囱、草屋顶很好地融合在一起，彰显建筑的自然生态与地域特性（图5-2-20）。

5. 代表建筑

1）梨田村朝鲜族民居

长白朝鲜族自治县金华乡梨田村民居，位于吉林省

图5-2-19 檐口下的干柴

图5-2-20 朝鲜族木烟囱　　图5-2-21 梨田村朝鲜族民居

长白朝鲜族自治县金华乡。

梨田村,早期叫梨田洞,该村落是由朝鲜平安道迁徙民所建立,距今已有80多年历史。住宅按照"背山临水"的选址原理沿西南朝向布置,建筑布局自由。因地制宜、就地取材、古朴大气是该村落民居最具魅力的特征之一(图5-2-21)。

2)太王村朝鲜族民居

太王村隶属太王镇,位于太王镇政府所在地北1.5公里。因好太王碑位于村的附近,而称太王,又俗称大碑街。1946年更名为太王,以碑得名。东与下解放村、西与禹山村、北与果树村、南与二股流村为邻。面积8.7平方公里。村落布局背山面水,北邻长白山下老岭山脉,南邻鸭绿江与朝鲜隔江相望,属于边境村镇。住宅依山地地形而建,布局自由,朝向以南向为主。作为早期朝鲜族迁徙地之一,村落里保留着几栋历史较为悠久的平安道型朝鲜族民居。虽然屋顶形态、门窗材料等早已发生变化,但内部空间、居住形态依然秉承着朝鲜族传统。

住宅采用木结构,通常建在30厘米高的台基上;屋顶采用南北双破屋顶,屋面铺设灰瓦;门窗采用朝鲜族传统直棂式门窗。住宅平面沿水平方向呈"一"字形展开,采用单进四开间平面。中间设置独立式厨房,以此为中心,西侧布置两间卧室,东侧布置仓库。厨房与卧室、仓库隔门相连,所有空间既有独立的出入口,又在室内形成穿套型连接,主入口设在厨房一侧。此外,卧室前方设置退间,平台高度与台基高度相等,上面存放鞋和各类杂物。厨房按"凹"字形布置,一侧布置灶台,灶台上设置四口不同大小的锅;另一侧整齐摆放酱缸、水桶、盆等生活用具;北侧靠墙吊挂隔板,存放碗筷。烟囱位于住宅后院,使用木板拼接而成,底部为了加强其连接部位的密闭性,用石浆砌筑(图5-2-22)。

6. 成因分析

咸境道型朝鲜族民居,是我国朝鲜族居住文化的象

图5-2-22 太王村朝鲜族民居

征。所谓咸境道型,是指它最初的建造者、使用者为从朝鲜半岛咸境道迁徙而来的朝鲜族,他们主要分布在图们江与鸭绿江沿岸。咸境道型朝鲜族民居,从它的布局与空间使用形态上看,体现了儒家男女有别思想;建筑装饰细腻、手法统一,体现着朝鲜族固有的传统文化,表现出他们对吉祥、幸福的向往和追求。

第三节 其他传统民居

一、木刻楞建筑

在吉林省抚松县漫江镇锦江木屋村,有一种木构民居当地人沿用至今,学界称之为"木刻楞"。这种民居采用全木结构,从屋顶瓦片至梁柱墙体以及门窗小品,均采用木头搭建。木刻楞是满族先民在长期的生产、生活实践中创造的木文化,许多史志中都有记载。满族的先人在秦、汉、唐时期尚没有地上住房,而是深居地下,《后汉书》载:"处于山林之间,土气极寒,常为穴居,以深为贵,大家至接九梯。"《唐书》载:"居无家庐,负山水坎地,梁木其覆以上,如丘冢,然夏出随水草,冬入处。"金、元、明时期,女真人的住房有了很大发展,《三朝北盟会编》中载:"依山谷而居,联木为栅,屋高数尺,无瓦,覆以木板,或以桦皮,或以草绸缪之,墙垣篱壁率皆以木,内皆向东。环屋为土床,炽火其下,与寝食起居其上,谓之炕,以取其暖。"火炕的出现解决了冬季取暖问题,满族先人的住处才由穴居地下转为地上建屋。与炕相通的是烟囱，高高的烟囱竟是一棵空树筒，《满洲源流考》载："因木之中空者，刳使直达，截成孤柱，树檐外，引炕烟出之。上覆荆筐，虚其旁窍以出烟，而雨雪不能入，比室皆然。"清朝乾隆皇帝东巡时，见到长白山区的"木刻楞"房子和满语称之为"呼兰"的烟囱，赋诗称赞：

木柱烟囱犹故俗，纸窗日影正新嘉。

盆中更有仙家草，五叶朱旗拙四桠。

……

诗中描绘的是山里一农家，木烟囱，炊烟袅袅，新糊的纸窗，在晨光中格外明亮。窗台上的花盆中栽有一棵"关东三宝"之首的人参，四品叶的枝丫、五个瓣的参叶、朱红色的参籽相互辉映，把这满族山居装点得绚丽多彩……这满族的木屋是木墙、木瓦、木烟囱，创造了满族木文化建筑艺术，独具特色。

走遍整个村落，会发现不仅仅是房子用木头搭建，村民的生活处处与木头为伴，如木头围成的井壁、灶台前平埋在地面劈柴用的木墩、喂牲口的食槽、地面上架空用来晾干储存玉米的仓亭等。古朴的木文化几乎是这个村落生活的全部，只有穿过村中小路架设的电缆和支在聚落周边的信号接收塔将这里恬静的乡村生活与现代文明联系在一起。

锦江木屋村保留至今的木屋，是长白山满族先人所创造木文化的积淀，是多少代人勤劳与智慧的结晶，具有浓郁的民族特色与地域特色。这些阅尽沧桑的木屋，仿佛是在山地间如树木一般生长出来，与周围浑然一体。这个村子垂垂老矣，就像是一个沧桑的老人，在垂暮之年，蹲在山脚晒太阳，任身边的变化气象万千，他都不为所动。或许他有些老迈，但从他刻满皱纹的脸上却能读出一段悠久的历史。

从使用的材料和建造的方式来看，饱含长白山地域情结的锦江木屋村"木刻楞"建筑，与内蒙古自治区额尔古纳市三河回民乡的"木刻楞"有很多的相似，却又有明显的不同。该建筑不立石基、木墙外抹泥涂白，选用松木瓦片、立木烟囱等，乡土气息来得更为直接，相比具有俄罗斯遗风的三河民居，更显原始古朴的山林风情。二者之间是否有某种承袭关系，笔者不敢妄加断定。不过，在不同地域、不同民族习俗、不同文化背景下，能各自发展出相互独立而又极其相似的建筑形式，可见这种木建构文化在北方多林地区持久的生命力。

木屋作为长白山区居民生活的自然形态，是当时人们生活的自然场景的呈现，它反映了人与自然的和谐，这种以木屋为纽带的居住风情是珍贵的民族文化及地域建筑文化遗产，蕴含着宝贵的旅游资源。这里正成为具有森林文化特色的旅游村，木屋文化成为环境与经济协调发展、经济效益和环境效益"双赢"的契合点（图5-3-1）。

（一）平面形制

木屋建筑的大小按"间"计算，每间的面积在15~20平方米左右，木屋村房屋的开间多为两开间或三开间，每间为矩形开间。门窗均在南侧，为了减少热损耗，门窗面积一般都很小，因此室内光线不足。两开间的房屋中，西侧房间多作为厨房和杂物间使用，东侧房间作为起居使用。在三开间的房屋中，中间的房间为过厅，作为厨房或杂物间，东西两侧的房间作为起居使用。火炕是居住建筑中主要的取暖设备，有二分之一的面积都作为火炕使用，火炕的位置设置在北侧更加利于保暖（图5-3-2）。

（二）建筑形态

1. 木墙

生活在长白山莽莽原始森林中的山民建屋，俯首可得的建筑材料是树木，砍倒即用。不雕、不琢、不锯、不钉，而是略施斧砍、锛削，以圆木垒垛而就，古朴天成。这种木屋不用石基，先沿房框四边向下挖出约30厘米的土沟，将圆木横卧四周，其上用圆木层层垒加，

图5-3-1 木刻楞住宅

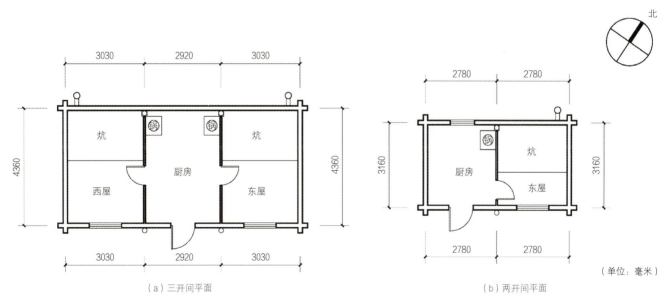

(a)三开间平面　　　　　　　　　　　(b)两开间平面

(单位：毫米)

图5-3-2 木刻楞住宅平面（来源：吉林省长白山地区传统村落保护与更新研究）

图5-3-3 木刻楞住宅木墙

垛成木墙。拐角处，圆木的平头伸出墙外，纵横二木相交处，稍加斧削，使其紧紧咬嗑在一起。横木至门窗口时，圆木与圆木之间用"木蛤蚂"相连接，使其稳固。在山墙中间位置，内外各立一木柱，紧紧夹住木墙，使其牢固。木墙的内外均抹以乌拉草混合的黄泥，以防风保暖和防止木头风化，同时具有防火防腐的作用。如果用作仓房或牲口房，则不必涂泥（图5-3-3）。

2. 木烟囱"呼兰"

木烟囱是满族人首创，是他们聪明才智的结晶，是就地取材导引炊烟的实证。清流人杨宾在《柳边纪略》中记载：宁古塔（满族地区）"烟囱多以完木之自然中虚者为之，久之碎裂，则护以泥，或藤缚之"。张缙彦在《宁古塔山水记》中也记曰：木烟囱土音"呼兰"，宁古塔"多古木，空其中，人取而以为烟洞，迎灶火"。锦江木屋村木烟囱正是承袭了满族先民的遗风，建屋时多用林中枯倒的大树，木心腐烂而成空桶者，锯取又粗又直的一段，约3米余，用火燎尽树心朽木，灌涂泥巴，立于檐外，其下由一空心横木与地炕相通。这种烟囱成本低，抽力大，挂灰少，不用总打烟囱，冬天还不挂霜。修补起来也简单容易，漏洞裂缝处用树皮、薄木板或泥巴补上即可照常使用（图5-3-4）。

3. 木瓦

木瓦，山里人称"房木柈子"，多选用山林中的红松倒木，有油质，抗腐蚀，每段锯成约一尺半长，用劈刀顺木丝劈成薄片，宽窄不一。木瓦较轻，为防风吹，压以横木或石块。

这种"木刻楞"房子的特色有五点：一是就地取材，当地树木漫山遍野，任人锯取，是最易得到的建房材料，而砖、瓦、石等却是山里奇缺之物，因山林交通险阻，难于运进山来；二是加工粗放，省时省力，建屋的木头不锯不雕，以圆木垒垛，甚至连树皮也不剥掉；

图5-3-4 木刻楞住宅木烟囱

三是木屋保暖，这种圆木加泥巴的墙壁可达近一尺的厚度，木屋较矮，所以利于保暖，还有火炕散热，足以抵御北国的严寒；四是耐用，因建屋的木材多为松木，耐用、耐潮、耐腐蚀，可经百年风雪而不朽。建屋后，如墙壁倾斜，可重新翻盖，房木、房瓦可再用；五是造价低廉，在山里木头是最廉价的建材，甚至不用花钱，可自己上山寻倒木，运下山来即可自由锯取，为囱、为瓦、为墙，真是"靠山吃山、靠山住山"（图5-3-5）。

4. 木井壁

在锦江木屋村，木刻楞技术不仅用于建造房屋，还应用于井壁的搭建。木井壁呈方形，将圆木凿刻层层垒垛而形成，井深有十几米，井底垫木墩。木井壁不仅起到挡土作用，还起到滤水、净化水资源的作用，其原理是通过木质的管状组织对地下水进行过滤，除去水中杂质。经过岁月的沉淀，木井壁已布满苔藓，但那份深沉优雅的气质反而历久弥新（图5-3-6）。

5. 劈柴木墩

冬季山区由于气候寒冷，大部分家庭作业及活动需要在室内进行，劈柴亦如此。在锦江木屋村，很多住户将圆木锯成50厘米大小的木墩，将其镶嵌在厨房地面，用作劈柴木墩。镶嵌在厨房地面的劈柴木墩通常只是在冬季使用，夏天大部分劈柴作业依旧在室外进行，通常将大量劈柴垛成垛，供冬季使用。还有一种情况是，劈柴尺寸过大，无法塞进焚火口，需要在厨房进行临时处理，地面上的劈柴木墩便发挥其作用。简简单单的劈柴木墩体现了当地人民的创造和智慧，锦江木屋村人民用朴实的本性来营造出自己的生活（图5-3-7）。

二、碱土房

吉林民居在墙体结构上有一种被称为"干打垒"的

图5-3-5 木刻楞住宅木瓦

图5-3-6 木井壁

建筑形式，尤其是在西部平原地区，碱土夯墙较为普遍，我们称之为碱土房。碱土本身容易沥水，经水侵蚀后，其表面会越来越光滑，因此是一种非常适合做屋面或墙面的材料。每年春旱季节，各家各户取碱土建造房屋。碱土民居是充分利用地方材料、极具地方特色的居民建筑，它的独特风格是当地民居长期居住经验积累的结晶。碱土民居具有材料经济、构造简单、适合居住的特点。碱土居民是丰富多彩的中国传统民居的一种，是中华传统文化重要组成部分。

碱土民居主要分布在吉林省西部广大地区。此地区除了少数熟地外绝大部分是未经开发的生荒地，每年都长着很厚的荒草，荒草和熟地当中有着片片相连的碱地，当地人把这些碱地叫作"碱巴拉"。这种碱地不生长任何植物。吉林省白城地区、松原地区以及辽西地区、黑龙江省西部碱地相连，构成东北西部的碱土平原，长达千余里。其中吉林省西部地区的碱土民居分布广阔。

图5-3-7 劈柴木墩

（一）住宅形态与房屋格局

碱土民居正立面低矮，窗子也多做扁长，开窗面积较大，其余部分由碱土材料作围护，有些住房窗下墙也会使用砖石，正立面木窗、土墙对比非常强烈。山墙极为简洁，没有任何装饰，由碱土抹面或由碱土和砖石混砌，山墙不开窗，可以清楚地看见檩条伸出山墙外。

平面呈现矩形，三、五、七间不等，大门朝南侧。居中开门，两边为卧室。开门的一间成为堂屋或灶间，置有灶台和饮食用具，其他房间则为卧室或储物间，卧室内设置有南炕和一些家具。房间尺寸根据条件不同有所差异，进深一般在6～9米之间，开间2.8～4米之间。

（二）墙体构造

碱土房看上去很土气，但墙厚实，房顶密实，结构严实，防寒性能也较好，夏天不太热，适于居住且施工简单，操作容易，随时可建。碱土房建造方式，除门窗、户檩需要少量木材外，几乎全用土垒筑或墙壁就地取土，装入木夹板内，用锤、铁钎分层夯实形成。房顶不用瓦，把当地的羊草和芦苇做成草把子作垫层，上覆碱土泥巴抹灰而成。取暖则用火墙或火炕。

碱土民居一般在春季开始计划施工，夏季农闲以后的短暂时间开始进行叉垛墙。墙体材料为当地的碱土和黄土混合。

叉垛墙是使用最广泛的碱土墙砌筑方式。碱土中的砂子和黏土的含量要达到一定配比。如果土质不符合建造要求。可在土中添加黄土或粗砂。黏土是墙体中的主要黏合剂，但黏土含量过高，墙体会开裂。砂子的硬度较为稳定，添加砂粒可以使黏土干燥收缩时，增加墙垛的可压缩性和抗拉性。除此之外，还要加入当地的羊草以增加墙体的抗拉性，同时也增加墙体的保温性。而且羊草能通过毛细作用把墙体中的水分散发出去。叉垛墙建造时可分两类：一类是手工控制墙的形态；另一类是使用模板，在模板内垛泥。施工时将碱土、黏土、砂石、羊草混合搅拌均匀，然后将潮湿的泥块一层层垛到所需要的高度，再用铲子平整墙面待其自然干燥，这个过程中要把泥土压实，最后用草泥抹面，具有装饰和补

图5-3-8 碱土房住宅形态（来源：齐际）

图5-3-9 碱土房平屋顶构造（来源：齐际）

墙双重作用。

打墙就是用夯土工具打土，使土质密实牢固，从而使得墙体坚实。传统夯筑使用的材料是碱土、砂石、羊草混合物，尽量避免含有有机物、泥炭等腐蚀质的土料。土打墙施工前拟建墙体带挖一条深沟作为基槽，从基槽底部向上逐层夯筑。夯筑时要对土的含水量进行控制，一般情况下向土中加水达到一定湿度具备黏结条件后进行夯筑。夯筑墙体时做收分，由墙体下部逐渐向上变窄。墙体最厚处一般达到70厘米，薄处达到40厘米。每夯打10~15厘米铺加一层羊草和细砂，以加强夯土的坚固性，增强抗拉强度。夯土的工具是木杵，木杵的大小和重量以一个人使用为宜。夯头下大上小，下部平整，直径10~15厘米。吉林地区在每年春季农闲期间叉好屋架，夏季开始打墙，秋天墙体可以干透，开始建屋顶（图5-3-8）。

（三）屋顶构造

碱土房屋顶分为平屋顶和坡屋顶两种。因吉林省西部风大、夏季雨水较少，排水可适当考虑，重点要考虑其冬季保温问题。

平屋顶的做法分为两类：一类是砸灰平顶；另一类是碱土平顶。砸灰平顶建造时先将檩木放置在梁上，再挂椽子，每间8~10挂，直径10厘米。椽子上铺苇巴两层，每层厚约4厘米，再以碱土混合羊草抹至屋顶大约10厘米，垫以苇席踩平后连成一个整体，上部抹2厘米厚碱土两层，再铺上1厘米厚炉灰块混合白灰用木棒捣固。这种做法使房屋寿命可以延长至百年。檩子破时，屋顶仍不会塌落。碱土平顶的基本做法和砸灰平顶相似，只是将砸灰平顶的炉渣白灰去掉，另外每年在墙和屋顶上抹碱土2厘米，这样使房屋寿命延长至40年（图5-3-9）。

坡屋顶碱土房屋架通常采用木屋架，屋架结构分为二柱五檩式、二柱七檩式、二柱九檩式。七檩式是碱土民居中最常用的屋架形式，整体进深5米左右，前后檐均设檐柱，梁俗称"大柁"，两头放柱上。柁两端承檩木和枕木，柁上承五根短瓜柱，中间瓜柱最高，承脊檩，左右瓜柱呈对称式以此降低，分别承担上金檩和下金檩。每根瓜柱之间的间隔在1米左右，瓜柱直径100毫米左右，檩木的直径100毫米左右，椽子的直径30~60毫米。大柁采用断面为50毫米×270毫米的矩形松木。大部分大柁都用不规则木料。五檩式和九檩式构造基本与七檩式相同。

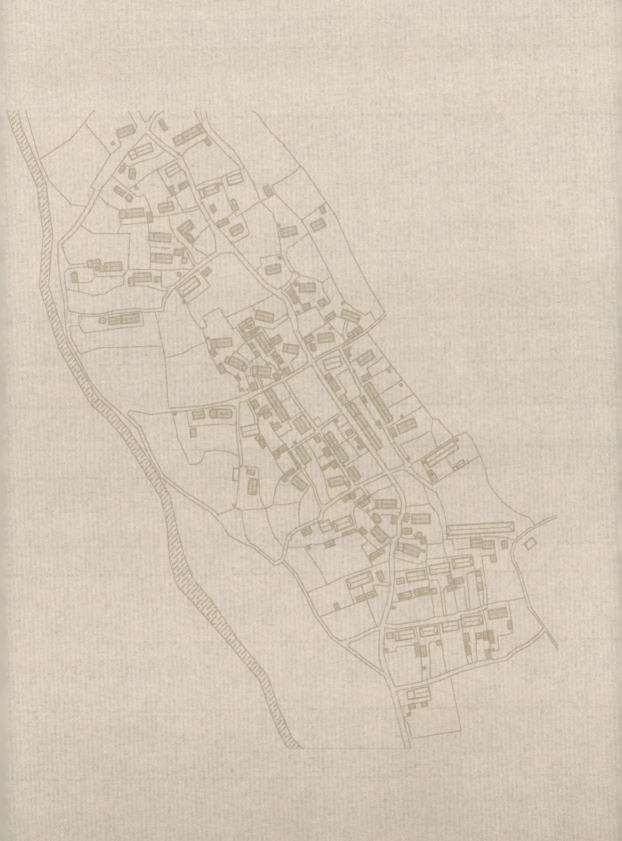

第一节　传统聚落价值分类

传统聚落是历史遗留下来的珍贵文化财富，是由多元价值要素构成的一种复杂综合体。吉林传统聚落分布广泛，地域内拥有多种类型传统聚落资源，具有极高的保护价值。随着传统聚落保护与发展热潮的推进，多数历史文化资源丰富的传统聚落已得到有效的保护发展，但面临传统聚落量大、面广的特征，保护类型及模式单一、价值判断标准模糊的现象，如何高效、科学地保护大量的传统聚落、实现传统聚落的类型划分，提出针对性的保护发展策略无疑是当下亟待解决的问题。

我们可以将吉林省传统聚落分为建筑遗产型、民俗文化型、特色产业型、生态宜居型、综合型等五大类。突出传统聚落的突出价值，优先发展传统聚落的突出价值，以此为切入点统筹多维度价值的综合发展。

（1）建筑遗产型聚落存在两种表现形式。一是传统建筑遗产整体风貌保存度、现状使用条件较好或具有某一方面代表性建筑遗存的高知名度聚落，另外一种是知名度相对较低，但具有某种濒临类型聚落的代表型聚落（如乌拉古镇、长财村），仍需对其进行保护。

（2）民俗文化型聚落特点是聚落具有较悠久的历史及民族文化体系，聚落文化的传承与保存都相对完整，传统民俗及祭祀活动频繁，文化的延续性较高，保留着众多文化载体，如萨满文化、朝鲜族农乐舞等文化载体要素。此外，该类型聚落大多表现出建筑遗存较少、建筑遗存的保存度较低，受城镇化影响较大，传统风貌延续性相对较差，保护发展方向不明确，人居环境设施配置不足等问题。

（3）特色产业型聚落的特点是具有地域内独特的传统产业，其延续性较高，既能在一定程度上传承悠久的传统生产生活技艺及制度又能带动聚落及区域的合理发展。该维度侧重于传统技艺及产业的发展状况，与建筑、文化、人居三个价值维度存在一定的相关，聚落虽没有丰富的建筑、文化遗存，但其拥有自身独特性的产业能够支撑聚落的发展。

（4）生态宜居型聚落特点是具有较高的居住环境品质，其聚落的选址布局符合传统意义上的"地理环境"理念，在传承了关东文化的基础上增加了完善的现代化的基础设施，使得传统聚落具有较高的宜居性。该类聚落主要在两种聚落中体现，一是具有明确保护发展方向的、综合得分、知名度较高且后期配置了较为完善的基础设施的聚落，另一种是自然环境资源本底较好、传统风貌延续较好、受到极少污染的聚落。

（5）此外还有大部分聚落具有多重突出价值，无法提取其某一方面较为独特的价值，此类聚落沿用传统综合价值评判方式对其进行等级划分，并根据其等级的差异提出聚落的保护发展策略。

第二节　不同价值分类聚落保护与发展方向

一、建筑遗产型传统聚落

（一）建筑遗产型聚落要素遗存特点

该类聚落特征为建筑遗产保留程度较好或具有某种类型的代表性建筑遗存，但大多因受地理因素、人口流失、文化延续性破败等因素影响在其他维度价值得分较低。地理交通区位的优越，使其受城镇化影响较多，导致聚落人口流失，原住民比例大幅降低，传统生产生活场景断裂，民俗文化日渐衰败。

（二）重点保护的价值要素

1. 文物古迹

吉林传统聚落延续至今除传统民居以外，还遗存名人故居、祠堂庙宇等建筑遗产，此外还遗存大量具有文化传递性价值的牌坊、影壁、大门、地窖、古井等历史环境要素。

2. 传统街巷

传统街巷作为聚落布局的骨架，是整个聚落传统社会组织结构和社会网络物化的体现，同样也是私密空间向公共空间过度的空间结构，并且街巷两边的建筑风貌反映了当时传统材料、建造技艺、建造思想的鲜明特征，是聚落社会网络化研究、聚落变迁研究等学术研究不可忽略的一部分。

（三）保护方法

1. 分级分类保护

该类型聚落，应进行合理的分级分区保护。其中传统建筑群聚落应划定保护区范围，对内部的街巷空间进行定级保护，建筑实施科学分类保护；针对聚落中仅存的代表性建筑遗存要视实际情况对其实施博物馆式或搬迁式保护措施。

2. 活态利用

在科学分区分级保护基础上，要发挥建筑遗产的衍生价值，对于具有重要历史意义的建筑、民居、小品等构筑物，要定期举办相应的历史文化纪念日，推崇人们去朝拜、纪念、体验、感受历史文化；对于聚落中遗存的公共建筑如学校、集体建筑等可以置换内部功能，作为行政办公、老年活动中心、幼儿活动场所等，提高其再利用价值，激发乡村建筑遗产在现代生活中的活力。

（四）发展方向

该类聚落应侧重于传统风貌的利用，运用传统风貌打造旅游体验式聚落，借助良好的传统风貌资源吸引多数电影剧组前来取景拍摄，增加聚落收入的同时，提升自身的知名度，具体可以打造为乡（村）史馆、人文社科学术研究基地、乡村艺术拓展实践基地等。

二、民俗文化型传统聚落

（一）民俗文化型聚落要素遗存特点

该类型聚落特点是传统风貌表现出一定程度的变更与破坏，但却保存有相对完整的、真实的历史遗存、完整的民俗文化节日、历史文化载体、历史名人或者重大历史事件等文化要素，附带有大量的历史文化信息。

（二）重点保护的价值要素

1. 历史文化载体遗存

聚落的繁荣鼎盛必然会建造大量的文化载体遗存来象征其文化的繁荣，如牌坊、影壁、大门、地窖、古井等文化载体，而多数文化载体遗存的背后都蕴含着丰富的历史文化典故。因此，这些文化载体遗存的保护是有效破解聚落历史文化演化历程与发展脉络的关键。

2. 传统民俗文化

传统聚落作为当地居民最重要的生产生活空间单元，自身积淀蕴藏了大量的传统技艺、民俗活动等。而传统民俗文化是我国传统文化的重要组成部分，是中国传统社会的文化基因，因此传统民俗文化的保护对于丰富我国传统文化基因库具有重大的意义。

（三）保护方法

传统文化等包含了丰富的内涵与形式，并与特定的文化生态环境相依存，是在一定的历史阶段由无数个具体的历史文化事项构成的整体，因此对其的保护应从保护传统文化的完整性、维持文化载体的原真性、保护传统文化生态环境的整体性三个方面出发对其展开合理科学的保护。

（四）发展方向

多数传统聚落虽已展开了旅游、影视戏剧等发展方式，但总体上还是以单一的产业形势吸引游客一次性观光游览，缺乏系统的产业链接，导致游客的观光旅游体验与真实需求出现断层，聚落难以形成持续性的观光游览模式；此外聚落基础设施的老化也使聚落的观光体验感降低，再次吸引游客二次观光的效应较弱，知名度难以提升；在此基础上聚落应在进行自我认识基础上，完善基础设施建设，延长产业链，定期举办大型的学术研讨活动，吸引专家学者来此考察、研究，增强聚落知名度，提升保护发展效益，同时增设文化体验游引导、发展文化纪念品、手工产业等产品配套设施，逐步提升。

三、特色产业型传统聚落

（一）特色产业型聚落要素遗存特点

此类聚落特点是建筑遗存损坏较为严重或者风貌改变较为严重、文化意识薄弱，但却具有地域内独特且延续性较高的传统产业，与周边聚落的异质性较强，聚落人口流出率较低，多数人以从事传统产业为主要经济来源。此类型聚落既能够一定程度上传承悠久的传统生产生活技艺、制度又能带动聚落及区域的合理发展。

（二）重点保护的价值要素

传统聚落不是单纯意义上的"文保单位"，它是聚落中居民生产生活的空间，对于聚落中存在的能够维持传统生产生活方式的建筑、制度、技艺等给予保护的同时，也应该注重体现出其活态的历史及其作为生产生活场地的特性，传统聚落中居民的日常生产生活活动是传统聚落活态的最好体现，只有把居民的生产、生活方式延续下去，传统聚落才能维持自身的活力，在此基础上得到不断的发展。其中需重要保护的价值要素有：

1. 地域性传统产业

地域性传统产业是维持特色农副产品多样性的基础，其延续可以增加人们对于聚落历史的回忆，提升人们对聚落历史的认知度、了解度，并且有助于增强聚落自身的区域竞争力，从而得到高效的保护发展。

2. 传统产业生产方式

吉林省是农业大省，几千年的农耕文明孕育了独特的生产方式。传统的生产方式强调的是地域性产业生产的方法流程以及组织形式，经过千百年的积淀，传统的生产方式是经得起历史见证的，是最为科学、合理的生产方式，保护好传统产业的生产方式，是延续传统产业的必要基础。

3. 传统制作工具

传统制作工具是一个时代的见证，是历史文化的固化、农业文明的象征，完整性的保护至关重要，并且传统制作工具对一些注重产品工艺与质量的特殊传统产业具有不可替代的地位。

4. 传统产业的生产民俗

传统产业民俗在农耕社会形成和兴盛，代表了某一阶段人们在有限的知识范围内对自然现象做出的积极反映，表达了某一阶段生产活动的重要生产方式，体现出地域的差异性，具有极高的传承价值。

（三）保护方法

传统产业型聚落的保护一是应注重传统产业生产活动场所环境的保护，要大力保护传统聚落的自然生态环境、水网系统等，制定相关制度进行禁建、禁砍、禁伐行为，保证传统产业具有良好的延续与发展环境；二是要定期举办传统生产民俗活动，激发人们对于传统农耕文化的了解，增强传统产业的文化内涵；三是要突破产业融合，突破传统，提高土地的利用价值。

（四）发展方向

传统聚落遗留的传统生产生活空间是现在众筹、创客等很好的发展平台，应以此为契机打造为农创基地、传统产业示范基地、开发体验式观光旅游、主要产品供应基地等，打开传统聚落保护与发展的新篇章。

四、生态宜居型传统聚落

（一）生态宜居型聚落价值要素遗存特点

此类聚落特点是建筑遗产规模较小或风貌改变严重，不宜作为典型建筑遗产型聚落保护，但此类聚落具有较高的居住环境品质，选址布局上符合传统意义上的地理文脉及环境理念。

（二）重点保护的价值要素

1. 优美的生态环境

优越的地理环境总是人们居住的理想选择，在当下漫天雾霾、遍地尘沙的生存环境中，吉林传统聚落具有得天独厚的自然资源优势，蓝天白云、河流小溪、葱郁森林都是人们心之向往的宜居地。

2. 内涵丰富的布局特征

吉林传统聚落体现了中国传统的人居环境观，聚落选址和布局思想实际上就是一种选择和利用自然环境构筑理想人居环境的理论。因此吉林传统聚落布局特征的学术探讨能为我国当下乡村建设的不足提供参考。

3. 和谐的聚落氛围

我国大量乡村居民点的拆除与合并，打破了原本聚落生活的传统格局，和谐的聚落生活氛围濒临瓦解，具体表现在农村人口住户相互之间出现交集断裂现象，导致居民对家乡情感归属感知缺失，乡村人口外流严重，乡村不断衰败。

（三）保护方法

该类聚落的保护需要重点保护其自然生态环境，首先应对其聚落空间要素进行科学整治，完善基础设施，制定完善的环境监督与管理制度；其次要控制引导聚落构成要素的更新，制定相应的引导策略及实施细则，提高可操作性。

（四）发展方向

紧跟党的十九大"乡村振兴"计划，生态宜居型传统聚落更是"乡村振兴"计划得以实施的基础。生态宜居型传统聚落在原有资源禀赋基础上融入了现代化基础设施，在既延续传统聚落传统风貌基础上又能给予现代人一种精神寄居空间。因此，应将此类聚落打造为人们居住的第二家园，作为文学、文创企业的创作生产基地，以及创意性休闲度假村等。

五、综合型传统聚落

（一）综合型聚落价值要素遗存特点

此类聚落因在多个层面上具有较好的得分而划分为综合型聚落，突出特点是因其发展阶段与保护策略实施的成效而呈现出不同的发展状态与发展阶段。

（二）重点保护的价值要素

综合型聚落的价值要素存在于多个维度，因此需要重点保护的价值要素主要涵盖上述提及的建筑、文化、传统生产生活延续及人居价值要素。

（三）保护方法

综合型聚落主要是依据聚落本身的发展阶段与发展现状，在已有研究的基础上，遵循聚落已有的保护规划，对其环境进行整治、聚落整体生态环境的保护，以及"新村"与"古村"关系的协调，在此基础上要完善聚落的产业发展指引，制定符合本地特色的产业引导细则，融入新业态，提升聚落综合品质。

（四）发展方向

综合型聚落因拥有多维度价值要素，组合方式多样，因此具体聚落的保护发展方向应立足自身资源优势，整合区域资源，打造极具品牌特色的传统聚落保护发展模式。如打造生态体验游、整合区域资源打造户外互动游、旅游度假游等发展模式（表6-2-1）。

不同价值类型传统聚落的特征与保护策略　　　　表6-2-1

类型		价值要素特征	重点保护内容	发展方向
单一型聚落	建筑遗产型	建筑遗存较多，风貌延续较好，存在典型性建筑类型，在其他维度价值相对较低	典型性文物古迹（建筑群、建筑单体、宗祠、传统街巷等）	打造建筑博物馆、学术科研基地、摄影基地等
	民俗文化型	民俗文化保存相对完整、历史事件及名人事迹真实、历史文化载体保存完整、附带大量历史文化信息等，在其他维度价值相对较低	风貌受到一定变更与破坏等，历史文化载体遗存（牌坊、影壁、大门、地窖、古井等），以及传统民俗文化（传统习俗、传统技艺等）	引导文化体验式旅游、发展文化纪念品手工产业、开设纪念教育、学术研讨基地等
	特色产业型	特色产业作为聚落主体，建筑遗存损坏严重，民俗文化延续性较低、聚落基础设施完善程度不高、整体传统风貌延续性较低等	地域性传统产业（水稻、玉米、大豆、松茸、木耳等），传统产业生产方式（产品制作流程、工艺等），传统制作工具（制作粉条、豆腐等的传统工具）	打造农创基地，实现共享茶园、共享农庄等保护发展模式，作为传统产业示范基地、适当开展产传统业体验式旅游观光，作为某些主要产品的供需基地
	生态宜居型	自然环境优越，人居环境质量较高。建筑遗产规模较小或风貌改变较大，整体传统风貌以基本丧失，民俗文化延续性较低，大多数居民的生活方式趋于城市化，从业方式也发生巨大的转变	聚落周边生态环境、聚落整体布局特征、营建方式、理念，和谐的聚落氛围	作为都市型聚落、作为文创企业的创作生产基地，打造生态依据的文创型休闲度假区

续表

类型		价值要素特征	重点保护内容	发展方向
综合型聚落	保护型聚落	此类聚落在各维度价值要素中都具有较高得分，且拥有重点建筑、文化载体等遗存，民俗文化延续性较好，聚落整体基础设施配置较高，多数类似聚落保护发展程度较好	各维度价值要素需要对其重点实施原真性保护、维修，主要涉及建筑、街巷、文化载体、民俗文化延续、基础设施提升等方面，严格按照各级保护规定实施分区分级保护	围绕聚落所拥有的众多价值要素，提升聚落综合品质，完善基础服务设施，培育历史文化景观、自然生态景观、农家生活体验为一体的各类业态
	整治型聚落	聚落具有突出的多维度价值，但建筑遗存或其他维度价值存续一般，如建筑未能进入各级保护名录，历史文化价值不高，但能够一定程度上对其进行功能置换利用等	在符合《吉林省改善农村人居环境规划（2015-2020）》等法定规范基础上重点保护能够进行功能置换的历史建筑、文化载体等遗存要素；完善聚落基础设施建设，加强居民生活生产质量的提升，优化调整部分特殊人群的生活居住需求	在加强聚落环境治理与风貌整治基础上，提升聚落综合品质，改善和完善生产生活服务设施及基础设施，打造集体验、观光等多种功能为一体的休闲度假旅游等业态，还可重点作为更新新聚落的移民点作为中心聚落点
	更新型聚落	该类聚落价值要素遗存较少，单维价值与综合价值均较弱	这一级别聚落应重点保护延续其原本的旧村格局，在居村格局基础上进行更新、整治；注重保护周边生态环境，维持聚落与自然的和谐统一	优化聚落的用地格局，强化聚落的重要节点功能，改造和完善基础设施建设，结合现代农业、观光农业及旅游设施，建设发展新业态，不断寻求发展新路径

第三节　吉林省传统聚落保护与发展案例分析

一、民俗文化型传统聚落的保护与发展——长财村

（一）长财村现状

长财村是我国目前少有的具有百年以上历史的传统朝鲜族村落，其物质文化印记着朝鲜族人民迁居至此所创造的文化精髓，村内的物质文化遗产和非物质文化遗产都具有一定的研究价值和研究意义，同时其也是我国朝鲜族人民创造的宝贵财富。根据实地调研，如今的长财村已无当年鼎盛时期的辉煌，村庄正逐渐衰退面临灭亡。以下分为几点概括长财村目前所处现状：

1. 道路现状

经实地走访以及调研照片显示如今长财村村内道路全都为土路，主路的道路宽度约8米左右，可容纳两辆车同时通行，而宅前路和入户路只约3米左右，并不是很宽。由于入村的主路和村庄东侧被称为"新村"，区域中的道路来往人数及通行车辆数较上、中、下三村区域多，所以土路路面与西侧老村相比较为平坦，车辙也不是很深，晴天"新村"区域居住的村民出行还算方便，而阴雨天泥泞的道路还是给村民的出行带来不小的麻烦。而村庄西侧的"老村"由于土路年代的久远再加上原始村民的大量流失无人维修导致该区域道路狼狈不堪，道路几乎被杂草铺满，部分区域车辙的深度已达到没脚的高度，雨雪天车辙中的积水和泥严重影响了农机械的通行。"老村"北侧靠近后山山脚区域的道路的破坏程度尤为严重，由于该区域其余民居已坍塌，只剩一位老者在此居住，民居间已无明显的道路痕迹，两侧的玉米地夹着约3米宽的泥路，年轻人在此路况下行走需要十分注意，每一步都有歪伤的危险，可想象道路状况给这位老人的出行带来多大不便。村内目前的道路状况已无法满足村民的日常生活需求，在人行、车行、停车等方面给

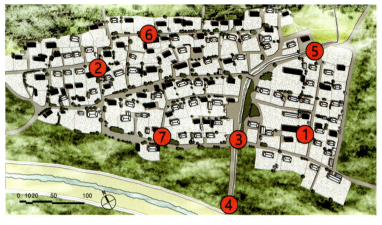

①宅前石子路

②宅前土路

③村庄水泥桥

⑥宅前泥土路
⑤水渠旁的泥路
④通往前山的断桥

⑦宅前泥土路

图6-3-1 长财村道路现状

仍居住在村内的村民带来了很大的困扰（图6-3-1）。

2. 民居现状

现在长财村村内的民居构成与其鼎盛时期的民居构成相比有很大的不同，村内民居的数量也减少了很多，现将村内民居分为四类作现状概述：

1）坍塌民居

长财村东侧"新村"民居的坍塌数量不是很多，坍塌民居多数在西侧的"老村"中。民居的坍塌分为两种，一种由于年久失修，木制的房屋主体结构受自然灾害的严重破坏导致民居整体坍塌，由于草屋顶的抗风及防雨能力差，雨水对民居木结构的严重腐蚀使整体坍塌的民居中草屋顶民居的数量占多数，现只有民居的屋顶仍在民居原址上遗留。另一种坍塌民居属于屋顶部分塌陷或屋顶整体脱落，但民居的墙体屋身仍有残余，这类坍塌民居多数为年久的瓦屋顶民居，坍塌原因一方面是由于瓦屋顶出现时间较草屋顶晚，瓦屋顶民居的废弃年限没有草屋顶民居的废弃年限长，致使其破坏程度没有草屋顶民居严重，另一方面原因是瓦屋顶较草屋顶抗自然灾害能力强，有效减少了雨水对房屋主体结构的破坏（图6-3-2）。

2）废弃民居

废弃民居是村内仍保存完整但无人居住的民居，该类民居出现的原因多为村民的迁居或民居主人的离世，这类民居中瓦屋顶民居占多数且保留较完整，其表现出朝鲜族传统民居特征十分显著。此类民居由于长期无人

（a）外观1

（b）外观2

图6-3-2　坍塌民居

维护，屋顶已长满杂草，部分民居屋身已轻微倾斜，居住在此类民居旁的部分村民已将该类民居作为自家仓库使用，在民居内储存一些废弃的家具或粮食，院落一般作为耕地或农机械的存放地（图6-3-3）。

3）修缮民居

修缮民居是指村民运用现代材料对原有传统民居做结构加固及构件修复且仍在使用的民居。由于建筑材料的更新及民居传统材料的腐蚀，部分经济状况差的村民选择用维护维修的手段延长原有民居的使用年限，在传统民居草屋顶和瓦屋顶上重新覆盖了钢板或石棉瓦，屋身用水泥重新涂抹，部分民居的门窗也换成防盗门和塑钢窗。由于村民的经济收入渠道局限，收入状况较差，多数村民选择低成本的修护作为延长传统民居寿命的主要方式（图6-3-4）。

4）新建民居

新建民居是指近些年村内出现的与传统民居材料、外观完全不同的新型民居。由于村民外出打工的儿女们经济收入逐年提高，部分村民选择废弃使用年限较长的传统民居，并采用现代材料重新修建新民居，提高生活质量。新民居的选址形式分两种，一种是先将老民居拆除，然后在老民居原有位置上建造新民居，另一种是在距老民居一定距离的位置建造新民居，不拆除老民居的村民将其作为仓房使用，拆除老民居的则将该地块作为耕地使用。新民居的建造完全打破了传统民居样式，砖混结构的屋身以及彩钢的屋顶逐渐取代了朝鲜族民居的传统材料，虽提高了村民的生活质量，但对朝鲜族传统民居文化的消失是无法修复的（图6-3-5）。

（a）外观

（a）外观1

（b）室内

图6-3-3　废弃民居

（b）外观2

图6-3-4　修缮建筑

(a) 外观1

(b) 外观2

图6-3-5 新建民居

图6-3-6　长财村周边环境现状

3. 人口现状

现在长财村村民户数仅剩约55户，常住人口约为80人左右，与20世纪七八十年代的长财村户数相比减少了一大半，人口数减少了近2/3。长财村东侧"新村"区域居住的村民比较多，约占全村总户数2/3，而西侧"老村"居住户数已不足20户。如今长财村村民已经不止由朝鲜族村民组成，21世纪初期不少汉族人由其他村庄迁居至此生活，目前村内汉族户数已达15户左右。长财村村民年龄分布趋于老龄化，村民几乎由中老年居住者组成，调研走访期间已看不见青少年在村内玩耍嬉戏，据村支书介绍，由于村周边无系统的教育机构，为解决读书问题，一部分村民的儿女们带领自己的孩子迁居龙井、延吉等周边大城市，逢年过节偶尔回村与老人团聚，另一部分由于长者离世，子女们干脆放弃家乡的土地外出务工，移居他地，这两点原因致使村内长时间无青少年身影，村民数量仍在逐年减少。

4. 经济发展现状

长财村整体的经济收入方式仍以第一产业为主，经济发展相对落后，年农作物产量的70%供村民自行食用。村内朝鲜族村民和汉族村民的经济收入方式有所不同，朝鲜族村民的总收入主要由政府发放的低保金和租赁土地的租金组成，经济收入较高的村民儿女每年给老人的经济补贴占村民总收入的一小部分，而朝鲜族老人们耕种的农作物仅供家人自行食用。汉族村民的收入方式与朝鲜族村民的收入方式有所不同，除政府发放的低保金之外更主要的是靠租借朝鲜族村民的土地耕种、买卖农作物获取资金收入。智新镇政府以及龙井市政府开始逐年重视对长财村村内基础设施的投资建设，已开始逐步对村内溪堤岸、入村广场和村内道路进行维护修缮。

5. 周边环境现状

长财村周边环境风景宜人，背山面水的地势形态造福了世世代代的长财村村民。如今六道河的中间水位已不足30厘米，河水宽约5米左右，河上唯一通向前山的铁桥在2016年夏季折断。长财村夏季的前山仍被茂密的树丛覆盖，冬季雪白的山顶犹如神仙之境，甚是壮观。由于村内的耕地有限，村民将村庄后山的缓坡地带也种上了农作物，夏季后山的农作物与天然绿植形成自然景观，供村民观赏的同时也为村民提供了天然氧吧，冬季的后山同前山一样被白雪覆盖犹如仙境，与后山连接的禅岩仍伫立在村庄的西北侧。近些年长财村村口的龙北公路维护建设得比较平坦，龙北公路已成为长财村村民出入村庄的必经之路，同时该公路也是龙井市通向智新镇和三合镇的唯一公路（图6-3-6）。

（二）旅游态势分析

1. 长财村民俗旅游开发的优势

悠久的朝鲜族历史文化、民族文化：长财村是我国现存不多的由朝鲜族人民开发建设的传统朝鲜族村落，至今已超过100年的历史。如今村内朝鲜族村民仍占村内总人口的60%以上，朝鲜族村民一直继承着先人流传下来的传统朝鲜族民俗文化及生活习性，并且仍具有明显特征。村内的部分民居仍保留着朝鲜族传统民居的立面形式及平面功能，对长财村民俗旅游的开发能让旅游者身临其境地感受及体验在朝鲜族传统文化影响下居住文化特征，品尝朝鲜族传统美食，从而达到丰富、完善国内朝鲜族民俗旅游市场的目的。

优越的区域优势：从宏观上讲，长财村所处地理位置距龙井市仅14千米，距延边州首府延吉市车程也不到一个小时，优越的位置优势使旅游者能更近、更便捷地直观体验朝鲜族的传统民俗文化。受"十二五"计划的影响，2015年10月长春—延吉—珲春的高速铁路正式运营通车，这说明吉林省正逐年重视对延边州的旅游开发，鼓励旅游爱好者前去体验朝鲜族传统民俗文化特征。从微观上看，长财村所处地域位置背山面水，村周边的自然气候毋庸置疑，保证旅游爱好者们享受朝鲜族乡村民俗的同时使其更亲临自然，提升享受自然的兴致。

2. 长财村民俗旅游开发的劣势

对朝鲜族传统民俗文化保护的不重视：近20年长财村无论是民居还是传统民俗受破坏程度逐年提升，主要原因包括两方面：一方面是村民的流失数量十分严重，村民对传统民俗文化的保护意识薄弱，近些年由于原住村民的迁居，村内出现大量被遗弃的民居和土地，部分留守村民顾己之利将传统民居重新维修做仓库使用，更有甚者为增扩农作物耕种面积，把传统民居拆除并将宅地变耕地使用，以上原因致使村内的物质文化遗产没有得到良好的传承。另一方面，村内汉族人的迁入使汉族文化与朝鲜族文化逐年交融，近些年开始出现朝鲜族传统民俗、礼节、服饰、饮食被汉文化同化的现象，再加上朝鲜族村民对本民族文化保护的忽视，使祖先流传下来的传统朝鲜族非物质文化遗产遭受严重的破坏。

对传统村落保护力度不足：一方面，乡政府对朝鲜族传统村落维护建设不够重视，乡镇政府并没有出台相关政策对传统村落进行维护翻修，长财村周边的配套设施如教育设施、购物娱乐设施等基础设施建设并不完善，这些原因致使大量村民为了提高生活质量及子女的教育水平而外出务工或移居城市。另一方面，乡镇政府对保护传统民俗的宣传力度不够，导致村民随意拆除传统民居，建造新式民居打破村内传统民居的规划结构等。乡镇政府及村民对传统村落的重视程度不够，使朝鲜族传统文化正在走向灭亡。

村民的旅游开发意识有待提高：大部分村民的文化教育程度和综合素质不太高，不能正确理解民俗旅游开发对长财村今后发展的重要意义，少数村民会因个人利益阻碍长财村民俗旅游的发展，破坏旅游市场的平衡稳定。

3. 长财村民俗旅游开发面临的机遇

首先，对于被当今社会忽视的传统村落来说，旅游产业的介入能有效地带动长财村及周边村镇的经济发展，为村民提供多元化的就业岗位，创造更多的再就业机会，使村庄重新恢复生机盎然的繁荣景象，从而达到良好继承朝鲜族传统民俗的目的。

其次，朝鲜族传统村落及传统民俗与旅游产业的有机结合，丰富文化旅游市场活动的同时能有效带动龙井地区旅游产业的进一步发展，使朝鲜族民俗旅游成为该地区最具特色的旅游活动之一，从而吸引海内外各地游客。

再次，由于我国旅游市场日益蓬勃发展壮大，全国人民物质经济文化生活水平的逐年提升，旅游已成为人民的必然需求，旅游消费已成为中国公民休闲、娱乐的一种主流。长财村及旅游产业日后发展的先决条件和国内稳定的旅游经济环境都为发展长财朝鲜族民俗村提供了良好的机遇。

4. 长财村民俗旅游开发面临的威胁

首先，区域民俗旅游竞争日益激烈，东北地区各省市积极采取相应措施来提高朝鲜族民俗旅游的发展，以增加当地人民的就业机会，促进当地餐饮、住宿、通行、购物、娱乐等相关产业的发展。如今已有如红旗村、金达莱民俗村等形成一定规模的朝鲜族民俗旅游村庄，使朝鲜族民俗旅游在各区域之间的竞争愈演愈烈，创建怎样的民俗旅游村庄能更吸引游客已成为长财村民俗旅游开发过程中所面临的问题之一。

其次，在长财村民俗旅游开发过程中如何使民族传统文化不被破坏，有序传承成为另一重大威胁。大量村民的迁居及逝世使了解村庄文化及历史的人越来越少，设计者如何了解、复建村庄文化成为一大难题，再加上汉族村民及其他民族游客带来的异族异文化对朝鲜族传统文化的影响，易使朝鲜族文化与其他民族文化之间交融、变异。

（三）长财村保护与更新的基本原则

1. 保护与更新相辅相成的基本原则

旅游资源需要经过人类有意识的开发，"进的来，出的去，散的开"是旅游资源至少应具备的开发原则，并且其应具备同现状及环境相协调的更新基础，才能更好地被旅游产业所利用。

目前长财村现状及周边生态环境对民俗旅游产业开发来说不占优势，旅游者与村民及旅游者与村庄周边环境还达不到和谐共存的发展原则，因此对长财村民俗旅游的开发应注意生态环境及传统民俗的保护。在长财村民俗旅游开发进程中应全面增强投资者、管理者、旅游者的生态环境及传统民俗保护意识，在长财村更新改建过程中，应将对传统民俗的保护工作放在首要地位，确保保护措施的有效实施。通过宣传传统民俗旅游资源的保护意识，保护的结果会提高传统民俗旅游资源质量，增大对旅游爱好者的吸引，提高长财村民俗旅游资源效益的同时，有效促进龙井乃至延边州地区民俗旅游的可持续发展。

2. 非物质文化遗产优先保护原则

非物质文化遗产是指各族人民世代相传并视为其文化遗产组成部分的各种传统文化表现形式，还包括与传统文化表现形式相关的实物和场所。其内容主要有：传统口头文学以及作为其载体的语言；传统美术、书法、音乐、舞蹈、戏剧、曲艺和杂技；传统技艺、医药和历法；传统礼仪、节庆等民俗；传统体育和游艺；其他非物质文化遗产。非物质文化遗产的脆弱性使其一经破坏将不能复原，非物质文化遗产同样具有产生、成长、延续、消亡的动态过程，不应以任何理由破坏非物质文化遗产传承途径，应寻找更有效的措施使具有民族特色的非物质文化遗产传承下去。

3. 民族独特性原则

地域民族的不同导致各地区旅游资源之间具有很大差异性，从而形成各具特色的旅游资源环境。独特性原则要求在旅游开发过程中应全力保护好具有区域或民族独特的旅游资源特色，且应在保证传统民俗不被破坏的前提下继续挖掘该地域民族特有的旅游元素，尽可能全面展现民俗旅游资源独特的一面。

独特性原则强调在长财村朝鲜族民俗旅游资源开发进程中应以突出本民族特色及民俗文化为主，包括朝鲜族的民居风格、文化情趣、民风民俗等。应大力宣传长财村特有的物质文化及非物质文化特色，使其具有鲜明的民族个性及浓郁的吸引力。

4. 乡土性和古朴性原则

民俗文化旅游中的文化是旅游的灵魂，旅游与文化的有机结合，将使民俗旅游开发比仅以经济盈利为目的的旅游开发更深刻、更全面。朝鲜族传统村落具有乡土性、淳朴性及自然性。若开发时将其变为庸俗化、商业化，不顾传统村庄的拙朴化，照搬、照抄"现代式"旅游形式，破坏原有建筑形式，去建造过多的星级酒店、歌舞厅、KTV等，这必将导致传统村落丧失其应有特色，最终夭折。对民俗文化旅游的开发应具有针对性，归纳总结朝鲜族传统民俗文化特征并合理利用，这将成为朝鲜族民俗旅游的核心。

5. 整体更新原则

长财村朝鲜族民俗旅游资源形式多样、丰富多彩，其又是延边朝鲜族自治州区域旅游线路的一个组成部分，应把长财村民俗旅游资源的开发利用纳入延边朝鲜族自治州旅游开发系统工程中去，从区域旅游的角度出发，进行统筹安排、全面规划，形成统一的区域旅游线路，促进延边朝鲜族自治州的整体发展。

（四）长财村在民俗旅游开发中的保护措施

1. 保护范围及对象

长财村保护的范围包括上、中、下村及新村四块居住用地，还包括随村落发展的后山、六道河等周边自然景观用地。面积约15公顷，对村内居住区的保护是保护对象中的重点。长财村是吉林省地区由朝鲜族人民开发建设的典型传统村落之一，具有很高的传统文化研究价值，如今由于村庄受损程度严重，保护村庄的形势岌岌可危，针对长财村的具体保护对象及要求概括如下：

1）保护对象

包括聚落形态、民居院落、传统民居平面和立面形式在内的物质文化遗产对象，以及语言、服饰、饮食、民族歌曲等非物质文化遗产对象。

2）保护要求

（1）保护传统民居建筑特色及村庄原始风貌。

（2）在民俗旅游开发过程中除服务于民俗旅游的基础设施和公共设施外，不得在保护范围内进行任何的新、扩建。

（3）应延续长财村原有街巷空间格局，顺应原始地形地貌，保护六道河生态滨水岸线，继承民居延街巷自由穿插的布局模式。

（4）村落内朝鲜族传统民居不得随意拆除，应以保护、修缮为主，在修缮过程中不得擅自修改包括高度、体量、色彩、材质在内的一切能体现朝鲜族传统民居的建筑元素。

（5）修复现有街巷、宅前路，保持原有尺度，地面铺装应保持村落原始色调。

2. 长财村整体风貌及周边自然环境的保护措施

1）针对保护范围内所有保护对象制定实施要求，严格控制村民私自建设的无序蔓延，对重点保护对象进行破坏因素分析，并拟定详细的修缮步骤及程序。

2）保护村落街巷、宅前路、排水渠等村落构成要素时，不得随意修改其原始位置、尺度、周边环境等。在治理六道河滨水岸线时，应对原有铁桥进行维修加固，保护原有驳岸、建筑小品等历史环境要素，必要时可用同风格、同尺度的建筑材料替换断桥等破损构件，但必须维持其原有的自然风貌，如因民俗村规划要求，需新建驳岸及建筑小品等，应尽可能采用原始材料及传统营造工艺，保证新建建筑构件与传统建筑在风格上搭配呼应。

3）传统公共空间的保护：村落中公共空间的保护涉及两个方面，即形态、功能。应延续村内原有公共空间位置，控制原有公共空间尺度的基础上对其进行地面铺装、娱乐设施等方面修建，必要时可适当扩大公共空间数量，但需遵循分散的、小规模且多元化等开放公共空间设置要求，景观小品的设计风格、材质、色调等方面应顺应村落的传统历史文化，符合朝鲜族传统文化特征，从而保证与村落风格相统一。

4）对村庄周边自然环境的保护：以顺应自然为理念，退耕还林为具体措施，保证前山和后山天然植物的自然生长，对六道河流域进行有序整治，维护河水堤岸，将近水区域设置为亲水活动场地并实施河水水位增长措施，在堤岸上适当设置供村民、游客休闲娱乐的运动器械场地，改善六道河河畔景观的同时保持一个良好平衡的自然生态环境。

3. 长财村朝鲜族传统民居的保护措施

对长财村传统民居的保护可采取以下五种模式：

1）保护建筑

规划保护范围内且在改革开放前建造的所有建筑，包括民居、仓房、牛舍等，尤其对传统民居的保护应依据文物保护法进行严格保护。

2）重建建筑

规划保护范围内，以已坍塌建筑为对象，平整坍塌民居的院落范围，整理总结坍塌建筑结构及材料，运用原材料对其进行原比例还原，从而使长财村恢复原始风貌。

3）维护建筑

规划保护范围内，除坍塌建筑外所有破损的传统建筑，如屋顶塌陷、屋身漏损、结构扭曲等建筑，应使长财村朝鲜族传统民居样式与物质文化遗产保护相关条例两者相结合，确保在民居维护修缮过程中完成朝鲜族传统民居样式还原的目的。

4）改善建筑

规划保护范围内，针对未保持朝鲜族传统建筑风貌的改建及新建民居进行整合，在保证满足现代村民使用功能的基础上对其进行传统建筑样式还原，在民居材料应用及细部构件处理等方面应着重注意，新材料及构件不应与朝鲜族传统民居样式起任何冲突，必要时可适当对建筑内部进行装饰和改良，从而满足现代化的村民生活需求。

5）保留建筑

经建筑质量评定为"好"的，且不属于重建、维护、改善建筑三类中的，同时与规划保护范围内传统民居风貌相协调的建筑，即为保留建筑。在遵循朝鲜族传统民居原始风貌的基础上可适当对其进行屋顶、立面色彩以及室内装修材料的翻新维护，从而延续传统民居的使用年限，使其有序传承。

4. 长财村村民原真生活基调的保护

长财村在百余年的发展历程中，村民逐渐适应了该地域的基础自然环境，形成了本村村民自己的生活习性及生活基调，村落建成后的头60年表现得特别明显。以下分四方面简要概述长财村村民的基础生活习性：

1）日常活动

在长财村发展的鼎盛时期，村民的日常活动十分丰富，平时主要依靠邻里之间的闲聊打发时间，傍晚时分村民时而在广场中自行组织观看电影、电视剧等，每逢传统佳节邻里间会聚集在一起共同玩耍嬉戏，跳舞、荡秋千等传统活动给村民带来无尽的欢乐。

2）农耕劳作

在长财村发展早期，村民均用牲畜耕种作为农产品交易的土地，六道河以南的平原以及后山的缓坡带均为村民耕种土地范围，主要由家庭中的男性承担大面积的耕种，而供自家食用的农产品耕种均在自家的前院和后院完成，这部分的劳作主要由家庭中的女性承担。除了耕种外女性还承担家禽的饲养、衣物的清洗和缝补等家务，劳作分配比较合理。随着时间的推移及科技发展，村民逐渐开始使用农用机械耕种大面积的土地，而供自己食用的农产品仍在自家院落完成，增大了土地耕种面积的同时减轻了村民的劳作时间。

3）饮食

鼎盛时期的长财村村民的饮食素材均由村民自行耕种，虽种类单一但都为无公害绿色食品，村民平时使用的传统佳肴均出自女性村民之手，日常村民饮用的酒也均为村民自己酿制。

4）服饰

据村民介绍，长财村发展初期，村民无论在劳作时还是休闲时均穿着朝鲜族传统服饰，而随着时间的推迟及当时历史事件的影响，在长财村发展的鼎盛时期朝鲜族传统服饰只出现在庆祝佳节以及村民寿宴上,日常生活已看不见着传统服饰的村民。

如今村内无论是日常活动、耕种方式、饮食还是服饰早已不是当年村民生活的景象,村民的日常活动被局限在电视机上,村内朝鲜族村民已不再耕种大面积土地,饮食使用的素材也逐渐被"买"的方式取代,同样传统服饰已从村民的生活中消失。这些现象已成为朝鲜族传统村落长财村保护历程中最艰难的阻碍,同时也说明保护村民原真生活对长财村的朝鲜族民俗旅游开发显得尤为重要。

5. 长财村新建建筑形式及建筑高度的控制

在长财民俗村旅游开发更新进程中,避免不了对村内的基础设施及公共设施进行改建、新建,新建建筑应顺应村内原传统建筑的建筑风貌,继续应用传统建筑的建筑材料、体量、色彩搭配,保证不在新建建筑上对传统建筑样式进行篡改,达到继承、延续、统一长财村传统民居形式的目的。但在新建建筑中应结合现代建筑结构,适当改善村内民居结构形式,从而提高传统民居的使用年限。长财村传统民居均为单层,但如今已出现两层散点建筑分布在村庄内部,对村庄传统的整体风貌造成了极大的破坏和影响。因此在此次保护更新中,应严格控制新建设施的建筑高度,并对现状不符合传统村落整体风貌的建筑进行降层、降高的更新改造。对重建、修缮、改善的传统民居应延续其原有建筑高度,控制屋顶及屋身比例,为村庄还原提供先决条件。

(五)长财村在民俗旅游开发中的更新规划实践

1. 在民俗旅游开发中的整体规划意向

长财村属自然形成村落,村内人口的大量流失是村落缓慢发展、衰落最重要的原因。目前村庄无整体规划,民居的布置形式相当自由,打破了人为规划设定的城镇空间形态的呆板与教条,取而代之,长财村空间形态更具有唯一性和独特性,这种特质赋予其发展民俗旅游的潜力和优越性,将深受人们的广泛关注,使其成为朝鲜族民俗文化关注度最高的旅游胜地。

1)功能分区规划意向

在整合功能分区时,根据需求来设定地块功能种类、规模、界限等要素,人们通常从经济效益的角度出发选取了地块满铺的方案,而以长远发展角度来看,用地规划一定要具有针对性、方向性,不能"摊大饼"式,且要为村落发展预留用地,为村落民俗旅游开发提供上升空间。此外还应协调旅游区域与原有农业用地之间的关系,保证村民自食农作物耕地面积充足的基础上,可考虑用地功能转型,将私有化耕地转化为公共经营用地,比如果园,抑或将其转化为可供民俗旅游的文娱、展览性质用地等。在村庄入口附近适当留出停车场用地,避免车辆在村内穿行,从而保证村民及游客的人身安全。民俗村展览馆位置的设置也十分重要,应充分利用废弃民居做展览馆空间使用,必要时可选择坍塌建筑所保留的宅地,利用废弃宅地地块增建展览馆,从而达到增加展览面积的目的(图6-3-7)。

2)村落空间规划意向

长财村的空间格局是其发展民俗旅游重要优势,所以要尽可能保护村内包括公共空间、宅前空间在内的各个空间肌理,不得随意破坏道路走向,应阻止车辆在内部行驶,利用指引牌、路标等措施来改善自然形成空间的不规则可能带来的影响。通过以下措施来对村落空间进行整合与更新:①通过结构加固、塌陷填补等修缮措施对现有存留的民居进行相应的保护,延长住宅的使用年限和质量,在维持原始空间秩序的前提下,使得民居具有的使用价值和研究价值最大化。②将坍塌建筑尽可能按原位置复原,必要时可将其在宅地范围内做微小移动,不得占用原始村落道路位置,恢复民居应用功能的同时使它们彰显民族特色。③以原始村落形态为基础,

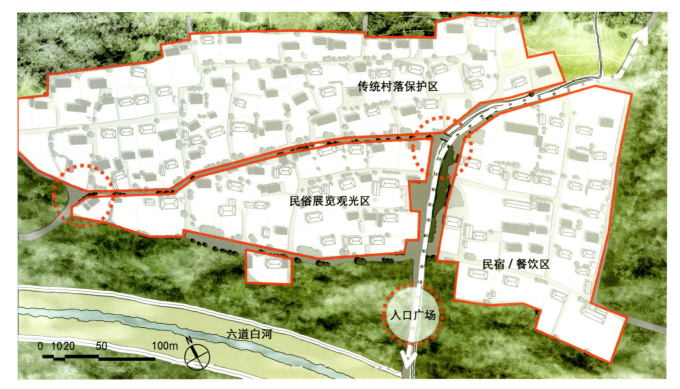

图6-3-7 长财村功能分区图

通过对空间要素与关系的整合，充分利用六道河、前山、后山等自然景观要素，从空间感受和联想多方面入手，对传统村落景观环境进行再创新。④在新增用地规划上，应遵循"先利用、后开发"原则，即原有废弃的宅地或农业用地不能满足旅游开发用地需求时，再利用未开发用地，以此限制村落的用地规模。为复原村落空间的整体脉络提供理论依据（图6-3-8）。

3）道路系统规划意向

村内道路网规划的主要目的是保证村民及游客的安全通行，村落道路则需具有可适性和广泛性，可适表示其高度、宽度等基本属性适宜人们使用，广泛则表示其覆盖面积广、涉及范围大，可以适当增加宅前小路及断路的延长和修缮。新道路的设施应与原始道路宽度相协调，不得破坏村内道路整体面貌及地形地貌。村落入口东侧停车场的设置应与西侧广场相呼应，从而达到相互协调的目的。

4）公共空间规划意向

公共空间是民俗村组织旅游活动的重要场所，许多大型民俗旅游活动的开展多在村内的公共空间进行，通过对长财村原始公共空间的整合，在村内适当增设公共空间数量，从而达到满足民俗旅游基础条件的目的。公共空间规划意向可概括如下：

（1）面域型公共空间

规划将游客接待场所设置在民俗村入口东侧的空地上，该场地将入口门楼、停车场、游客管理中心及纪念品商店有序整合在一起，从而达到游客和旅行社规范停车，纪念品、商品经营统一集中管理的目的。规划意向上该空间将承办民俗旅游活动、篝火晚会等大型活动所用的公共空间规划在长财村入口西侧的原始广场处，该场地在原始广场总面积的基础上可根据游客的预测数量适当增加场地的使用面积，并对其重新做规划设计，适当增设供村民及游客欣赏和使用的景观小品及各种娱乐设施，如有需要也可将其作为临时停车场使用。

在村落整体空间形态上来看，该类空间是重要的空间节点，起到画龙点睛之笔。从实际使用上来看，该类空间负责了集散大量人流的作用，可作为村民们平时业余生活的集会广场，也可以承接大量往来游客、举办大型民俗晚会等，是该村落空间规划上不可或缺的一部分（图6-3-9、图6-3-10）。

（2）线性公共空间

此类公共空间可沿村中主路或线性公共绿地而建，沿线性空间增设一些民俗文化展板和文化浮雕板，为游客了解村落发展史、建设史提供便捷场地，也可在浮雕及展板周围增设休闲座椅、景观垃圾桶等设施供游客休息使用，同时仍可在路旁增设代表朝鲜族传统文化的建筑小品及雕塑，丰富村内景观的同时也能成为参观游览路线向导，指引游客有序观览（图6-3-11）。

（3）点状公共空间

这类空间性质类似于现代小区的宅前绿地，位置紧邻宅前屋后的公共区域。在民俗旅游中，该空间更接近于私人生活，能促使游客与朝鲜族传统建筑文化、院落文化近距离接触，也可以适当用作雕塑、小品等展示空间，让游客们亲身体验到朝鲜族的饮食、礼仪等传统风俗。在长财村的保护与发展规划中在民宿区民居院落前的空地中可设置小型的民俗体验广场，将六道河的河水引入广场周围，使其在水潭中形成孤岛广场，并在广场及河水周围增设景观小品，从而丰富广场的民族气息（图6-3-12）。

2. 朝鲜族传统民居的维护与更新

1）传统民居改扩建

村内现存的传统民居在功能上可能无法满足游客的住宿要求，新建建筑虽能解决此问题，满足游客的住宿需求，但新建建筑在材料的应用和整体风格上会存在与原村落相互不协调的情况，所以利用坍塌建筑所遗留的宅地，根据史料及照片利用朝鲜族传统建筑元素以及现代材料与传统材料相结合的营造手法对坍塌建筑做1∶1的复建，并对院落及复原建筑的平面功能做

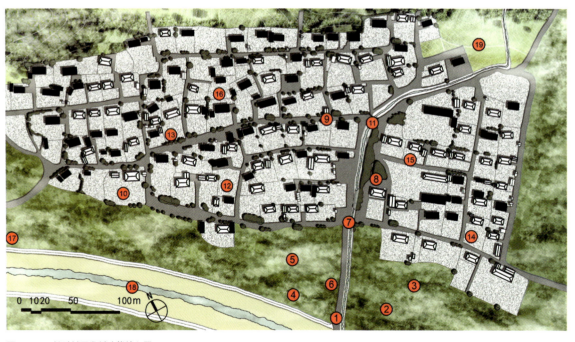

①民俗村入口
②民俗村停车场
③纪念品商店
④民俗广场入口
⑤民俗广场
⑥民俗文化展板
⑦民宿区入口
⑧金达莱广场
⑨村路景观
⑩采摘园
⑪景观桥
⑫民居展览区
⑬传统生活区
⑭民宿改造1
⑮民宿改造2
⑯风情采摘区
⑰禅岩景观区
⑱六道河景观区
⑲绿色种植区

图6-3-8　长财村开发新功能植入图

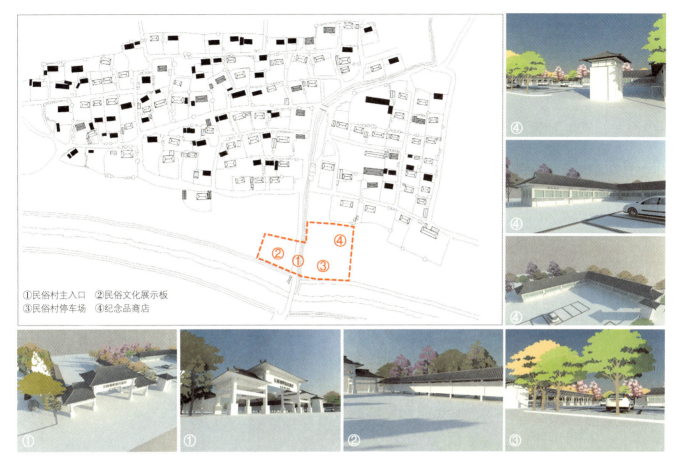

图6-3-9 民俗村正门、停车场更新示意图

图6-3-10 原始广场改造意向图

图6-3-11 线性公共空间示意图

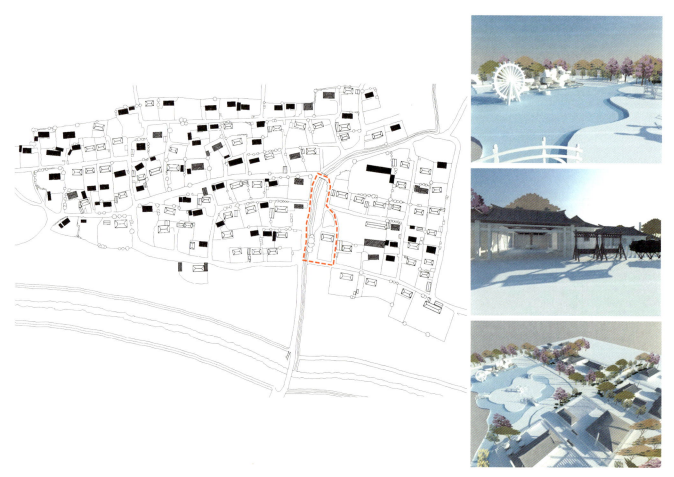

图6-3-12 点状公共空间示意图

244

重新设计，恢复长财村原始风貌的同时使复原建筑空间功能满足村民日常生活及游客基本住宿需求，从而吸引更多的海内外游客至此体验朝鲜族传统民俗文化（图6-3-13、图6-3-14）。

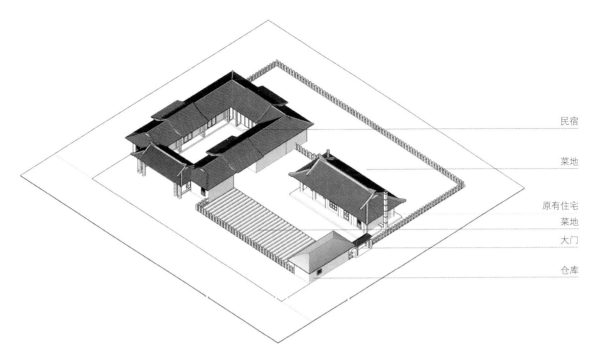

图6-3-13　民宿改造一

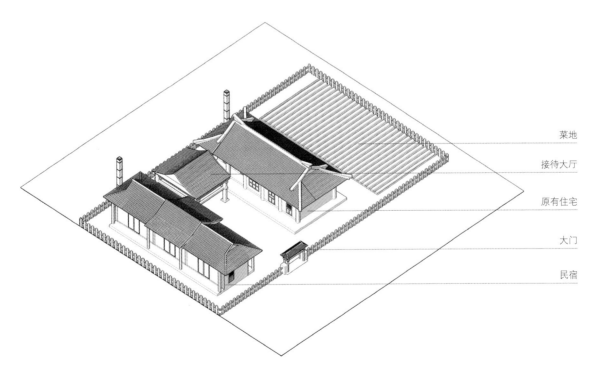

图6-3-14　民宿改造二

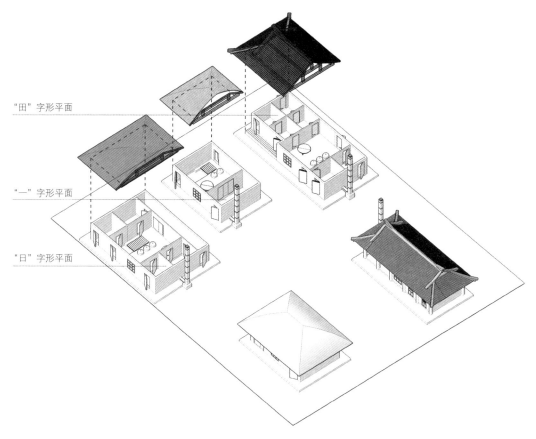

图6-3-15 空间剖视图

2)传统民居平面功能更新

保护传统民居使传统民居文化有序传承是长财民俗村改造的最终目的之一,保留朝鲜族传统民居并使其满足短期接待游客要求是民居改造的首要问题,所以对传统民居部分空间如仓储、牲畜棚等空间的整合显得尤为重要。长财村现有住宅中"一"字形平面的数量并不是很多,而"日"字形和"田"字形平面数量占全村总民居数量的70%以上,相对单进深的"一"字形平面,"日"字形和"田"字形平面面积大,闲置房间和仓储空间多,便于对民俗空间进行改造与提升。民宿改造过程中将朝鲜族传统民居平面、功能、样貌等特征与承接游客的需求相结合,使传统建筑的平面功能更加灵活,很适合长财民俗村发展使用(图6-3-15)。

3)传统民居立面维护

目前长财村保留下来的传统民居多数建于20世纪五六十年代,已有近60年的历史,也有少部分传统民居流传至今已有近80年的历史,民居的结构、台基、墙身、屋顶等构件破损程度较高,应对其进行修缮以保证来往游客的住宿安全。目前村庄的建筑风格及色彩搭配已经不统一,应采取相应措施对建筑屋顶及村落的色彩构成进行合理修缮,尽可能地恢复原始材料的应用如瓦、石材、木材等,必要时可利用现代材料与传统材料相结合的营造手法,使现代材料呈现出原始材料的染色、纹理、质感,坚决杜绝使用未经任何处理的现代材料出现在朝鲜族传统民居中。民居的色彩搭配应完全符合白墙灰瓦的朝鲜族民居样式,从而使村落更具民族特色,彰显民族文化(图6-3-16)。

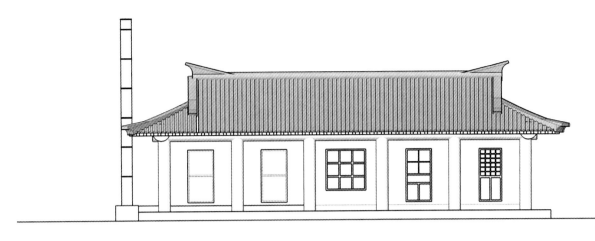

合阁式瓦屋面

四坡草屋面

图6-3-16 传统民居立面图

3. 新式咸境道型朝鲜族民居设计与传承

1）平面创新

传统咸境道型朝鲜族民居,主要分布在吉林省延边朝鲜族自治州图们江流域。长财村的民居类型大多隶属咸境道型朝鲜族民居。其特点为中间是由厨房、火炕、巴当所组成的鼎厨间,东侧布置储藏间及牛舍,西侧布置温突炕,每个房间均单独设置出入口。炕空间布局有"一"字形、"日"字形、"田"字形,其中面积最大的平面为"田"字形平面。

新式咸境道型朝鲜族民居将以传统的"一"字形、"日"字形、"田"字形平面为母题进行创新设计,分别可以设计60平方米、80平方米、120平方米的农房平面。以120平方米的新式咸境道型朝鲜族民居为例,平面形式为五开间,采用二列型平面。平面以鼎厨间中心,东侧布置卫生间、储藏间和饲养间,西侧布置卧室。卧室采用"田"字形布局,中间设有走廊,连接各个房间,避免了传统的"田"字形平面中房间的穿套与相互干扰。同时在出入方式上,新式农房将传统平面各个房间的独立出入口集约设置在鼎厨间一侧,原有的纸糊木门窗用保温玻璃门窗替代,提高了围护结构的节能效应(图6-3-17)。

此外,新式农房在传统平面抹楼(进深约80~100厘米的退廊)空间的基础上,加设断桥铝框双玻折叠门,形成多功能阳台空间。该空间根据季节及气候情况可自由开闭,春、夏、秋季开启,为使用者提供休息、晾衣、晾晒农作物、室外家庭作业等功能;冬季封闭形成"阳光房",加强南向主要房间的保温效应,平台内部可种植花卉、晾衣等。

图6-3-17　新式咸境道型朝鲜族民居

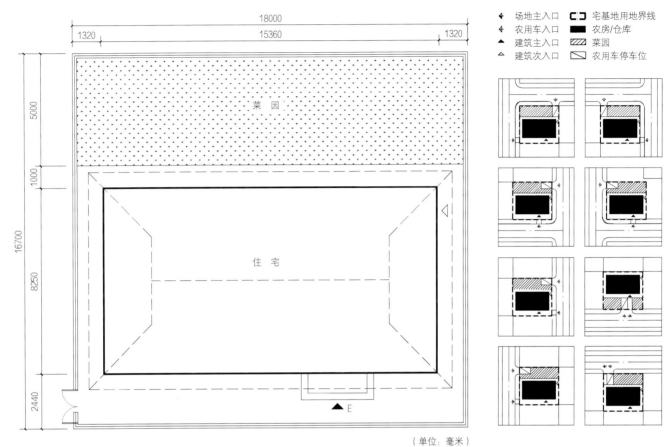

图6-3-18 新式咸境道型朝鲜族民居院落规划

2）立面传承

新式农房立面采用传统咸境道型朝鲜族民居的立面形态。屋顶采用合阁式屋顶（歇山式）或四坡屋面，烟囱根据平面功能及烟道的排布设置在住宅两侧，采用独立式立地烟囱，其材料采用木板或陶板进行瓶贴。此外，建筑色彩上外墙采用白色，屋面采用青灰色传统泥瓦，与村内保留的传统民居相融合。

3）院落布局

新式农房院落采用前后院布局方式，前院设置庭院和菜地，住宅两侧或后面设置车库和农机仓库。用地出入口设置两处，一个是主要人流出入口，设在前院，另一个是农用车或家用车入口，设在室外仓库一侧（图6-3-18）。

4）节能措施

新式农房在咸境道型传统民居的基础上进行了节能创新。将室外厕所进行室内化，且考虑气味对室内环境的影响，将厕所布置在靠外墙一侧，设置窗户，在没有设置下水道的村落，可在建筑外墙一侧埋设集粪坑，屎尿分离，采用定期抽排的方式；屋顶设置太阳能热水器，提高建筑的绿色环保性能；外墙采用WF保温岩泥承重墙（表6-3-1）。WF保温岩泥复合墙体具体构造做法如下：从内到外依次为内抹保温岩泥

WF保温岩泥复合墙体构造及主体传热系数 表6-3-1

外墙构造简图	构造做法	容重 kg/m³	厚度 mm	导热系数 W/(m·K)	修正系数 Q	热阻 (m²·K)/W	主体传热系数 W/(m²·K)
煤矸石多孔砖（承重型）	1. 内抹WFM保温岩泥	350	25～50	0.053	1.0	0.472	—
	2. 煤矸石多孔砖（承重型）	1400	240	0.50	1.0	0.480	0.633～0.397
			370	0.50	1.0	0.740	0.544～0.350
	3. 外抹WFM保温岩泥	350	25～50	0.053	1.0	0.943	—
	4. 一布二浆	—	5	0.93	1.0	0.005	—

（WFM）25～50毫米、煤矸石多孔砖（承重型）基层墙体240～370毫米、外抹保温岩泥（WFM）25～50毫米、一布二浆，其主体传热系数为0.350～0.633W/(m²·K)。

4. 基础设施的完善

1）基础道路设施的完善

长财朝鲜族民俗村改造过程中应将村内现有土路进行整合，在不破坏原有道路位置及形状的前提下对道路进行平整，并利用石材、青砖对其进行人行道路铺设，不做车行使用。在铺设材料选择上应与民居院落中的铺装相结合，并注意院落与道路桥接处的处理。铺设时应顺应村庄现有地势，不得擅自修改横纵道路交接处，平整道路的同时应以道路中间为中心向道路两侧做缓坡处理，并在道路两侧增设排水沟，从而达到完善村内雨水排放设施的目的。平整后山的缓坡区域，作为村民集中存放农用机械的场地，不得让农用机械碾压人行铺装，根据原始道路布局增设农用机械出入专用道路，有效减少铺装的破坏因素。游客及旅行社车辆集中存放在长财村主入口的东侧的游客专用停车场，不得让游客大巴、私家车辆等各类车随意进出村落内部，保证村庄内部秩序的同时减少车辆对村落内道路的破坏。

2）电力电信系统的完善

如今电力电信的全面接入已满足长财村村民的日常生活需求，但现有电力系统往往不满足民俗村旅游开发的需求，在民俗旅游开发前应对民俗村所需电量详细核算且采取相应的增容措施，并更新维护已老化线路及相关电力设施。随着信息时代的进步，如今的游客对互联网提出了更高的要求，为使长财村民俗旅游面向更广的游客人群，必须在互联网通信建设中加大对经营食宿民居互联网基础设施及电脑硬件的改扩建，从而达到满足游客出行需求的同时，对普及村民使用互联网和提高村民的科技文化素质有很大帮助。

目前长财村村内的电力设施现状对民俗村开发有很大影响，且极大降低了电力线路的安全性及耐久性，在民俗村建设过程中应对线路进行综合管沟地埋处理，在设计和施工过程中应尽可能降低日后的维修概率，提高施工质量的同时使村庄尽可能恢复原始风貌。

3）供、排水系统的完善

根据对游客数量的预测，以每人每天250升用水量计算，得出长财民俗村的总用水量，从而维护更新陈旧的供、排水设施，必要时应重新增设供水及排水管道。目前村民的生活用水多取自地表水，在水质方面不能达到来往游客的使用标准。随着长财村的更新建设，应逐渐实现深层地下水作为食用水的目标，必要时可增设二次供水水箱和集中供应管道，实现二次供水形式从而满足游客对水资源的需求，保证供水量的同时也使水质得到改善。给水网的布置必须结合村落现状条件，尽可能降低不必要的浪费。

在开发过程中应集中建设排水和污水的处理设施，实现雨水、污水分流。雨水排放可结合地形条件，以设置明沟排放为主，使其自然分区排入村中最近的溪水或六道河流域中。民俗村产生的污水排放量应按用水量的80%计算，并将其收集至一体化地埋式污水处理设备处理达标后经地埋污水排放管排入农田或六道河中，民俗村产生污水过量时，应适当考虑增设现代化污水处理设备，从而有效避免磷、硫等化学元素对村内土地及六道河中河水的腐蚀。

4）取暖设施的完善

目前长财村中的传统民居仍使用灶炕作为冬季取暖的设施，民俗村开发过程中传统民居仍可继续采取此措施进行个体民居取暖，同时将太阳能、电采暖等清洁能源模式作为其辅助采暖模式，有效控制碳、木材等材料燃烧对空气的污染；集中式民俗农宅则建议采用以清洁能源为主体的采暖模式，并采用独立分户的可调控采暖设置，根据采暖需求单独对地炕进行电或燃油燃气处理，提高节能效应。

5）娱乐设施的完善

长财村内在溪水旁有一小块娱乐设施用地，但由于娱乐设施常年没有人使用和维护，导致其已破损生锈。目前我国正提倡全民运动，村内唯一的娱乐设施已不能使用，致使村内老人没有锻炼身体的器械。更新改造时应增设锻炼器械用地，且对现有娱乐设施进行重新规划维护修建，结合朝鲜族如秋千、跷跷板等传统运动设计传统娱乐设施，也应结合当今社会发展适当引进现代化的老年娱乐设施，并将其安置在无车辆通行、环境较理想的村内广场周围，保证传承朝鲜族传统活动的同时丰富老年村民的日常娱乐活动。

5. 景观绿化的提升

凯文·林奇在其著作《总体设计》讲道："在自然中，一个完整的景观是由相互平衡良好的力持续作用而形成的；在艺术中它是综合意图极富技巧运用的结果。""设计师运用自己在感知环境方面的知识，通过精炼和对比，使土生土长、根深蒂固的特征变得明显。"他经过研究总结、归纳出景观所包含的各种元素，这些元素与观赏者之间的相互作用来确定这个场所的景观质量。设计者在进行某个特定环境设计时，可以通过这些元素的罗列对村落广场景观绿化，宅前景观绿化、公共景观绿化等场所进行设计，考虑整体环境的同时又可划分出不同空间，设计更小的对象作为景观设计的专题。长财民俗村的景观设计应与六道河、前山等自然景观相结合，人工景观的巧琢天工才能使游客乃至村民达到亲临自然、接近自然的境界。

二、综合保护型传统聚落的更新与发展——乌拉古镇

（一）乌拉古镇传统建筑现状

1. 乌拉古镇整体空间环境

1）空间形态

现今乌拉古镇的社会结构发生了变化。镇区空间结构变化的根本原因是社会制度的改变，同时经济增长和人口增长的社会需求的变化，也导致城镇平面形式的变化。主要包括土地面积和产业结构两大方面，这种变化仍然受限于城镇本身的经济基础。乌拉古镇以农副产品输出和旅游资源开发为主要发展方向，经济发展速度是有限的，因此在城镇化建设上，多、高层建筑的数量没有占据很大比例，全镇仍然在以单层住宅为基础

图6-3-19 乌拉街航拍图

的空间尺度上,保留和延续了清代乌拉城的空间秩序(图6-3-19)。

目前,乌拉古镇保留着大量的传统建筑,街道结构也基本保持着当年的空间形态,因此成为乌拉古镇的建筑保护更新的关键地区。由于古镇主、次干路的使用属性不同,决定了沿街建筑的体量差异。由于主干路的交通流量大,商业活动频繁,导致了主干路的建筑体量相对较大,而次干路主要供居民出行和镇区内部之间的车辆通行,沿街建筑多以单层民居为主,从而整个镇区形成了主干道建筑体量大、次干路建筑体量小的阶梯式空间形态。随着社会经济增长和人民的使用需求,如果不加以合理规划布局,这种"台阶式"的尺度将愈发明显(图6-3-20)。此外,从建筑数量的分布来看,呈现"西密东疏"的状态。种德街以东的区域以八大胡同为基础,民居建筑排列整齐,错落有致。十字街在社会变迁中失去了商业属性,繁华不复存在。种德街以东的区域,建筑密度很大且民居的分布十分不均衡,而且该片区域保留了大量的传统建筑,与八大胡同区域的空间尺度形成了对比。因此建筑的体量和密度在水平界面和竖向界面均对镇区的空间形态产生了很大的影响(图6-3-21)。

2）街巷空间

（1）街巷结构肌理

乌拉古镇的街道分布主要从清、民国时期演变发展而来。民国时期十字街向南一直延伸到公拉玛村,是当时乌拉古镇最为繁华的街道,如今该街道上仍保留着大量的传统建筑。与十字街垂直、东西走向的中西街是清代新城的城市主干道,在实行禁城尺度的康熙年间,这条与老十字街相交的大街构成了乌拉新城的城市干道,在新城中,老十字街将新城分成了四个区域。形成了影响乌拉古镇格局百年的八大胡同。以上的新老十字街、八大胡同共同组成了现代乌拉古镇的街道肌理。

乌拉古镇街道秩序与民国基本相似,线性的街道布

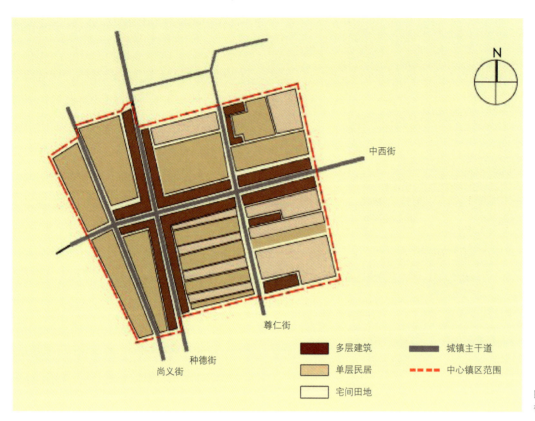

图6-3-20 乌拉古镇建筑高度梯度（来源：张所超）

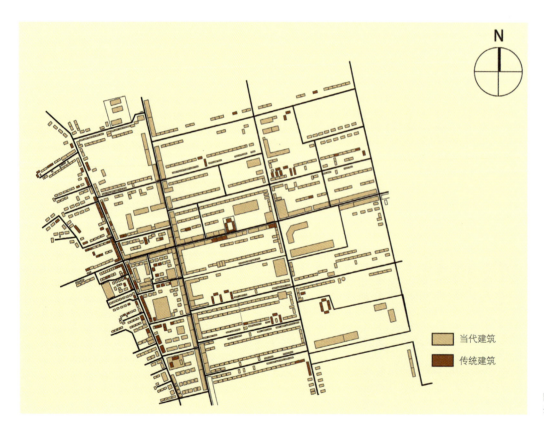

图6-3-21 乌拉古镇建筑密度示意图（来源：张所超）

局是乌拉古镇格局的核心。近半个多世纪的时间内，乌拉古镇一直延续这种路网形态，除了保留原来的交通、生活、商业等功能外，同时城镇的主要干道兼顾了与外界的信息交换作用，许多街道随着公共建筑的建设都已经消失了。其中，八大胡同中，永祥胡同东侧、永平胡同东侧、永吉胡同东侧均已经消失（图6-3-22）。

十字街商业区部分，新八大胡同几乎都在城镇化建设中遭到结构性破坏。与尚义街垂直方向形成了许多支路，被农田工厂和包围。总体来说，当代乌拉古镇的街道结构延续了古代乌拉城的城镇道路网络，并且在此基础上，由于城区开放性缘故，路网结构得到进了一步发展。虽然局部地区的毛细渗透功能存在不合理性，甚至存在拥堵和窒息街道，但在未来的规划建设中，可以通过科学的布局改善现有状况。

（2）街巷特征

根据乌拉古镇道路的形态特点，大致将其分为三个部分：十字街部分、种德街与中西街部分、八大胡同部分。三个街巷各具特征，十字街路段的传统建筑较为集中，全长约1000米，传统建筑的数量达到100多座，整个十字街街区的建筑尺度十分统一，然而大部分传统建筑保存现状不理想，但与乌拉古城时期的十字街街巷空间感受十分相似，甚至在当代，乌拉古镇的集市活动仍然集中在十字街北。种德街与中西街路段的主要特点是：沿街多层商铺与住宅邻立，乌拉古镇的主要商业活动和贸易交易在此进行，随着十字街与尊仁街在道路交通功能上的退化，种德街与中西街也就成为古镇内规模最大的交通干道。第三种街巷类型为八大胡同路段，街巷两侧多为现代民居，传统建筑（多为民居）只占很小一部分比例，路段的作用主要以交通功能为主。视野开阔但与城镇干路相比较，大胡同路段更多展示出一种内向性，茶余饭后，居民在门前愉快地交流，充满着浓厚的邻里氛围。

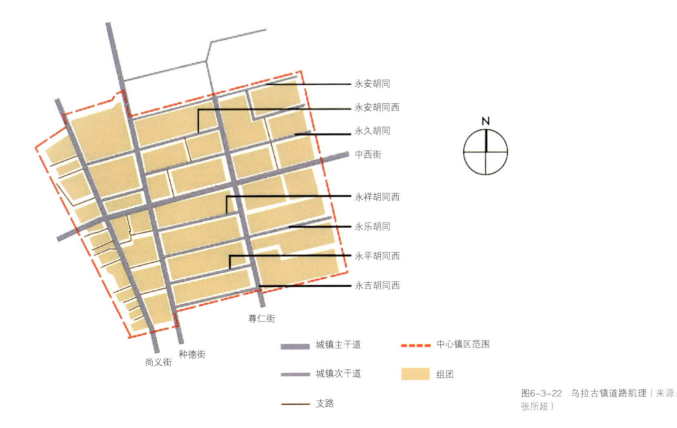

图6-3-22 乌拉古镇道路肌理（来源：张所超）

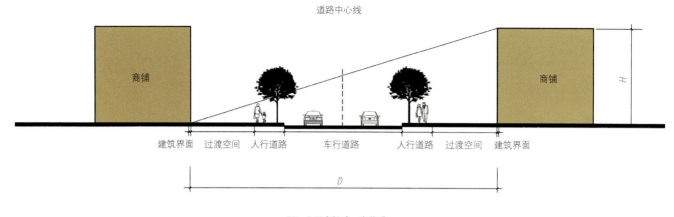

D/H=3.25宽阔感、空荡感

图6-3-23 主干路道路断面示意图（来源：张所超）

（3）沿街立面空间尺度

"建筑外立面与街道景观等元素构成了街道立面。"[1]不同街道建筑界面构成了古镇的空间环境，同时也构成了镇区天际线的主要轮廓。乌拉古镇的城镇干道主要集中在种德街与中西街，其他街道的交通流量相对较小，主要以供居民出行以及小型车辆通行使用。因此镇区的街道立面大致分为两种尺度。

①城镇主干道，建筑檐口高度变化丰富，以种德街与中西街交汇点为中心向两边呈建筑檐口高度递减的趋势。

沿街立面：从街道性质来看，乌拉古镇街镇的城镇主干道多为商业性街道与交通性街道以及综合性街道，因此沿街建筑以商铺和办公类建筑为主。多层建筑占有很大的比重，但随着中心地段水平距离的拉大，建筑高度又变为单层建筑，因此，沿街立面呈现中间高起向两边延伸递减的态势。

街道剖面：芦原义信的《街道的美学》中，给出了详细的解释和说明。他认为"D/H=1是重要的节点，小于1有接近感和紧迫感，大于1产生远离感，超过2产生宽阔感，D/H=2可以欣赏建筑，良好的比例范围通常是在1~2之间。"[2]当这个比值越大时，空间的开放性越强，反之越弱。以种德街南段为例，提取街道两侧主要建筑样本进行测算，街道两端建筑高度H为8米，街道宽度为D为26米，D/H=3.25，其得出的比例说明该街道过宽，给人以空旷及远离感（图6-3-23）。

②城镇次干道，建筑檐口高度基本统一，多为单层建筑，以十字街为代表。不同时期建造的房屋以相同的建筑立面高度融合在同一条街的两侧。

沿街立面：十字街是以生活性和综合性为主的街道，沿街建筑多为单层住宅以及商铺等。建筑立面高度基本统一，形成了由南至北的连贯性街道空间尺度。这种形制保持了旧时乌拉古镇的街道尺度，体现了一种整齐统一的视觉效果，同时尊重了传统的街道空间制度。

街道剖面：十字街两端传统建筑高度H为6.0米（提取街道两侧主要建筑样本），街道宽度D为15米，D/H=2.5。与主干道相比，街道空间更加亲人一些，以生活职能为主，除承载必要的居民交通出行职

---

[1] 侯雁飞，翟敬源. 乌拉古镇历史文化遗产及价值探析[J]. 北方文物，2010（1）.
[2] 芦原义信. 街道的美学[M]. 尹培桐译. 天津：百花文艺出版社，2006.

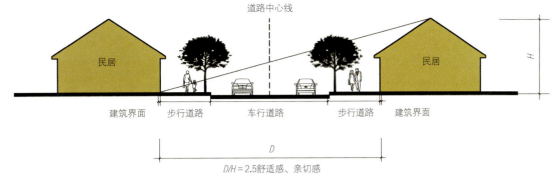

图6-3-24 次干路道路断面示意图（来源：张所超）

能外，街道与外界的信息交换量较小，为内需使用（图6-3-24）。

3）基础设施与景观环境

（1）基础设施

乌拉古镇的基础设施具备一定规模，具有教育、文化、卫生、娱乐等配套完整的公共服务体系。其中3个幼儿园和乌拉古镇中学与小学承担了乌拉古镇的大部分生源，而乌拉古镇卫生院提供了可靠的医疗服务。乌拉古镇政府前的广场则可以满足居民的文体活动需求，也同样提供了集会、交流的空间。同时，乌拉古镇还是规划吉林市至哈尔滨水上航线的重要节点。此外还设有一个客运站，负责与外界的交通联系。尽管公共服务体系十分完备，但基础设公共条件不是十分理想，道路缺少排水系统，每逢下雨会出现道路的大面积水现象，严重影响了人车的通行。电线的随意搭接与老化也存在安全隐患，电线杆上线路排布杂乱，相互交织的电线存在很大的安全隐患。此外，生活垃圾没有集中安置点，垃圾处理缺少有效的管理。如继续保持现状，则乌拉古镇的街巷风貌将受到严重的损害。

（2）景观环境

①农田景观

乌拉古镇的农田景观围绕着镇区散开，在镇区边缘出现了农田与民居之间相互渗透的现象，两者的界限相对比较模糊。从土地使用现状上来看，农田区域较大，尤其在松花江与乌拉古镇西侧之间形成了大片的农田缓冲带，该片区可规划为重点农田景观，在未来规划用地性质上加以重视。此外，历史古城遗址落在这些农田之中，因此要在充分保护古代历史遗址的基础上，保持农田景观的完整性，可设置景观生态缓冲带，避免随着乌拉古镇车辆和游览人群的增多等因素造成的破坏。

②道路景观

乌拉古镇街道景观环境单调，没有整体和局部的景观节点，伴随建筑无监管状态，街道两侧没有完整的绿化景观设施，容易造成审美疲劳。虽然建筑与道路之间留有余地，但余地大多放置了垃圾杂货物。在重要的历史建筑周围没有设置局部的景观环境。城镇内仅一处市民交流广场。在十字街商业区中心处贸易流通空间十分狭窄。废弃工厂内的闲置面积较大形成了大面积的荒地。东西两侧的水体与整个镇区脱离。虽然建筑与道路之间留有余地且乌拉古镇有着良好的自然环境和人文环境基础，但是现阶段这些资源没有得到合理的利用而被浪费掉。

③建筑景观

乌拉古镇内保留着具有北方满族建筑特征的"三府"建筑和清真寺等国家级文物保护单位，这些建筑具有很高的历史文化价值，为人们研究满族文化提供了珍贵的实体模型，十字街内的传统建筑群同样提供了大量的满族建筑研究实体。这些建筑虽然受到不同程度的损坏，但可以看到一些建筑的细部处理十分精美，充分展示出了民族文化特色，默默地向人们诉说着往日的辉煌。

2. 乌拉古镇传统建筑类型与分布

1）传统建筑类型

这一类建筑建造年代较早，从建造时间、所用材料以及建筑结构来看，明显区别于当代建筑，具有显著的建筑特色。按照其建筑使用人群分为四类：府邸建筑、宗教建筑、商铺、普通民居。经过了几次战火遭遇和"文革"时期的破坏以及后期的村民盲目的自发改造、扩建，除了"魁府"与"萨府"保存相对较好外，其他的民居或被拆除正房或被拆除厢房。旧时商铺大多改为民居或者被荒废，几者之间的规模和现状迥然不同。

（1）府邸建筑

府邸建筑是几类传统建筑中规模最大的类型，保存下来的著名的"三府"，是"满族文化的见证，代表东北府邸式建筑的典范。"[①]后府因为战火和工厂建设、火灾等原因，现在仅存正房和西厢房。"萨府"与"魁府"在中华人民共和国成立后因改为办公建筑而幸运地保存下来。与普通的民居相比，官宦住宅的等级高出很多，后府甚至采用二进四合院的形式，另外西侧曾建花园，别具一格。建筑造型也较普通民居更复杂，如萨府的倒座、门、墙体，后府的塔式烟囱，屋顶上的特殊造型鸱吻都是独有的。在建筑工艺方面，砖雕、木雕、石雕运用到建筑的山墙、木梁柱、影壁等处，展示了当时东北工匠的高超水平。

（2）宗教建筑

现存的宗教类建筑有两处，一处是位于古城村的宝宁寺，一处是位于十字街端头的清真寺。从《满洲民俗图录第三集乌拉》的民国时期建筑分布来看，"今宝宁寺（关帝庙）为新建建筑，原关帝庙在清代乌拉新城的大东门附近。"[②]但早已淹没在历史的动荡之中。清真寺原为围合式院落空间，在"文化大革命"中被破坏，只有正殿和讲经教室被保留下来，东南两侧规模较大的建筑被毁。现存正殿对面的库房已经不是旧有建筑。经照片对比，大殿正脊的鸱吻和戗脊上的走兽均已经被毁，大体形制被保存下来。建筑台基部分有月台伸出，台阶采用如意踏的形式。与我国传统木构建筑有所不同，清真寺主殿的屋身采用侧面与背面三面围合的厚重的实墙体，以适应北方严寒的气候。正面挑出三个开间的柱廊，左右各加设一间砖墙，突出主入口，屋身两侧各开三个窗，减轻屋身部分在视觉上带来的沉重感。屋顶采用歇山形制，屋脊部分有精美的鸱吻装饰，戗脊上亦有仙人走兽的点缀。额枋附以油漆彩画，雀替部分采用精美的木雕工艺，使建筑主体显得庄重而不失精美。清真寺讲经教室在主殿的北侧，根据所采用的屋顶形式来看，建筑等级低于主殿，硬山式屋顶，屋身通长为五开间，在额枋上同样用油漆彩画进行装饰（图6-3-25、图6-3-26）。

清真寺这所宗教建筑在乌拉古镇历史上占有重要位置。清代直到民国初期一直作为乌拉古镇商业区的门户，空间尺度上统领整个十字街。目前清真寺和"三府"一同被列入国家级文物保护单位（表6-3-2）。

---

① 肖帅，程龙. 吉林乌拉古镇满族镇的"三府"建筑[J]. 古建园林技术，2010.
② 藤山一雄. 满洲民俗图录第三集乌拉[M]. 满洲修文馆，1940.

图6-3-25 清真寺大殿

图6-3-26 清真寺讲经教室

乌拉古镇国家级文物保护单位表　　表6-3-2

序号	建筑名称	地点	保存现状	规模及建造年代
1	后府	乌拉古镇东北隅	仅存正房和西厢房	始建于清光绪八年（1882年），两进院落，内院正房和东西厢房各五间
2	萨府	乌拉古镇东南隅	保存较完好	建于清乾隆二十年（1755年）。正房五间；东西两厢房四座，每侧两座各三间；门房五间。灰瓦屋面，典雅古朴，具有清初时期八旗民居二进四合院的特色
3	魁府	新十字街东	保存较完好	建于清光绪二十五年（1899年），门房三间，正房五间，东西厢房各三间，东西厢房各一间。灰瓦屋面，典雅古朴，建造精良，是吉林地区清代民居建筑中保存相对完好的一处
4	清真寺	乌拉古镇客运站西侧	仅存大殿和讲经室	建于乾隆二十二年（1757年），大殿坐西朝东，讲经室坐北朝南，两栋建筑正面各五开间

（来源：《吉林市乌拉古镇满族镇总体规划》）

（3）商铺

百年前的乌拉古镇十字街是城镇的商业中心，门庭若市、车水马龙，各行各业繁荣发展，《满洲民俗图录第三集乌拉》中详得记载了1940年的十字街上的商铺数量、类型以及平面布局。

在十字街上存在一定数量的开间数较大的传统建筑，这些建筑的尺度超出普通民居，推测为商铺。如今的十字街上利用历史建筑进行商业经营的建筑寥寥无几，并且原有的院落结构也彻底被破坏，大部分被改造成民居或被用作仓库，少部分已经完全被废弃掉成了危房（图6-3-27、图6-3-28）。

（4）民居

从历史资料图片中可以看出，乌拉古镇民居使用倒座的民宅较少，大多民居采用南北朝向，开间为二至五间，烟囱一般布置在火炕一侧，紧邻山墙独立砌筑。乌拉古镇传统民居分为土墙草屋面民居和砖墙瓦屋面民居两种，如今镇区内仅剩一些砖墙瓦屋面民居。虽然其居住性质保留下来，但空间和性能已无法满足当代居住需求，很多民居基本都被改造过，或改墙体砌筑材料附加外墙体抹灰，或使用混凝土梁柱进行加固，或改烟道，或东西厢房被拆除，改造手法不拘一格。从现实意义上说民居改造一定程度上改善了建筑的居住功能，但从历史建筑保护的角度上讲，由于技术的缺失与相关指导性思路的匮乏，造成一些具有重要文化价值的传统

图6-3-27　民国时期尚义街内的旅馆（来源：《满洲民俗图录第三集乌拉》）

图6-3-28 尚义街南端商铺改建仓库

图6-3-29 传统民居历史照片（来源：《满洲民俗图录第三集乌拉》）

民居要素严重受损，历史可读性大打折扣（图6-3-29、图6-3-30）。

2）传统建筑分布

乌拉古镇在更新与发展过程中，大量传统建筑遭受破坏，目前留存下来的清代建筑大概有百座左右，其分布特点鲜明，在古镇十字街以带状形式分布在街道两侧。根据平面形式推测，这些历史建筑为乌拉古镇典型的"一正四厢"式的格局，现在部分民居还保留着厢房且沿用至今。民国时期的商铺和作坊，现在或被荒废或被改造成民居，这些建筑在八大胡同中呈散点式分布。将十字街商铺与八大胡同民宅相比，发现八大胡同中的

图6-3-30 传统民居现状

民居利用率高于十字街商铺，但"存活"下来的民居基本都被改造过，因为原有建筑结构、建筑材料、室内功能分区已无法满足当代人民居住使用需求。目前保存下来的历史建筑均为单体建筑，在漫长的历史变迁中乌拉古镇发生了巨大的变化，许多二层木构架老建筑大部分被拆除或改为单层建筑，所以在整个古镇根本找不到两层及以上的传统建筑，留存下来的传统建筑也被当代建筑紧密地包围着，周边环境及场地破坏较严重。

十字街路段是乌拉古镇传统建筑的集中地区，但传统建筑保存现状并不是十分理想。八大胡同中除"三府建筑"外，很多传统建筑在建筑形态及院落空间方面改变较大。将传统建筑的分布划分为四个区域，每个区域的情况如下：

（1）十字街南

区域东侧以种德街为界限，西边依靠西江堤为自然界限。中西街划分十字街南北区域，南段以原天泰门路口为端点。该片区中传统建筑共有56座，沿十字街排布35座，十字街支路保存传统建筑21座（图6-3-31）。

（2）十字街北

区域的东西界限与十字街南区一致，南侧以中西街为界限，北侧由十字街一路向北至明代古城南门即核心保护区南。该片区内传统建筑46座，沿十字街25座，支路21座（图6-3-32）。

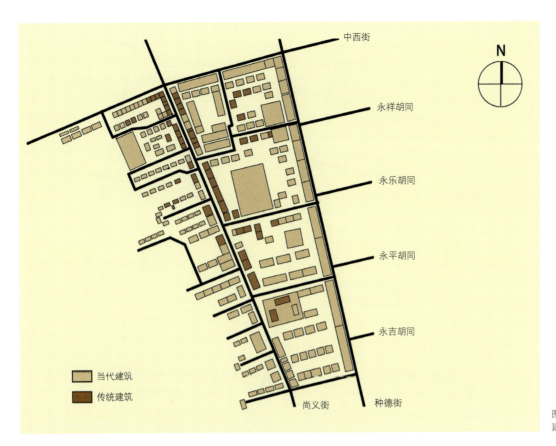

图6-3-31 十字街南端传统建筑分布图（来源：张所超）

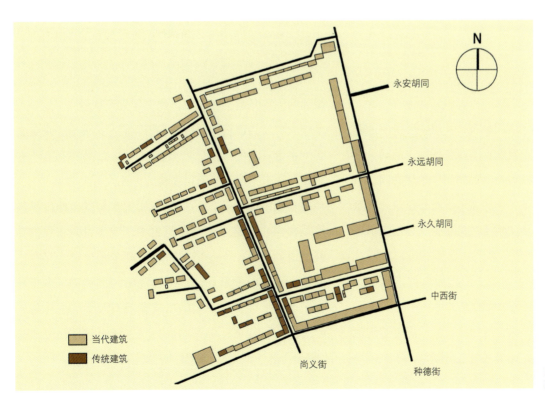

图6-3-32 十字街北端传统建筑分布图（来源：张所超）

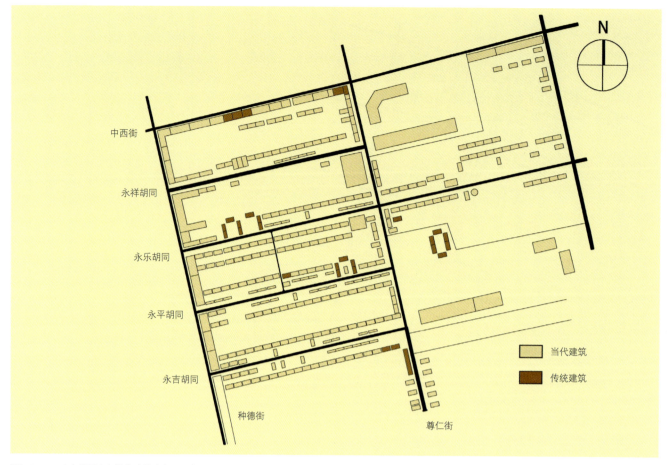

图6-3-33 八大胡同南部传统建筑分布图（来源：张所超）

（3）八大胡同

依据民国时期的八大胡同分布，利用中西街的道路走向将八大胡同分为两个区域，南区包括永吉胡同、永乐胡同、永祥胡同；北区包括永久胡同、永达胡同、永安胡同。清代时期按照政治管理需求设府邸建筑，其余多为民居。现存下来的历史建筑数量较少。与十字街分布差异较大呈散点式分布，南区共保留29座，北区共保留26座。在尊仁街与中西街交汇处为乌拉古镇电影院，《在满洲民俗图录第三集乌拉》的地图中未发现该建筑的存在。如今这座公共建筑已经荒废，但青砖构筑的外墙体仍然清晰可见，山墙采用红砖砌筑，木构架坡屋顶两侧各开两个老虎窗，建造年代无从考究。这座尺度颇大的公共建筑紧邻乌拉古镇政府和公安局，地处在老十字街（清代乌拉新城十字街）中心，地理位置十分重要，在未来建筑保护更新将成为几大景观节点之一。乌拉古镇的传统建筑的空间布局大多与其他地区满族建筑相似，在这些传统建筑之中，院落空间布局的完整性遭到破坏，但是依然可以清晰分辨出过去乌拉古镇依街而建的满族民居。即使是沿街的商铺，也是合院空间的变体，其空间的内向型没有改变。单体建筑已经发生了变化，很多满族典型性建筑构件已经消失（图6-3-33、图6-3-34）。

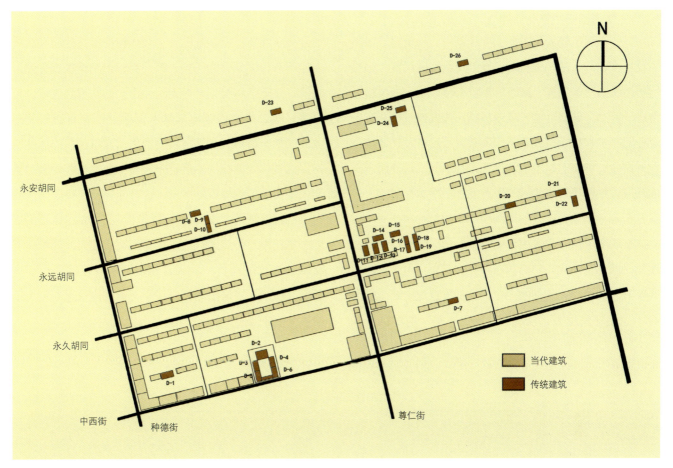

图6-3-34　八大胡同北部传统建筑分布图（来源：张所超）

3. 乌拉古镇传统建筑保护与利用中存在的问题

1）历史文脉的断裂

乌拉古镇有显著的历史文化优势，清代的"乌拉八景"更是名噪一时，从清初到民国初期的200多年间，古镇繁荣发展，期间所建造的建筑象征了那个时代中乌拉古镇的成就。由于战争和政治运动的原因致使古镇的风貌严重受损，另外加之民众的文化保护意识不强，大量的传统建筑被毁。在社会化城镇建设前期又没有合理而科学的规划，导致乌拉古镇文脉的衰退，城镇丧失了其文化与地域优势。"传统建筑作为历史文化的符号以及载体，真实地记录着它们所处时代的技术水平和地域特征。"[①]乌拉古镇中所保留下的传统建筑保存状态不是十分理想，使用现状可谓岌岌可危。除四处国家级文物保护单位外，其他的传统建筑均受到不同程度的损害。清代和民国时期的城墙已经因为城镇扩张遭到拆除，可供参考的实物资料只有清代建筑群。城镇已经完全体现不出往日的古镇风貌，传统建筑处在被当代民居和商铺层层包围的环境之中，没有呈现出它应有的风采，仿佛建筑文化的历史延续性就此中断一般。

---

① 吴良镛. 关于建筑学未来的几点思考[J]. 建筑学报，1997（2）.

2）传统建筑的盲目改建

在传统建筑较为集中的十字街路段，沿街建筑虽然体量尺度相似，基本保持着良好的街巷空间尺度，但是传统建筑的形态各异，建筑外观没有形成统一的风格，造成一种杂乱无章的建筑景观环境。传统建筑没有进行合理地保护和科学地使用，大多数为居民自发式地改造或者扩建，所用的材料和构造手段都不同。这种病态式的改造方式使得传统建筑的形态发生了根本性的变化，一方面破坏了原有建筑的比例和体量的匀称型，另一方面甚至改变了原有建筑内部的空间结构。这种自组织的改建，满足了当地人们对居住条件的需求，但从长期角度来说，随着居住条件的变化，这种改造对传统建筑的破坏性会越来越大，当这些"不伦不类"的建筑出现时，乌拉古镇的建筑景观环境将受到极大的影响。

传统建筑形态杂乱的一个表现特征就是使用现状的参差不齐，大致分为三类：第一类，传统建筑丧失使用功能，建筑结构受损严重无法使用，形态遭到破坏，被弃用；第二类，传统建筑基本保留外部原有建筑的形象，例如青砖与灰瓦等材料的沿用，建筑供居民居住使用。这类传统建筑的生活设施较差，室内光线昏暗，甚至出现房屋结构裸露的情况，这种建筑形态受限于居民自身的经济条件，反而使得传统建筑的风貌得以延续下来；第三类，传统建筑的形象特征改动较大，传统建筑材料被当代的建材所取代，建筑形态仅仅保留局部特征。在被当代民居的同化过程中，传统建筑逐渐丧失了个性（表6-3-3）。

乌拉古镇传统建筑的现状　　　　　　　　　　　　　表6-3-3

序号	类型	实例照片	建筑现状
1	失去使用功能		建筑结构受损严重无法使用，形态遭到破坏，遭到弃用

续表

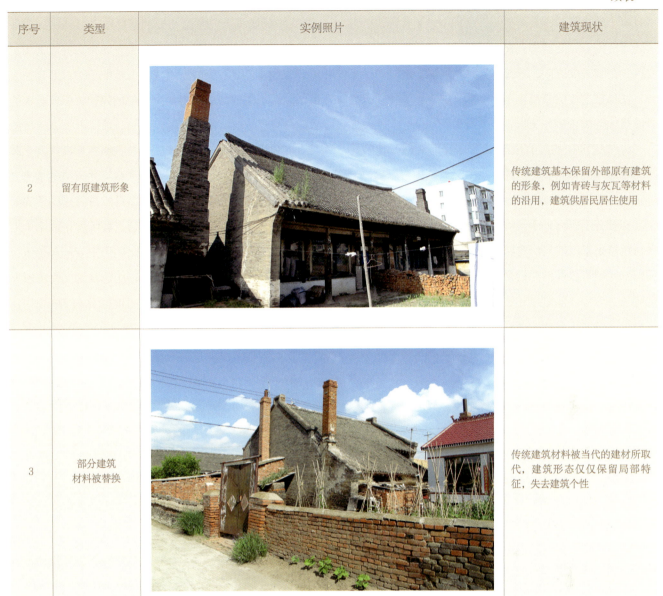

序号	类型	实例照片	建筑现状
2	留有原建筑形象		传统建筑基本保留外部原有建筑的形象，例如青砖与灰瓦等材料的沿用，建筑供居民居住使用
3	部分建筑材料被替换		传统建筑材料被当代的建材所取代，建筑形态仅仅保留局部特征，失去建筑个性

3）建筑景观环境的忽视

现代化城镇建设的过程中，乌拉古镇的发展是村民自发性的行为。虽然政府颁布了相应的保护法和城镇管理措施，但效果甚微。乌拉古镇的街道依然延续旧时的结构网络而且街道与临街建筑尺度比较宜人，建筑景观环境欠佳。正是由于传统建筑形态的破坏，乌拉古镇缺乏整体的建筑的艺术性，传统文化的精髓没有在建筑中体现。这些传统建筑的美学价值贬值的另外一个原因是，建筑与其周围的景观环境没有进行良好的配合，居民在建筑周围安置垃圾处理点，有甚者还在道路与建筑之间设置私人领地种植蔬菜。当传统建筑不能适应当代社会的居住环境时，社会需求度下降。古镇建筑风貌的统一性随建筑材料和构件的更改而消失，这时建筑的实用性和审美性没有很好地结合，造成了乌拉古镇的建筑景观环境杂乱无章。

4）新旧建筑关系矛盾突出

由于缺少整体的规划控制，乌拉古镇当代建筑的建造处于一种盲目的状态，在建筑体量、形式风格等方面没有一个统一的方向，导致建筑风格各异、体量大小不一，在乌拉古镇的城镇主干道上这种现象尤为明显，新旧建筑之间的矛盾冲突很激烈。

传统建筑中的独有的符号没有被运用到新建筑中去，新建筑的体量和比例缺少与传统建筑相协调的过渡过程，从而导致新建建筑之间出现了跳跃式的形态演变。在建筑外观上，体现在当代建筑的建筑形象、材料、色彩上都没有与历史建筑形成呼应，城镇就此失去完整的城镇形象。旧时的乌拉古镇的街道与建筑秩序井然有条，而今伴随着新建筑的生成，乌拉古镇再难形成风格统一的城镇形象。在空间关系上，新老建筑随意排布，两者之间互相挤压、互相对抗，新建筑将老建筑孤立起来，使其荒废掉。在十字街东侧，多层建筑沿街杂乱的排布，二者在空间尺度、建筑语言对话上同样是一种失衡的关系。

（二）乌拉古镇传统建筑价值分析

1. 历史文化价值

"被誉为'满族的龙兴之地'以及四大贡品基地之首的东北贡品基地的百年乌拉经历了一次又一次的创伤"。[①]大量的历史遗址涵盖了其鼎盛时期的典型建造风格。这座曾经是北方最大都城的城镇所残留下来的痕迹仍然述说着当年的辉煌，建筑作为特殊的历史符号蕴含着一段宝贵的记忆和文化价值。乌拉古镇的传统建筑本身也体现了传统的建造艺术，包括北方木构架做法、建筑细部的砖雕、柱子以及额枋上的油漆彩画都是十分珍贵的文化遗产。

"传统建筑可以说是历史的遗存物，能够突破时间和空间的限制，体现出强烈的历史存在感，并成为历史的形象载体。"[②]在一定程度上还原历史事件，对乌拉古镇传统建筑的保护就是对历史价值的保护，保留真实的历史信息。

作为满族的发祥地之一，乌拉古镇具有满族文化和萨满文化的代表性可作为民族、宗教文化研究的地点。同时乌拉古镇也是松花江文化的载体。传统建筑作为满族文明的重要物质载体和实物认证，成为文化体系中不可或缺的部分，对于认识民族文化的历史变迁与传承，有着极其重要的作用。乌拉古镇传统建筑的文化价值存在于人们的生活之中，也存在于人们的记忆与情感之中，满族文化的点点滴滴深刻在了传统建筑空间和形态里面。

2. 科学技术价值

"传统建筑的科学价值在于它本身具备对历史学、建筑学、社会学等学科的映射，成为一种研究和学习最直观的实体。同时在建造过程中建筑材料、建筑结构、设计方法、施工工艺的创新性、合理性，也说明了它们的技术价值。"[③]从民族交流与文化融合角度分析，乌拉古镇大多保留下来的满族传统民居与汉族民居有相似之处，但其特点十分明显，这些特点来自于民族文化以及所处的地域环境，所以房屋构造做法的技术特点也与汉族有所区别。例如这些民居建筑不分等级，统一采用硬山形式，烟囱单独竖立在室外，称为"跨海烟囱"，室内采用万字炕等，独创的技术手法正是满族人民地域建筑文化的理解与创新。技术上的尝试与探索源于对东北气候的适应，体现了一定科学价值，为以后世代生活在此的人民提供了宝贵的可借鉴的技术手段。

---

① 李澎田. 乌拉史略 [M]. 长春：吉林文史出版社，1995.
② [英]罗宾·乔治·科林伍德. 艺术哲学新论 [M]. 北京：工人出版社，1988.
③ 彭一刚. 建筑空间组合论 [M]. 北京：中国建筑工业出版社，1995.

3. 艺术价值

"当建筑能够提供居住等基本的使用功能之后，人们往往将文化上与民族的特点以艺术装饰的手法运用到建筑之上。"[1] 乌拉古镇的传统建筑所包含的建筑体量、材料、色彩以及技术等元素充分地体现了地域文化特征，形成了独有的城市建筑景观和建筑环境，具有很强的艺术感染力。

乌拉古镇的传统建筑是满汉民族文化融合的集中体现，具有高度的艺术成就，通过传统建筑的建造水平、局部表达等，折射出高度的美学品质以及审美的观赏性以及满族建筑艺术风格。"口袋房，万字炕，烟囱立在地面上"，是对满族民居最形象的描述，而有别于其他民族的民居样式，展示出独特的建筑造型魅力，雕刻精美的墙身细部也是满族传统民居的特色所在。满族建筑作为东北传统建筑的重要分支，凝聚了满族人特有的民族文化与审美观念，浓厚的建筑艺术气息感染着来访的每个人。

4. 经济价值

传统建筑作为其他地区了解乌拉古镇的最直观的资源，由于保存较好的传统建筑数量较少不宜进行大量的旅游开发，但是在一些历史建筑集中地区，例如明代古城、十字街和典型的清代府邸三府，可以作为点性和线性的节点打造旅游景点。在传统建筑的保护更新工作中，在充分考虑到游客负荷量的前提下，适当进行商铺改造是可行的。同时满足本地人的使用需求，旅游开发可以与乌拉古镇的其他旅游资源有效结合带动地方经济发展。通过对传统建筑的功能置换，使得传统建筑再生，焕发新的活力。对于政府而言，传统建筑的保护是一种支出且经济效益较低的行为。但是我们应该着眼于未来，将保留下来的传统建筑视为一种资源，采取保护资金投入在前、适度利用在后的方式，增加建筑使用寿命，降低建筑垃圾产生的能源消耗，同时又能促进地方经济增长，何乐而不为。

（三）乌拉古镇建筑保护与更新理念

1. 城镇空间肌理的保留

在1964年，国际文化财产保护与修复中心通过的《威尼斯宪章》中强调：文物古迹不仅包括单个建筑物，而且包括能够从中找出一种特殊的文明、一种有意义的发展或一个历史事件见证的城市或乡村环境。"城镇空间艺术网络以文物建筑为中心或支承点，目的是突出城镇空间的主体形象和建筑体量，并以它们为中心，向四周扩散，开辟新的广场，组织各级道路、游览路线、河渠及视廊等连接部分，将公共活动及社会设施穿过住宅、绿化等基本区域，构成一组或几组具有艺术气息的序列与网络。"[2] 对于历史文化地段，在新的城镇框架设计中，将各种空间串联成一个整体，深入挖掘历史建筑的美学价值、艺术价值，确定其主导地位。

乌拉古镇自金代开始，街道成为整个空间骨架，该镇以南北纵向街道构成古城肌理，直到民国时期，商业集市领域以道路网形式由内而外逐渐延伸，并支撑起整个地域空间，构成了乌拉古镇的交通网络。此外，古镇保留了大街小巷的形制，从多条横纵交叉的街巷之间，可以想象到古镇曾经的繁华与兴盛。与街道空间相配合的是以大小错落的院落为构成单元，构成了乌拉古镇独特的城镇风貌与人文气息。城镇网格状空间肌理贯穿于整个乌拉古镇的历史变革中，在今后的古镇保护与更新中，应将这一宝贵的空间艺术传承下去。

---

[1] 刘希，佟菲. 吉林地区满族民居建筑雕刻工艺特征与文化传承研究[J]. 科技展望，2016.
[2] 赵勇. 历史文化村镇保护规划研究[M]. 北京：中国建筑工业出版社，2008.

2. 传统建筑的合理再生

乌拉古镇的传统满族民居中含有大量丰富的信息，"在传统建筑再利用上，不能狭隘地关注其本身的保护与使用情况，因为传统建筑的再生离不开整体环境，所以除了对传统建筑进行保护与利用以外，还要对建筑周边的环境进行保护。"[①]如建筑周围的街巷、道路景观、植物等，以此来保护建筑环境的整体性，避免造成建筑与周边环境不和谐的负面影响。

"对传统建筑的整体保护不应是陈列展览式的保护，而是要以发展的眼光进行动态保护与利用，使其成为区域发展中的一个重要战略组成部分。同时还要整合经济、文化中的积极因素，焕发传统建筑的新活力。"[②]因为再利用发展不能脱离原有的历史文化背景，所以要以整体保护为中心，以环境改善为目标，全面、协调、有序地推进传统建筑的保护。这一点比单纯强调或制定一个面面俱到的保护规划更重要且更有实际意义。1976年，联合国教科文组织19次大会上通过的《关于历史地区保护及其在当代作用的建议》（简称《内罗毕宣言》）强调：历史地区是丰富多彩的文化宗教及社会活动最真切的写照，必须延传到后世，保护历史地区并使它与现代社会生活相结合是城镇规划和土地开发的基本要素。

"对传统建筑来说，合理的使用才是最好的保护。"[③]随着社会发展，建筑的使用功能也会随之变化，只有通过合理的改造和再利用，赋予历史建筑新的使用功能，才能使历史建筑得以继续存在。而传统建筑中蕴含的历史文化、传统技艺及艺术等价值才可能得以完好的保留。总之，通过再利用赋予建筑新的功能，从而使其获得最好的保护。传统建筑的开发利用还可以给当地百姓带来经济利益，"老字号"店铺的恢复、旅游业的开发等都可以推动乌拉古镇第三产业的发展，从而增加就业机会，给乌拉古镇的发展带来生机与活力。

3. 可持续更新发展

近年来，人们对于历史地区的改造急于求成，希望通过一次改造就能解决所有问题。然而，"改造"一词并不像人们想象得那样简单，它关系着人民的生活质量、居住环境、历史文脉以及市容市貌等，一味地追求速度或者形式，将会给历史地区的发展带来更大的难题。针对这一普遍的社会现象，可持续更新发展的理念以稳妥、分段的方式深受人们的重视，将会为历史城镇的保护与更新提供新的方向。

乌拉古镇在特有的地域环境影响下，传统建筑是建筑技术与历史文化相结合的结晶，有着不可替代的灵魂和生命。独特的城镇空间与城乡空间，在经济要素、技术要素以及自然要素的影响下体现出历史和文脉特色，将这一宝贵的历史财富延续下去，是每一代人的责任和使命。

在小城镇旅游资源的发展过程中，通过保护文物古迹和历史环境，对推动地方经济发展建设起到了至关重要的作用，也是百姓和政府所关心的资源问题。在旅游资源再利用方面，一是举办活动，在每年特定的日期内，按照传统的方式，举办各类文化活动，吸引各类的参观者，并发扬历史文化。其次是吸引游客到该城镇参观古文物、古建筑、观赏当地风光、了解风土人情及习惯等，增加游客对历史文化城镇的了解和提高保护意识。然而，过度开发旅游资源，会给历史遗产造成无法修复的毁坏，应采取有效的方式避免这种现象的发生。

4. 公众参与制度完善

公众参与机制在传统民居中，尤其是建筑保护与

---

① 张丛葵，常乐. 历史文化名镇名村的保护与发展——以吉林省乌拉古镇满族镇保护规划为例[J]. 规划师，2008.
② 郑潇. 历史性建筑与街区的改造与再利用[J]. 建设科技，2003（11）.
③ 赵勇. 中国历史文化名镇名村保护理论与方法[M]. 北京：中国建筑工业出版社，2008.

更新方面，始终占有重要的地位。它主要是通过社会群众、组织、单位或个人，在权利和义务允许的范围内，积极参与相关活动，履行相关的职责。

乌拉古镇的建筑与景观保护，不能仅靠政府和相关法律文件，还需要普通民众积极地参与到其中，也可以成为历史文物保护的执行者。"公众参与，可以帮助政府了解居民即使用者的真实需要，也能切身地体会到历史建筑保护与规划对居民的影响。他们将自己的想法融入政府的决策中，监督政府的公益性，也可以监督传统建筑保护与更新的整个过程。"[1]在传统建筑环境保护方面，让居民直接参与设计和施工过程中，利用自己空闲的时间在专业人士的指导帮助下自助自建，可有效改善自己生活的环境和居住条件，也可以为政府节约相应的成本。

此外，在乌拉古镇的保护和更新过程中，公众参与机制不仅可以将历史文脉得以延续，更重要的是可以根据使用者需求，调动其积极性，从而使居民自发地参与到保护与更新过程中。还可以提高居民的保护意识，为更新工作的实施提供便利。

（四）乌拉古镇建筑保护与更新原则

1. 整体性原则

乌拉古镇是集建筑、环境、空间格局及人类社会活动为一体的统一整体，与周边环境有着密不可分的关系，如果在更新规程中将这些元素进行分割，将会破坏环境的统一性和完整性，因此在保护中不能将其彼此割裂开并分别对待，而应从整体上去考虑它们之间的关系。

"整体性是统筹历史村镇和历史建筑保护的根本原则。"[2]对乌拉古镇应着眼于整个城区，发掘整个镇区的空间形态和风貌所起的作用，街巷肌理与传统建筑之间的协调关系，对传统建筑功能的保留或者改变都应从整个镇区的实际需求出发，以便不断地协调建筑与镇区的功能关系，共同促进乌拉古镇的发展。整体性原则即尊重文脉下的民族、地域的建筑特征以及人们的生活习惯，让这种历史文脉得以延续。

在保持镇区的街巷空间与建筑之间的和谐关系时，更应注重这些实体建筑物背后蕴含的社会人文信息，传统建筑所呈现出的历史文化价值、社会人文价值、艺术价值、经济价值等象征着社会秩序与文化内核。建筑的保护与更新不仅仅只有建筑本身，与传统建筑相联系的景观环境和人们生活要素也应考虑在内，保护与更新工作在一个系统内，协调镇区整体风貌、街巷脉络、景观环境、建筑形态等元素综合在一起，以免顾此失彼，影响整体呈现的效果。

2. 原真性原则

原真性被世界各地视为历史文物保护的第一原则，在《威尼斯宪章》第四部分对于文物修复部分进行了六点要求，其中包含了两个要素。第一，历史文物（包括历史建筑在内）保护必须尊重历史，保护和修复应以历史资料为依据，做到有据可循，而非将臆想性的手段强加到历史建筑中；第二，修复部分与原有部分应具有可识别性。因为二者存在于不同的历史背景之中，所体现的文脉价值不同，应加以区别。同时，二者必须保持协调性，力求和谐美观的建筑形象。"原真性是历史性保护与更新的根本性所在，在修护方面，应该严禁使用不合理的材料、颜色、技术等对建筑的本来面貌进行损坏或影响，应尽可能将减少降到最低，保留其真实性。"[3]乌拉古镇的历史建筑保护同样遵循此种原

---

[1] 刘晓林. 吉林乌拉古镇旅游景观设计策略探析[J]. 旅游经济，2012（10）：148.
[2] 阮仪三，王景慧，王林. 历史文化名城保护理论与规划[M]. 上海：同济大学出版社，1999.
[3] 梁玲玲. 小城镇建设中文物古迹保护研究[D]. 保定：河北农业大学，2001.

则。传统建筑（清代建筑）的保护修缮以及改造工作必须依据历史和相关学术资料，复原工作不等于资料图纸的再设计过程，保护遗存历史建筑要从实际出发。例如在毁坏严重的后府中，一旦进行复原性工作，要保证现存正房、西侧厢房与重建部分视觉上的可区别性，在其他清代建筑的局部构件和工艺修复中，亦注重后加部分与原有部分的区别，而非混淆式的误导参观学习者，避免给今后的历史资料收集和考古工作带来麻烦。

3. 分类保护原则

在保证整体性原则的基础上，乌拉古镇内的各级保护要素应遵循逐级分类保护的原则。街巷空间和传统建筑作为乌拉古镇风貌构成的主要要素，要进行重点和细致的分析。

乌拉古镇的更新应该以古镇原有空间脉络为基础，尽可能保留原有尺度关系，不可一味地盲目与追求新的空间，将历史的记忆加以尊重并延续。

首先从建筑单体入手，特别注重建筑的体量关系，充分考虑其原有的比例与尺度。其次，尊重并保护原有街道空间的完整性与真实性，保留其原始风貌。同时要从传统建筑的历史文化价值、与周围环境的协调性、建筑使用现状以及结构变化程度等方面入手，对这些传统建筑进行分类，以便于更好地开展建筑保护与更新工作。

从实地调研的情况上看，将它们大致分为四类。

第一类，保存状态较好，建筑体量完整，主要形态和细部特征没有遭到严重破坏，依然可以体现北方传统建筑的建筑院落空间。例如"萨府""魁府"，以及清真寺，这类传统建筑具有代表性。以上三座建筑均为国家级文物保护单位，是保护与更新工作中的重点。

第二类，基本的空间形态和结构体系保持原有状态。少量建筑经过改造后仍保持木构架体系、青砖墙面硬山式坡屋顶的外立面建筑形象，但建筑内设施陈旧，已经不能适应当代的居住环境。

第三类，具有居住功能，但建筑材料被当代建筑材料代替，或者对局部加建。这类传统建筑失去原有的形态特征，多为居民自发性的改建以满足现代居住需求，建筑室内的功能分区也发生了变化。

第四类，一部分传统建筑遭到废弃，建筑结构和材料裸露于外部清晰可见，建筑已经失去使用功能，对乌拉古镇的风貌带来消极的影响。

乌拉古镇内的传统建筑以第二类和第三类为主。有了详细的分类标准以后，在对传统建筑的保护与更新，以及新旧建筑之间关系的处理方向上可以更加明确。

4. 局部渐进式更新原则

原则保护规划的实施是一个长期的过程，因此要根据当地的保护现状、保护规模以及经济发展状况，来制定近期和远期保护规划的目标、任务及实施措施，保证规划有计划、有步骤地实现，防止保护整治中短期行为的出现。必须保证镇区内的居民生活氛围不能受到过大的干扰，应划分出几个不同区域逐一进行保护与更新工作。例如对十字街中的传统建筑进行保护与更新过程中，不能急功近利追求短期效益，一次性完成调整，而是要在保证历史风貌的前提下，逐渐进行调整，保证居民正常的生活秩序和习惯。

局部渐进式的更新手段的好处在于，可以兼顾乌拉古镇的更新与发展之间的关系。"更新是一个长期、持续性且不断深化的过程，发展亦是一个不断调整用地结构和社会产业结构的过程。"[①]随着时间的进程，两者之间可能会产生新的矛盾点，采取局部更新的方式就可以

---

① 史蒂文·蒂耶斯德尔，蒂姆·希斯塔内尔·厄奇. 城市历史街区的复兴［M］. 张玫英，董卫译. 北京：中国建筑工业出版社，2006.

有效地避免这种矛盾。例如在八大胡同内，对镇区的街巷肌理进行修复和调整，将消失的胡同还原，在此过程中如果发现还原街巷的功能和服务对象发生了变化，则可以在合理范围内，及时调整街巷的宽度等来满足新的使用需求。此外，在每个更新阶段内及时总结经验，对后续的保护与更新工作有借鉴意义，也是对居民的保护理念的一种间接引导。

（五）乌拉古镇建筑保护与更新策略

1. 乌拉古镇整体的保护
1）建筑高度的控制

建筑高度与尺度的整体协调性应该作为乌拉古镇保护与更新的重点。随着历史的不断向前，沿街建筑的高度不断增加，新的高大的建筑破坏或者取代了乌拉古镇的空间中占主导地位的传统建筑的统领作用，破坏了整个城镇的空间水平面的空间秩序，同时也破坏了原有的街道空间的尺度和比例，因此高度的控制是保持整个镇区风貌的重要手段。

对于已经建成的多、高层建筑，我们无法将其拆除或者移动，那样会造成更大的经济损失和资源浪费，可通过建筑立面改造缓解建筑体量上的不和谐性，沿街建筑的体量因为使用需求而超出其他居住类建筑是城镇发展的一种自然趋势，这种自适应性是在没有科学规划的前提下进行的。乌拉古镇街道两侧建筑高度趋势的特征是十分明显的，城市主干道的临街建筑体量较大，城镇次干道的建筑多为单层建筑（以民居为主），如果将历史上的乌拉城（清代新城）与当代进行对比，我们会发现，清代乌拉新城中，即使出现了建筑高度不一致的情况（如宗教建筑与民居），但建筑之间的形式特征可以保持一致，建筑与街道的比例关系也十分恰当。反观现在，维持原有秩序的因素被打破，传统建筑的尺度没有改变，新建建筑体量得不到控制，从而造成了乌拉古镇因建筑高度参差不齐导致的城镇风貌受损。

如何解决城镇发展与建筑高度和尺度之间的矛盾呢？首先，避免乌拉古镇进行大拆大建，以免对历史环境造成二次损坏。在保证建筑高度不变的情况下，局部区域内可对建筑进行修建等工程，使得乌拉古镇大体保持在以传统建筑为单位建筑体量的水平界面之下。其次，另辟蹊径，规划出新的开发区域，以传统建筑为主色彩的旧城区尽可能保持其原有的空间形态。正如梁思成先生在新中国成立初期提出关于北京城的规划的思路：“尽量减少对古城环境的干扰，另开辟新城，将工业区和行政区与古城分隔开，使得古今交相辉映。”[①]这样的思想虽然最后没有实现，但是其科学性却是值得肯定的。乌拉古镇可以采用相同的方法，老城区尽可能延续原有的传统建筑风貌及城镇肌理，新城区可以按照当代城镇功能需求注入新的功能及建筑形态，新老城区相互补充共同促进城镇发展。

2）路网格局的保护

方格网状式道路格局体现了乌拉古镇的城镇个性，这种街巷格局与封建社会的经济文化、封建制度的统治以及北方院落式布局密切相关。街巷的空间秩序一定程度上影响了生活秩序。在调研过程中发现，一些公共建筑占据了原有一部分道路空间，导致旧时的道路网格局部消失。如果不采取必要的保护措施，这种情况将会继续发生，所以要最大限度地保留乌拉古镇的街巷肌理，保存和尊重乌拉古镇的空间真实性。

街巷的消失现象正是因为街道设施老化、建筑结构衰败、居住区人口流失、社会活动趋于消亡等问题。由于经济中心的转移，十字街内的传统建筑因不再具备商业职能遭到废弃或者改建，八大胡同的东区更是偏离中

---
① 胡俊. 中国城市:模式与演进[M]. 北京：中国建筑工业出版社，1995.

心而社会活动大幅度减少，除了满足民居基本的通行外，其他的街巷功能已经消失。永吉胡同东区、永平胡同东区、永祥胡同东区、永远胡同东区均因为学校、工厂、医院等建筑的用地需求而消失，道路秩序和空间感受愈发模糊。

道路肌理的局部消失或者边缘化来自于街道功能的衰退，例如，十字街在清代和民国时期是乌拉古镇的中心，后来城镇的空间开放性发生变化，种德街成为新的商业中心，十字街的商业属性日渐消失至现在已基本消失。再如八大胡同除中西街作为城镇主干道外，其余街巷均以居民生活、通行功能为主，服务的建筑主体是民居。八大胡同同样因为乌拉古镇的商业中心转移，街巷内的社会活动锐减，在东部区域的交通联系功能的彻底消失，最后街巷空间被公共建筑所代替。

保护街巷功能可以有效地防止街巷肌理的进一步受损，还可以焕发区域的活力。十字街中，可以对传统建筑进行保护与再利用，恢复其商业功能，从服务本地居民的普通街巷变为旅游业和服务本地居民并重的商业街。八大胡同中，强化其交通功能和民居的生活交流性，通过一定数量的公共空间的设置，让八大胡同内的社会活动活跃起来，重新唤醒区域的社会氛围，让街巷为人民带来足够的场所感受。

3）街巷景观的整治

"街道景观同样体现地域文化与空间特色，城镇的地域个性不仅仅要通过街道建筑立面呈现，街道景观对场所精神的体现可以更加灵活生动。"[1]对于如今乌拉古镇来说，几乎无街道景观可言，街道景观过于单调乏味，景观节点的设置是十分必要的。应根据乌拉古镇特有的社会文化环境，将"点—线—面"结合起来，设置分类绿地景观系统。同时应该结合乌拉古镇外围的农田景观和滨水景观来发展其与古镇之间的绿化景观网，形成多元化的景观系统。以景观环境的改善来促进建筑保护工作的开展。

4）基础设施及景观环境的改善

乌拉古镇内的基础设施建设情况不是很理想。道路没有排水系统，下雨的时候会出现大面积的道路积水，电线的随意搭接与老化也存在安全隐患，生活垃圾没有集中安置点，而且随着今后镇区风貌的恢复和旅游业的发展，将会出现更多的垃圾。基础设施的改善是建筑保护与更新中不可忽略的一个环节，也更是对镇区风貌保护的一种补充。通过增加服务设施，保证现代生活的需求，包括垃圾清理、道路修整以及供暖供气等市政设施，同时开辟必要的公共空间、增加绿化等，改善居民居住环境，使居民可以安居乐业。

2. 传统建筑的保护方法

1）重点修缮与重建

具有代表性的传统建筑如"三府"建筑以及清真寺，部分经改造的民居和已荒废的但特点鲜明的传统建筑归于修缮类建筑。这类建筑保存条件相对完好，基本的空间形态和结构体系保持原有状态。"文物保护单位按历史资料和学术文献进行修缮，保证传统木构架结构体系和原有建筑材料建筑细部的真实延续。非文物保护单位但具有修缮价值的建筑按照改造程度选择性地保留当代建筑元素。"[2]对已废弃但具一定规模的传统建筑应根据原有的结构体系进行复建，保留所有的传统建筑元素，同时以适当的室内空间再利用形式赋予建筑新的生命。民居经过改造后仍保持木构架体系、青砖墙面硬山式坡屋顶等外立面建筑形象，通过改变室内环境以满足当代居住或其他使用功能（表6-3-4）。

---

[1] 吴良镛. 北京旧城与菊儿胡同[M]. 北京：中国建筑工业出版社，1994.
[2] 彭一刚. 传统村镇聚落景观分析[M]. 北京：中国建筑工业出版社，2005.

乌拉古镇后府修缮过程　　表6-3-4

序号	日期	实例照片	修缮内容
1	2016年06月		屋面修缮：安架椽子，铺望板，抹护板灰（在屋顶望板上苫第一层背，厚度为15毫米左右，主要是保护望板，起防腐作用）
2	2016年06月		
3	2017年03月		门窗修缮：根据满族建筑传统装饰特点进行门窗修缮，门窗内嵌玻璃，外镶木格图案，用方形、多边形等几何图案形成丰富的装饰纹样
4	2017年03月		

续表

序号	日期	实例照片	修缮内容
5	2018年08月		粉刷油漆：满族建筑门窗一般采用铁红色、大红色来刷漆配色，在青砖灰瓦中突显建筑正面
6	2018年08月		修复呼兰（指烟囱）：在正房的两侧修建砖砌式呼兰，平面为方形，逐级收分

2）适当保留与拆除

部分传统建筑通过改造已适应当代居住条件，但这类建筑改造幅度较大，建筑中呈现出的历史元素不多，或屋顶材料变成现代板材瓦面，颜色变为红色，或墙体改造成砖砌墙体加水泥抹灰，或仅仅铺瓦形式保留传统做法，或室内空间被重新划分。"现代建造手法与传统建筑肌理不相协调，严重影响建筑形象，建筑历史价值和内含的历史记忆被掩盖起来。"[①] 面对此类建筑，不能单纯地完全复原或者将现代建筑元素全部拆除。正确的做法是把现在建造手段作为历史中的一部分与传统建筑融合，有着积极的一面。应将建筑内的各种元素（历史与当代）协调统一起来，重新整合组织以形成有序的建筑元素组合。例如，同时保留传统木构架屋顶和铺瓦方式和当代红砖砌筑山墙和烟囱，通过不同材料的展示让建筑的历史可阅读性更强，室内空间满足当代使用需求。

此外，还应将附加在传统建筑上的有损建筑形象的部分拆除。这些附加的部分一般作为过渡的灰空间使用，与改造类建筑不同，这些多出来的实体空间破坏了传统建筑的原貌，使其完全或部分被遮挡，这是在建筑更新中居民自发性的盲目性改造造成的。在保护过程中应给予拆除，并且通过提高室内环境改进建筑品质，

---

① 杨秋波. 气候影响下东北满族民居的研究［D］. 天津：天津大学，2015.

摘除多余部分后，应保持建筑外立面表达的连贯性。这种连贯性与改造类建筑相同，力求清晰明了地重现大方美观的建筑形象，将各个时期的改造过程均体现出来。

3）示意性复原展示

"随着城镇规模发展，街道宽度逐渐加大，街道的分布也可能随之发生改变。"①这种情况可能导致原有的道路脉络肌理遭到大面积的破坏甚至丧失，为了体现这种空间上的历史传承性，应该在乌拉古镇各个历史时期出现过的城墙、城门、牌坊的位置上进行复原性展示保护手段。在乌拉古镇按照原来城墙、城门的位置进行局部性的展示。这些再现历史的保护手段虽然已经不适合当今社会发展的实际需求，但是对于唤起人民的历史记忆、提炼历史镇区空间有着举足轻重的作用。

例如，在今天乌拉古镇的城市主干道——种德街南北向上，依据民国时期的历史资料设置两座示意性的城门。利用这个思路，同时参考陕西韩城的做法把可限定各重要历史时期的乌拉镇城门逐次示意复建，这些城墙与城门围合形成的范围清晰明了地表达了旧有的乌拉古镇范围。复建过程中应注意这些示意性构筑物的可逆性准则，以免造成空间形态上的二次破坏。

3. 传统建筑的再利用

乌拉古镇中传统建筑的功能随时代的变迁发生了较为明显的变化，新的社会环境赋予了这些传统建筑新的使用功能，传统建筑功能性的转变是一种历史必然，这种现象的出现将会导致局部历史街区的区域活力下降，所以对传统建筑的功能更新是十分必要的，也是实际的要求所在。建筑再利用的核心问题是建筑功能与当下社会的发展步调一致，在深度挖掘传统建筑的潜能后，在社会化进程中体现其促进发展的积极意义。

乌拉古镇的传统建筑按其使用现状可分为两类，第一类：丧失使用功能而被闲置，完全失去了实际使用属性；第二类：经居民改造被用于居住或商铺，或者国家文物保护单位的"三府"以及清真寺。其共同特点是建筑活力仍在，但功能的改变具有一定的盲目性，因此要进行科学合理的建筑功能置换。以"三府"为例，在清朝与民国时期作为东北民居的典型代表均作为私人住宅使用过，如今已经作为国家级文物保护单位，但建筑的居住功能已经不复存在，但其历史文化价值仍在，我们应注重其建筑内涵，并将建筑中的文脉元素提炼出来。可以作为展示类建筑，提供参观和展出乌拉古镇地域文化宣传的场所，同时作为一种旅游类资源，带动地方的经济发展，可谓一举两得。建筑功能的合理置换可以实现建筑价值的最大化，对乌拉古镇起到积极的作用。

4. 新旧建筑的关系处理

在乌拉古镇内，新旧建筑（这里旧建筑特指的是传统建筑）以多种空间关系存在，经调研分析，大致可分为三类：第一类，新旧建筑距离相对独立，处于对景或者借景状态；第二类，新旧建筑距离较近，但产生了一定的建筑空间制约效应；第三类，新旧建筑的空间对话感强烈，比邻而置。针对以上三种类型，在新旧建筑关系的处理上可视不同情况分别进行调整，以达到建筑空间的协调性。

1）新旧建筑空间关系相对独立

新建筑与传统建筑空间对话性较小（例如清真寺与周围的建筑）时，新旧建筑之间的空间关系上相互干扰性很小，传统建筑在一个相对封闭的环境之中。若新建筑的建筑形态良好，较为清晰明朗地表达了建筑语言，又能在空间尺度上与传统建筑保持一种平等的对话

---

① 郑潇. 历史性建筑与街区的改造与再利用[J]. 建设科技, 2003（11）.

关系，建筑材料、结构互不相同，但各自体现其所处时代的建筑技术与艺术价值，新建筑应给予完好的保留，无改造的必要性。如果将新建建筑全部拆除重建会造成巨大的资源浪费。从建筑使用价值来看，其使用价值意义重大。它被居民所使用并且无安全隐患，解决了一部分人的刚需问题。作为乌拉古镇的已有资源，不建议对其进行大拆大建，无论是在物质层面还是精神方面，都会造成损害。因此，可以对这部分新建筑进行局部调整或者适当的改造，减少不必要的麻烦。

2）新旧建筑空间相互联系

新建筑与传统建筑在空间关系上产生联系时，会出现两种情况，第一种：新旧建筑的体量对比强烈，例如魁府和镇政府办公楼，新建筑对传统建筑产生一种压迫感。建筑形象上，当代建筑映射出的元素杂乱无章，表达不清。改变新建筑的体量显然是不现实的，可以对新建筑进行形态上改造来达到新旧建筑之间的和谐。比如"将传统建筑符号经过抽象简化后引用到建筑装饰之中，颜色基调的一致亦可将新旧建筑联系起来，从而使大体量的新建筑通过建筑元素之间的互动与传统建筑之间建立良好的对话关系。"①第二种：新旧建筑的体量相近，但两者共生在同一院落空间之中，体现出了一种空间秩序性。此时可以将传统工艺做法应用到新建筑中去。比如单层的民居住宅，采用类比的手法，在与传统建筑装饰工艺相似或相同的位置运用砖、木、石的雕刻技艺，檐口处采用特殊砖砌样式的线角、山墙伸出等做法。新旧建筑既能通过装饰做法上的共通性相互联系，又能在材料上的不同上找到不同点，在同一院落空间中完成建筑上的传承过渡。

3）新旧建筑空间关系彼此制约

通常出现新旧民居之间，传统民居被拆后，居民在原址上建造新的房屋，当新旧建筑的空间彼此制约。第一原则就是考虑体量上的统一性，无论新建筑想表达出怎样的建筑情绪都不会打破建筑之间的空间平等性。尤其在新旧建筑的空间紧密联系的情况下，空间关系上的失衡不会因为新建筑历史符号引用或抽象等设计手法而得到缓和。当乌拉古镇的新旧民居毗邻时，应保持建筑形态上的统一，在形式比例、颜色材料等方面做到相似且延展的建筑形象。例如，砖砌墙、坡屋顶、留有一定的院落空间，使得二者形成一种并列对等的空间关系。

三、建筑遗产型传统聚落的保护与发展——锦江木屋村

（一）锦江木屋村现状

锦江木屋村位于漫江镇西北约5公里处锦江右岸的密林中，长白山西南坡，头道松花江上游，域内面积约为42.89平方公里。省道302与环长白山公路从村域穿过，距省道S302约0.8公里，依山傍水，交通便利。锦江木屋村为山地、丘陵地貌，有丰富的景观及野生动植物资源。村域内有头道松花江、锦江、漫江、秃尾巴河等水系流过，地势西北低、东南高。木屋村至今已有近百余年的历史，又名孤顶子村，以当地一座孤立突出的山峰而得名，专家称之为"长白山最后的木屋村落"。

锦江木屋村的民居采用了木刻楞建构方式，房屋的结构、墙体、屋面、门窗，甚至是生活器具、小品均采用木材建造。因建构方式独特，其历史悠久，2006年被抚松县政府列为"县级文物保护单位"，2009年被吉林省政府列为"文化遗产保护单位"，2012年被吉林省人民政府公布为"省级重点文物保护单位"，2013年9月列入第二批中国传统村落名录。

---

① 张复合. 中国近代建筑保护与研究（三）[M]. 北京：清华大学出版社，2004.

（二）锦江木屋村价值评价

长白山木屋的建造技艺，具有鲜明的地方特色和学术研究价值，在中国村落民居建筑中具有不可替代的地位。近年来，已经引起了国内外专家学者的关注和研究，吸引其他地区的游客前来参观考察，其价值主要体现在三个方面。

一是具有历史文化价值，清晰的发展脉络和独特的村落形态，为研究长白山地区的农业社会经济、文化发展提供了重要的依据，通过对锦江木屋村的研究，可以分析总结出一些建筑遗产型传统村落的发展演变规律，对这一地区传统村落的发展研究有一定的推动作用。

二是具有景观环境价值，传统村落的建筑景观、自然景观组成独特的地域景观氛围。锦江木屋村建筑风格独特，特色鲜明，从形态与材料方面与周边环境高度融合，目前这种成片的木屋群保存的数量已经不多，木屋村独特的村落特征具有极高的景观环境价值。

三是具有经济价值，锦江木屋村建筑文化是长白山地区重要的旅游文化资源。锦江木屋村位于长白山腹地，古朴自然，四季景色各异，可以借长白山旅游业的契机，适度开发锦江木屋村的旅游业，带动地方经济发展，具有重要的经济效益和现实意义。

（三）锦江木屋村保护与更新的基本原则

1. 村域空间布局的优化

村域用地布局的优化调整，是指通过对村落用地的功能划分，对村落可利用的产业进行规划，改善居民生活环境。在村落进行更新建设时，需要合理控制村落的规模，避免村落发展成"集镇"，功能上尽可能保持农村传统的生活气氛，根据实际情况增加旅游文化功能。

根据长白山地区传统村落的特征，可以将村域的功能划分为三个主要部分：生态景观空间、产业发展空间、居住空间。根据土地可利用范围确定生态景观区域（山林水系等），根据村落建设用地和农业生产用地确定产业空间边界。

2. 生态景观空间优化

长白山地区的传统村落"山林—农宅—农田—水系"的生态格局已经与整体的自然环境融为一体，是自然演化的结果。但是如今建设行为不断增加，造成了生态环境与人工建设活动的割裂，因此在生态景观的优化中，需要恢复并延续原有的生态格局。生态景观的空间优化首先要对自然边界进行设定，在此基础上优化生态景观系统，依托山林水系形成生态屏障，打造绿色的开放空间，再结合山地地形建设景观廊道，加强乡村生活与自然环境之间的联系。

3. 产业空间优化

进行产业空间的优化可以使村落的有限资源发挥自身价值。产业空间的优化首先需要明确村落的产业优势，合理控制产业规模，利用特色资源，最大限度地发挥经济价值。因此，在产业空间的调整上需要从以下几点出发：首先，结合地理位置，形成有利于发挥优势的区位；其次，产业的规模和定位需要结合市场的需求来确定；最后，产业的结构需要适应时代的发展。产业发展主要可分为农业产业和旅游产业。村落所处的山地空间具有优美的台地景观，依托自然地貌建立现代休闲农业观光带，吸引人群，在增加收益的同时也是转变传统农业生产模式的一种尝试。同时优美的自然景观为村落旅游产业提供了天然的优势。旅游业的发展首先要有合理的规划，避免破坏自然生态，避免为了短期利益出现不利于可持续发展的建设活动；其次，根据条件体现本土特色；最后，需要配套相关的服务设施，保证配套完善，才能提升村落的吸引力。可以依托聚落周边的自然景观，并结合长白山木构文化打造民俗度假村，形成完整的村落旅游体系。

4. 居住组团优化

居住组团是传统村落整体的基本组成结构。过去，传统村落的建筑会自发建设形成聚合的布局模式，建筑更多考虑与地形的契合，与自然的融合；如今，在建筑文化遗产的保护与更新模式下，需要对原有建筑进行有效保护的同时，要依托自然适当植入新的居住单元，优化居住组团，来迎合聚落发展的新需求。随着居住组团的优化，邻里之间的交往方式也有所提高，相比村落的整体，邻里关系相对更为密切，承载了村落中的情感交流功能。因此对于居住组团的优化应考虑延续村落的原有布局规律，或者创造传统的邻里空间，有助于形成亲密的邻里关系，提升村落的活力。传统村落居住组团布局优化的具体方法是对原有的村落肌理及居住形态进行提取，提取关键的山体水系、道路及居住组团之间所形成的天然格局，保护这些格局，并以此进行居住组团的优化。

5. 院落农宅的更新

院落农宅作为传统村落中的单元形制，是传统村落微观层面最基本的组成部分。长白山地区传统村落中的院落单元形式相近但又具有多样性，居住功能与现代居住方式相比比较落后。在院落农宅的更新中，采取的方式如下：一、以保留原有传统风貌为基础，延续原有形式，保证院落单元之间的相近性与多样性；二、以适应现代生活习惯为目标，对院落单元的功能和居住建筑进行整合，降低混杂感；三、兼顾乡土性与适用性，在建筑中合理植入现代功能。

1）院落单元整合

根据现有村落中的院落单元形式，单元的组成形式多为"院子+农宅+菜园"的组成形式，通常情况宅院的总面积在300～350平方米，建筑面积多在40～150平方米，这种形制的院落组成方式是乡村居住方式与城市居住方式的核心差异，最能够体现传统村落的乡土性。

（1）预留生产空间

在长白山地区的传统村落，村落的大部分居民将农业、种植业作为经济收入的主要来源，例如锦江村的人参种植、黄烟种植，因此在院落的整合中，根据村民的自身情况对院落空间合理布置，预留出生产需要的空间。

（2）增添旅游功能

现有院落单元内部功能布置较为杂乱，除了苞米楼、禽畜房舍没有其他功能，布局比较简易，也阻碍了乡村旅游的发展。因此在院落更新中，对于院落中的工具用房、粮食存储仓以及禽畜房舍进行合理规划布局的同时，应适当植入茶歇、采摘等休闲娱乐项目，以提高院落空间的旅游服务机能。

2）建筑功能调适

主屋是院落单元的核心部分，锦江木屋村中的农宅多为木刻楞建筑，其中部分被评选为文物建筑或历史风貌建筑，因此建筑形式的部分属于传统建筑保护的范围，更新的内容主要针对建筑的内部使用功能方面。

锦江木屋村现有农房的主要功能仅包含日常的食、住两个部分，缺乏现代居住功能。大部分民居室内没有卫生间、客厅等现代功能，厨房与餐厅混合使用，房间光线昏暗，居住环境脏乱。因此在建筑功能的调适中要以民宿为主导，重点进行厕所入户改造等内部功能与空间的调整，使建筑能够有机地融入传统村落的保护与更新中。

3）院落景观整治

院落的景观设计主要包括两个部分，即院落硬化和院落绿化。院落硬化的方式主要是在院落内部交通空间采用砖石铺装或木板铺装，达到舒适、整洁的效果；院落绿化的方式主要采取在院门两侧及道路沿线位置种植绿植，既要美化环境，同时又能体现其乡土性。院落景观维护主要依靠村民各户提高环保意识以及审美意识，同时也需要建立相应的环境管理制度，鼓励村民积极参与景观的整治。

6. 公共空间的更新

公共建筑与服务设施属于介入村落的新元素，其形式与功能对村落的现状以及周边村落都有较强的影响力。所以在更新的策略上，应考虑与其他环境要素的融合，包括与基地村落、周边村落、长白山地域的融合。针对不同融合对象，具体要求如下：

1）与基地村落的融合应该考虑与传统建筑的协调，公共建筑的功能应符合村落需求。

2）与周边村落的融合应考虑建筑功能的辐射范围，可以适当扩大服务范围，实现公共资源共享来节约建设的成本。

3）与长白山地域的融合，主要是需要吸取长白山地域特色，在表现现代性的同时又能将传统的建筑形式特征纳入其中。融合的方法体现在公共建筑的形式和功能上。

（1）形式

公共建筑的形式需要与村落的风貌相协调，公共建筑的形式包括建筑体量和建筑样式。公共建筑的体量比村落的居住建筑的体量大，为了保持整体的村落风貌需要对公共建筑的体量进行控制。控制的方式有两种。第一，适当消减，当公共建筑体量过大时，可以将其分割成几个小的体量来组合，在村落的整体环境中不显突兀。第二，合理加强。对于需要表现场所氛围的公共建筑在体量上需要适当加强，与居住建筑的差异需要有所体现。建筑的样式需要与村落的传统建筑有所呼应，主要体现在材料的选择和建造的技术上，材料应该体现乡土性，建造技术应延续传统建筑的特征，同时也需要将现代技术融入其中，使建筑更加坚固耐用。

（2）功能

目前长白山地区的传统村落缺失的公共功能主要为文化娱乐、医疗、教育等功能。但是由于多数村落规模有限，以及受到保护要求的限制，不宜过多建设公共建筑，因此公共建筑的功能配置应有综合性，村落的活动中心可以结合超市、图书室等空间。公共建筑在一个村落中可能需要产生复合作用。例如村落的入口空间，村落的入口不单单只是一个入口的功能，同时也是一个村落精神意象的体现。锦江木屋村可以依托公共建筑功能的复合性，丰富村落的入口空间。

7. 基础设施的完善

完善村落内部基础设施的建设是满足村民生活需求的必要措施之一。在基础设施的建设中，需要优先满足历史建筑和古迹文物的保护要求，不能对其产生破坏。基础设施的完善主要包括给水排水工程、电力电信工程、环境卫生工程。

1）给水排水工程规划

给水方面要首先保证水源的安全，根据村落的规模建设集中供水点，保障每户都有自来水管接入。排水方面要明确污水处理及排放的方式，需要建设污水处理站，同时结合沼气池和化粪池进行处理，污水利用管道进行排放，污水的收集应该遵循集中就近的原则，优化排水管线。利用地表径流和沟渠组织雨水的排放。

2）电力电信工程

电力电信工程的建设需要结合村落自身的经济情况来制定相关标准，对于经济条件好的村落可以考虑电力电信设施的全覆盖。电力电信设施的线路架空铺设，应减小对街巷空间和村落景观的影响，线路的排列布置应注意美观，避免私搭乱接的现象。

3）环境卫生设施规划

为维护传统村落内的卫生环境，对村落内的生活垃圾需要集中处理，建立垃圾回收站，在主要道路两侧设立垃圾箱。根据村落人口和游客数量布置公共厕所，公厕的位置应在方便使用的前提下设置在较为隐蔽的位置，形式也需要与整体村落风貌相协调。

（四）锦江木屋村保护与更新规划

1. 保护层级划定

1）核心保护区

保护范围：锦江木屋村共有40栋历史建筑，现均已被评定为省级文物保护单位，古窑和古井历史要素各一处。核心保护范围应将文物保护单位、历史要素以及空间格局保存完好的区域划定在其范围内，核心保护区的总面积为4.23公顷，包括原有街巷两侧、建筑院落单元、古窑、古井历史要素等空间范围。

保护与控制措施：①对该区域内的文物建筑需按照文物保护单位的要求进行保护，除了维护和修缮之外，不应进行任何新建、扩建等危害历史风貌的建设项目。②对于不影响木屋村历史风貌的建（构）筑物，可以予以保留；对于与历史风貌有冲突的建（构）筑物进行改造；对于严重破坏历史风貌的建（构）筑物，予以拆除。③古井、炭窑等历史要素需挂牌标明。④该区域内不能有侵占或者破坏村域内水系、山体植被、农田、道路等建设活动。⑤除了必要的基础设施和公共服务设施建设外，其他项目建设活动都禁止（图6-3-35）。

2）建设控制地带

保护范围：范围包括村落本体及村落周边国有林控制界线以内的用地，总面积7.99公顷。

保护与控制措施：①该范围内允许进行新建、改建或扩建，但其建设的规模和功能应在维护村落风貌的前提下严格控制。②建筑功能以居住和配套的服务功能为

图6-3-35　锦江木屋村保护规划总平面图（来源：吉林省长白山地区传统村落保护与更新研究）

主，禁止大规模商业性建筑的建设。③建筑样式尽量采用坡屋顶或者半坡屋顶，建筑材料以木材为主，避免城市化的建筑符号。

3）环境协调区及保护

保护范围：在建设控制地带的基础上向周边扩展，西北至孤顶子山主峰，南至松花江，东至环长白山旅游公路。该区域包括能体现传统村落关系的空间要素。

保护与控制措施：①以村落北侧的孤顶子山为基础，加强对山体植被的保护，对已经受到破坏的山体环境进行修复；②在山地进行的建设活动（山间步道、景观小品）需要按照规划要求进行建设；③该范围内的新建建筑不能对村落的传统风貌产生影响，建筑体量不宜过大，建筑形式与木屋村其他传统建筑的样式相协调，周围有一定的景观绿化设计（图6-3-36）。

2. 街巷系统规划设计

在村落的保护与发展过程中需要对传统街巷尺度予以有机更新，新建的道路宽度既要迎合乡村旅游发展规划的需求，又要与原有街巷保持尺度与空间上的呼应，使木屋村内街巷道路肌理和风貌统一，从而体现传统的特色。木屋村村内只有一条主街，原宽度约为4米，道路宽度与建筑高度的比值约为1.0。沿主干道垂直分布的巷路尺度较小，宽度约为1.5米，巷路直通各家院落。传统村落的道路具有多重功能，既是交通线路，又是村落的公共交往场所。根据聚落发展的内在需求以及考虑未来的安全问题，街巷系统规划主要包括以下三方面：

（1）将主干道的宽度拓宽至6米，在保证交通可达性的同时也需保持原有村落的古朴氛围，巷路尽量保持原有尺度不变。

（2）在入口处新建一条干路与通往村外的道路相连，保证古村环境不受车辆影响。

（3）在木屋村入口处规划停车场一处，满足游客停车需求。

村内原有的主道和巷道均为泥土路，体现出了乡村生活古朴的气氛，但随着发展，村民对生活质量要求提高，原土路交通的不可达性以及雨雪天气泥泞的路况给村民生活带来不便也限制了村落的发展，可考虑选择片石或者毛石作为村内主干道的新材质，既可以保留村落原有乡土氛围也可在必要的情况方便车辆的进入（图6-3-37）。

3. 公共空间结合历史要素的保护设计

锦江木屋村由于村落规模较小，创造新的公共活动空间的场地有限，因此不适宜建造大规模的空间节点，而只需在原有的公共活动场地的基础上加以提升和完善，尽可能保留原空间的尺度、材质、环境的色彩，以

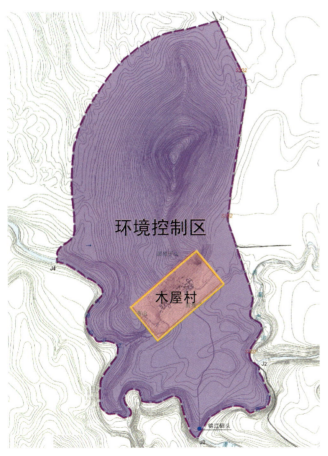

图6-3-36 锦江木屋村环境控制区示意图（来源：吉林省长白山地区传统村落保护与更新研究）

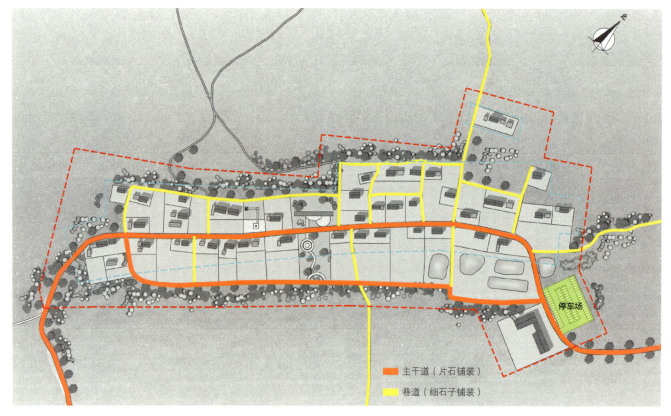

图6-3-37 锦江木屋村道路系统规划（来源：吉林省长白山地区传统村落保护与更新研究）

图6-3-38 锦江木屋村古井

图6-3-39 锦江木屋村古炭窑

此实现公共空间的保护与整合。

可以结合锦江木屋村的古井、古炭窑等历史要素进行公共空间的设计，把它们作为公共空间系统重要的组成部分综合考虑（图6-3-38、图6-3-39）。古井与古炭窑的位置在村落中心，更具有向心性。作为村民日常生活交往、活动的空间，可以体现传统村落的生活气息与生活方式。同时此类空间的尺度宜人，方便公共活动的开展，可结合古井与古炭窑的位置适当扩大休闲广场，使之成为木屋村落大型公共集会、活动的主要空间，用以举行节日庆典及民俗演艺活动。

4. 非物质文化遗产的保护

锦江木屋村具有代表性的非物质文化遗产主要有两种：一种为传统木屋的建造技术；另一种为木屋村流传至今的文化习俗，主要包括节庆活动、戏曲以及满族剪纸等民间手工艺。其中木屋的建造技术以及满族剪纸已经被评定为省级非物质文化遗产。这种带有地域特色的传统文化，在快速发展的现代社会尤显珍贵。

针对传统建造技术文化的保护，应该充分发挥村落中的技艺传承人的作用，利用传承人培训新的木屋建造人，使传统的建造技艺能够流传下去。传统文化习俗的保护采用展示、游客体验等方式鼓励传承。利用村落入口空间、村内广场、古井、古窑以及空置的文物建筑，作为这些非物质文化遗产的展示载体，来表现和传承木屋村种类繁多的非物质文化遗产。

（五）锦江木屋村建筑保护与修缮设计

锦江木屋村40栋省级文物建筑的保护修缮需要依据文物建筑的修缮要求，依照文物建筑保护与修缮的法律法规，结合锦江木屋村的现状和特点提出文物建筑修缮原则与修缮方法。

1. 文物建筑现状

通过对锦江木屋村各单体建筑的调查，结合现场勘察情况，认为所有木屋均出现不同程度的损坏，木屋基础全由圆木搭接，在房屋四角以石块支垫，由于基础太浅，以及木结构受风雨侵蚀出现糟朽，大部分木屋均出现不同程度的倾斜，严重的已经出现坍塌现象。

建筑的残损原因主要有自然原因和人为破坏，其中自然原因造成的损毁有：建筑四周无排水系统，造成排水不畅，进而导致基础遭雨雪侵蚀严重；木墙体糟朽变形及墙皮剥落；屋面望板及木板瓦成片、柱子、梁架及檩条的劈裂、糟朽；房屋严重倾斜、局部或整体坍塌。人为原因造成的损坏主要有：门、窗缺失、残损；原房屋坍塌后被重建，且改动较大，已失去原貌；房屋的乱搭乱建严重，室内电线乱扯及灶台随意搭建，易引发安全隐患。

根据建筑现状残损情况可将建筑分为三类，一类风貌：有一定历史文物价值，未遭到破坏的建筑，能较好体现历史风貌，保持了原有建筑格局，针对这类建筑，应保持原样，不得翻建，按原样使用相同材料和原有建筑工艺进行修缮。二类风貌：和木屋村落风貌较为协调的建筑，但质量欠佳，结构受损坏较严重的建筑，针对这种建筑应按照传统样式予以修复，对结构进行加固，受损严重的构件进行替换。三类风貌：与木屋村落风貌不协调的建筑，多为现代建筑，采用现代材料和非传统工艺建造的建筑，已经影响整体村落的风貌。对三类风貌建筑应按传统风貌和建筑形式进行改造，主要通过改造屋顶、地面形式以及墙面改造等措施达到与传统村落相协调的风貌。对于无法通过改造方式修复的建筑需要拆除重建（表6-3-5）。

锦江木屋村的40栋文物建筑中，共有12栋属于一类风貌建筑，23栋属于二类风貌建筑，5栋属于三类风貌建筑。

2. 文物建筑的修缮依据与原则

1）修缮依据

锦江木屋村的文物建筑修缮应严格遵守我国文物建筑保护的相关法律法规中的要求，《中华人民共和国文物保护法》与《中华人民共和国文物保护法实施条例》为木屋村文物建筑修缮提供主要依据，这两者都对文物建筑的修缮做出了具体的要求。由于木屋村的文物建筑均为木结构建筑，因此在修缮中还参考了《古建筑木结构维修加固技术规范》中关于木结构加固与修复的相关方法，同时结合锦江木屋村现状勘测资料、历史文献资料及群众调查资料，为木屋村的文物建筑修缮提供了充分的依据。

锦江木屋村文物建筑现状分类表　　　　表6-3-5

现状建筑风貌分类	现状照片	建筑现状
一类风貌建筑		建筑为传统井干式结构，门窗为单层木质窗，整体结构、木烟囱等传统建筑要素保存完好，部分木构件残损，窗玻璃缺失
二类风貌建筑		建筑为传统井干式结构，门窗为单层木质，建筑整体工艺保留完整，由于年久失修，基础倾斜，木构件残损严重
三类风貌建筑		村民私自搭建，建造工艺不同于原有传统建筑做法，建筑样式对整体村落的历史风貌影响较大

2）修缮原则

（1）真实性原则

对待修缮修复问题，需要具有充足的依据。修缮中不应在建筑的艺术和时代特征上刻意臆测，保护修缮应以现存的文物建筑为依据，尽可能多地还原建筑原貌。

（2）最小干预原则

文物建筑的修缮要遵循最小干预的原则，尽可能多地保留原构件。对于具有使用价值的构件，应予以保存；无法使用但具备较高的历史与艺术价值的构件应予以拆除后妥善保护。

（3）可识别性原则

对于现代材料的使用应谨慎，传统的材料与做法如不能满足使用功能可以考虑采用现代材料与施工技术，但对于新添置的部分应具有可识别性，选择新的材料对建筑修缮时，材料颜色、纹理等方面应该与原有构件有所区别。也可以在所用材料、构件的隐蔽部位做出时间及修缮情况标记。对薄弱结构，可在隐藏部分用现代材料及构造方法进行修补。

3. 文物建筑的修缮方法

1）屋顶做法

木屋屋顶做法是檩条直接搭在梁的上面，檩条上再搭梁，除了屋脊檩外，其他位置的檩条上均搭梁。再用直径大约70毫米左右的细圆木（又称为椽子）排列在檩条之上，在圆木上铺一层20～30毫米厚的草，在草上覆盖一层80～100毫米厚的泥，最后顶层加盖木瓦片。由于旧时建造受到材料、技术等条件的限制，屋面木板瓦由檐口至脊部叠压摆放而成，屋面做法过于简单粗糙，这也是导致屋面基层大面积糟朽，进而引起坍塌的主要原因之一，因此在保护修缮中，应在保留原工

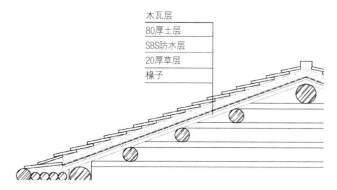

图6-3-40 木屋屋顶修缮构造图

艺、原特点的基础上，在其隐蔽部位改良其屋面做法：椽子→草层→SBS卷材防水处理→土层→木瓦片。正脊原做法用木板由中间向两端叠压摆放，尽头处压一整块木材或者一块石头以稳定木瓦屋面，修缮中可以在不影响建筑原貌的情况下，采用更加牢固的固定办法，例如用螺栓固定（图6-3-40）。

2）墙身做法

建筑墙体的建筑选材主要为红松和黄泥，红松属于柔性材料，耐拉耐弯，具有可塑性。松木之间的搭接方式是在木材靠近端部的位置，刻出缺口，进行榫卯搭接，这种方式搭接的房屋抗震性好。再用掺入了乌拉草的黄泥对墙体进行涂抹填缝，墙体的厚度一般在20厘米左右[①]。黄泥与木材都是热的不良导体，内外墙体抹上黄泥，起到保温、防风与防火的作用。黄泥与乌拉草在锦江地区都是常见的材料，取材方便。修缮的具体方法根据保留下来的木墙体的受损情况决定：如仅为外部糟朽，可剔除糟朽部位，进行防腐防虫处理继续使用；扭曲、变形的木构件采用铜铬砷合剂浸泡后加压整形重新放置；将破损严重影响结构的木材用新的红松替换，墙面抹泥与原材料厚度一样（图6-3-41）。

3）基础与散水做法

木屋原有的基础由于处于湿冷的环境而容易发霉

---

① 赵龙梅，朴玉顺. 浅谈井干式民居的构造特点——以吉林省抚松县锦江村为例［J］. 沈阳建筑大学学报，2012.

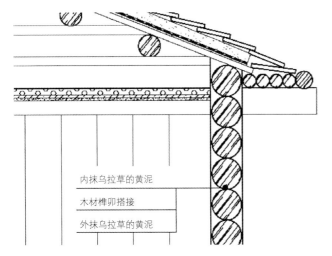

图6-3-41 木屋墙身构造图

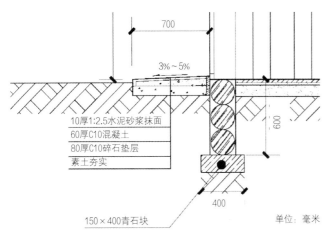

图6-3-42 木屋基础做法

腐烂，同时由于基础深度不够易造成不均匀沉降，造成建筑倾斜墙体开裂，存在安全隐患。因此应对基础进行改进修缮，首先对于地基的土层进行处理，地基需要挖到原土层，对于不均匀的地基或者软性地基要进行分层夯实，或者采取换填以使地基达到要求的承载能力；其次需要深埋基础，在修复原有横木基础的前提下，将基础的深度由原来的30厘米增加到60厘米。下部素土夯实，铺设15厘米厚的石条，用水泥砂浆砌筑，再将圆木基础置于其上。原木屋建筑由于勒脚处没有做散水，使雨水无法排除导致墙身和基础都因雨雪侵蚀导致残损，因此在修缮设计中加设勒脚处的散水，散水宽度为70厘米（图6-3-42）。

4）门窗做法

木屋门窗原有的构造形式简单，在原木垒至第二层后留出门口的位置，以及四五层后留出窗口的位置，主入口门多用比较厚实的木门，而室内隔门多用较薄木门。为了保温，门宽为0.8~0.9米，高度为1.8~2.0米。窗宽1.0~1.2米，高度约为1.0~1.2米。修缮方法是将玻璃破损处和门窗框糟朽处做替换，门窗形式与原有形式保持一致（图6-3-43）。

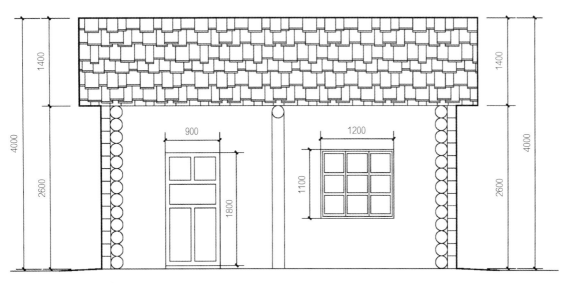

图6-3-43 木屋立面及门窗图

5)室内装修做法

室内的装修应参照原有留存装修样式对木屋的室内予以修补,对于室内的墙体,黄泥抹面虽然体现了原始的乡土气息,但是干燥天气的灰尘过大,同时由于对光的反射小而导致室内光线不足,因此需要设计能够满足现代人们居住生活的装修,目前木屋村的住户多采用报纸或塑胶纸糊在泥墙面上,略显粗糙,可以采用处理过的木材装饰墙面,或者采用白灰抹面。地面可以根据各户的需要铺设青石板或者木地板;为了增加木屋的保温性能,可以在天棚加设保温层。

木屋原隔墙的形式有两种,一种是原木墙用整根的原木堆叠,在原木外抹泥,做法与外墙做法相同,另一种是木板墙,将木板劈开为长宽大致相同的木板,再将木板拼接固定成隔墙,木板隔墙一般位于隔墙的中部位置,由地面起700毫米高度以上,屋架下部的墙体是取暖的火墙,修缮后的木屋隔墙材料均选用50毫米×50毫米方木和25毫米厚木板。在保证民居形式不改变的情况下,通过室内装饰提高村民的生活质量。

4. 文物建筑的展示利用设计

1)文物建筑展示利用要求

对于文物建筑的展示利用以不破坏文物本体及周边环境为主要原则,保证适度、持续、合理的利用;展示手段需要与文物建筑本体相协调;文物建筑的展示利用应促进社会效益与经济效益的协调发展。展示的内容需要全面体现锦江木屋村所含文物的真实性、完整性,能够突出历史价值、艺术价值和社会价值。

2)文物建筑的展示内容

展示以文物建筑本体为主,在修缮的基础上,除了村民自己居住之外,也可适当开拓艺术家工作室、民宿、"农家乐"等功能,同时可辅以相关的陈列展示。以三间房的建筑为例,主要展示了建筑本体、日常生活用具、起居方式、室内陈设等(图6-3-44)。

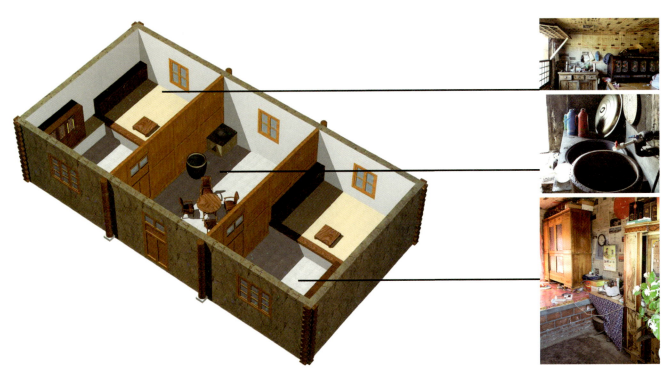

图6-3-44 三开间木屋文物建筑展示利用设计示意图

图6-3-45 锦江木屋村村域布局规划图（来源：吉林省长白山地区传统村落保护与更新研究）

（六）锦江木屋村人居环境更新设计

1. 村域布局的优化设计

在保持村落原有肌理和空间结构的基础上，对木屋村的布局进行合理的更新整合。整体村域格局范围内的布局更新设计主要考虑对生态环境的影响，村域的布局组织应该体现各个自然环境要素的联系与延续性。根据前文的分析，木屋村的地形属于山多田少，各户农宅分布相对稀疏、独立。形成了"山—宅—田"的空间秩序。优化布局设计应保持原有空间序列，在此基础上，改善村落空间环境，充分利用自然资源提升村民的生活质量。村域的整体布局主要可分为三个分区，村落内部的空间在结构上进行整合优化。

1）村域功能分区

（1）木屋古村风貌区：将40栋文物建筑集中的区域作为风貌保护区，保存并展示村落的原有肌理和空间格局，同时可接待游客。

（2）生态体验区：木屋村附近的自然资源环境多样化，可开发利用的自然景观主要有两江口、野生杜鹃保护区、野生蓝莓保护区、秃尾巴河观赏区等，依靠这些自然景观点，打造独特的自然风光，形成生态体验区，由于各个景观点的位置较为分散，需要分开布局，因此应对观赏的路线进行合理设计。

（3）新村建设区：现有的40栋居住建筑不能容纳现有的村落人口，已有部分村民迁入锦江新村，新村的距离与木屋村的距离间隔较远，因此在布局中需要考虑新旧村之间的相互联系。新村主要以居住为主，新村的布局策略主要是提高土地的利用率（图6-3-45）。

2）村落结构优化

木屋村内的主干道为村内主要轴线，村落内部的古

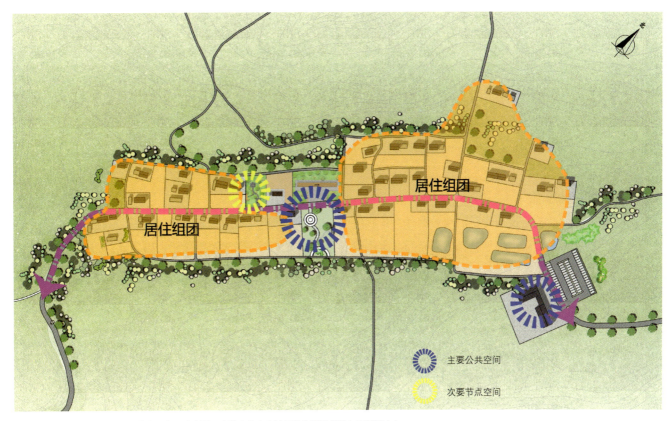

图6-3-46 锦江木屋村落结构优化示意图（来源：吉林省长白山地区传统村落保护与更新研究）

炭窑结合活动广场和村落入口处的服务中心为主要公共空间，古炭窑结合村落广场将居住组团分为两个部分，木屋村原有结构没有明显的中心点，通过功能划分使村落内容空间更加丰富（图6-3-46）。

2. 公共空间提升与更新

公共空间作为传统村落的组成部分，其更新设计应该是基于保持传统村落的整体风貌和格局的原则。随着功能形态的转变已经从单一的农业产业向多项产业发展转型，村落承载的功能开始多元化，向观光、休闲、旅游发展，而原有的公共空间中针对村民交往的空间体验也需要得到相应的提升。

1) 增加村民交流场地

随着木屋村旅游产业的发展以及村民生活水平的提高，村民的日常活动空间不仅限于街巷，村民的日常交往可以发生在任何场所，如广场、院落等，因此在公共空间的设计中，需要考虑空间对村民交流的支撑，通过位置的设置、公共服务设置的布置来满足对活动场地的需求。其具体措施可以体现为：将传统建筑的细部设计应用在公共空间的设置当中；设置景观小品对传统文化进行展示；设置可以体验的文化设施来引导村民积极参与文化传播。

2) 增加公共服务设施

随着木屋村游客的增多，公共服务设施需要与村落的发展水平相协调，木屋村现有的公共服务设施不能满足村民的需求与游客的增长，因此应结合现状设置公共服务设施，对原有条件较差的公共服务设置进行改造。根据现状情况，村民对于室外活动场所以及卫生室的需求较为强烈。卫生室可以结合游客服务功能，可在核心保护区范围之外、建设控制地带之内建设木屋村的服务中心，其功能主要包括游客接待、室内活动室、卫生室三个主要功能，公共建筑的位置选在木屋村的入口处。对新建建筑形式、体量要有所控制，新建建筑层数应控制在一层，建筑高度控制在5米以下，体量不宜过大，需要与村落的整体风貌相统一，建筑的样式既要借鉴木屋村传统建筑的形式也需要避免符号化的误区。

3. 院落单元整合

锦江木屋村原有的院落单元功能较为混杂，在院落的单元更新设计中将院落空间划分为居住空间、生产空间、附属空间和绿化空间以丰富院落的空间层次。院落整合内容包括以下几点：居住空间在空间布局上各个院落之间应相互协调，使整个街巷更有整体感；生产空间为耕种区，主要为菜园，部分住户的院落内还种有玉米和大豆；附属空间包括家禽舍和工具间，家禽舍的布置需结合风向考虑，避免产生污染，工具间尽量靠近生产空间；院落内增加绿化景观，在院落大门的位置种植绿植，院落面积较大的单元可以设置室外休闲场地，院落的围栏以木质围栏为主，高度设置1~1.2米之间；不同的院落单元在布局上可略有差异，以体现传统村落的多样性与差异性（图6-3-47）。

4. 居住功能适应性更新

为了改善锦江木屋村的人居环境，需要对居住功能做出适应性的改变，居住功能需要兼顾乡土性与现代性。适应性功能的设计中需要加入室内卫生间、用水厨房、储藏间等基本空间，其中室内卫生间是当前最需要解决的问题，室内卫生间应尽量布置在原居住建筑内，如果居住建筑的空间较小，可以结合附近的仓房设置厕所，或者在不影响建筑整体风貌的基础上，在原有居住建筑的一侧加建厕所，但在仓房布置厕所或新建厕所的情况需要考虑室内的保暖，防止在冬季冻裂。木屋原有的功能单一，更新设计中在保持原有空间形式的基础上对功能进行更细致的划分。

5. 完善基础设施

锦江木屋村基础设施主要结合现有建筑、道路布局合理规划基础设施。设置要求需优先满足村落内文物建筑、历史文化要素的保护要求，不能对其产生不利影响。

1）给水工程

（1）锦江木屋村的用水主要包括生产生活用水、消防用水、绿化用水等方面。在原有给水工程的基础上应加大投入，保证每户都有水管入户。

（2）可选在新村区域规划设置供水站，完善供水管网，保证供水安全。

2）排水工程

（1）延续、完善现有传统排水方式和设施，尽可能

图6-3-47 院落单元整合平面示意图

利用现有排水渠，对各排水设施进行修缮。

（2）核心保护区内的主街道两侧修建排水明沟，明沟的尺寸为30厘米宽，30厘米深，主道路两侧设置沉降井，巷道修建单侧排水明沟。

（3）在建设控制地带的外围建造1~2个处粪池，同时铺设排水管道。木屋村现有一处小型的污水处理站，化粪池的处理物通过管道排入污水处理站，统一处理木屋村内的污水。

（4）尽可能增强附近河流的排水能力，充分利用地形，提高村落综合排水能力。

3）电力、电信工程

（1）锦江木屋村现有10kV电源引自漫江镇66kV变电站。随着村民生活质量提高和旅游业的发展，电力需求不断增加，需要在古村设置一处变配电房。

（2）合理规划变电站等电力设施用地，避免电力设施与乡村建设之间的矛盾。

（3）建议电气通讯管线入户后沿墙、柱、梁角处明线设置。

（4）电表等设施应避开建筑的主要立面，集中隐蔽设置，对过于突出的设备加设与立面协调的遮挡物。

4）环境卫生整治

（1）锦江木屋村现没有公共厕所，在规划中需要根据人口规模和用地规模建设两处公共厕所，公厕的布置应隐蔽且建筑形式应采用井干式的形式，与环境相协调。

（2）锦江木屋村内建议布置三处垃圾收集点，对生活垃圾进行分类集中收集，运送至漫江镇附近的垃圾中转站，垃圾点的位置应方便运输，尽量不影响游览路线的景观风貌。

第四节　新型城镇化背景下传统村落的保护与再生策略

一、新型城镇化的发展要求

我国拥有悠久文明发展史，各民族在长期的生产实践中创造了璀璨的华夏文明，在广袤的国土上分布着形态各异、各具特色的传统村落，成为中华民族延续至今的物质载体和赖以生存的精神家园。但是随着城市化热潮的推进，许多优秀的传统村落遭到"建设性"破坏，引起多方关注。未来我国城镇化仍然会保持快速发展，探索传统村落有效的保护与发展策略，在新型城镇化背景下有特别重要的意义。

"城镇化是指农村人口不断向城镇聚集的过程，其本质特征是农村人口的空间转换、非农产业向城镇聚集、农业劳动力向非农业劳动力转移"[1]。2012年，我国城镇化率已达到52.57%，推进城镇化已经提升到了国家战略层面。传统城镇化也存在诸多问题，主要体现为：城乡差距持续扩大，乡村地区日益凋敝；大量农业转移人口难以融入城市社会，市民化进程滞后；城镇用地粗放低效，规模结构不合理；资源大量消耗，城镇环境显著恶化等。

党的十八大提出了中国特色新型城镇化道路概念，党的十八届三中全会进一步指出"走出一条以人为本、公平共享、绿色低碳、集约智慧、文明和谐、城乡一体、生态宜居的中国特色新型城镇化道路"。新型城镇化，不同于传统城镇化，其内涵要旨有：与工

---

[1] 黄亚平，陈瞻，谢来荣. 新型城镇化背景下异地城镇化的特征及趋势[J]. 城市发展研究，2011（8）：11-16.

业化、信息化和农业现代化协同发展；人口、资源、环境、发展四位一体；城乡统筹发展；资源节约环境友好。新型城镇化以人为核心，更加重视城镇化质量，强调适度和健康的城镇化发展速度，其目标指向应是"集约、智能、绿色、低碳"。

新型城镇化强调城乡统筹、城乡一体化，要求城市带动农村发展，有利于破解城乡二元结构，促进资源在城乡之间的合理流动，有利于发展农村产业，留住农村劳动力，传承古村落文脉。城镇的发展带动古村落旅游的发展，为传统村落的保护积累物质基础。新型城镇化强调人与自然的和谐的生态文明，这与传统村落延续几千年的文化精髓相符合。从长远来看，在新型城镇化的指引下，传统村落能够得到有效的保护和切实的发展。

党的十九大提出了乡村振兴战略，作为决胜全面建成小康社会七大重大战略部署之一。实施这个战略与推进新型城镇化既不是对立的关系，也并非在侧重点上有所不同，而是你中有我、我中有你，相互补充、相互促进的关系。乡村振兴战略与新型城镇化都是建设现代化经济体系及至推进现代化建设的必由之路，两者不仅目标相同，推进手段也是一致和互补。实施乡村振兴战略，是为了保证有中国特色的城镇化过程与必然走向高度城镇化结果之间的一致性。

二、传统村落现状与问题

由于我国长期存在的城乡二元结构，一面是城市化的快速推进，城市人口、用地不断增加，城市面貌得到极大的改变；另一面是受农村劳动力大量外出、保护意识淡薄、盲目的城镇化等影响，传统村落正加速凋敝和损毁，处境堪忧。主要表现在三个方面：一是传统村落数量迅速减少，并有日益加剧的趋势，"从2000年至2010年，我国自然村由363万个锐减至271万个，平均每天消失80至100个"[①]；二是质量上加速衰亡，村庄发展缺乏动力，导致建筑老化破败，生态环境恶化，公共设施不足，公共交往空间消失等问题；三是特色上不断丧失，受到全球化和城市文明的冲击，传统的民间工艺、风俗节庆等被逐渐淡忘失传。其根源有长期的重城市轻农村、重经济轻文、重建设轻保护等思想因素。地方政府盲目追求城镇化速度，拆并村庄，强制农民上楼居住，建设大规模集中居住区；规划师设计手法抄袭趋同的"新农村建设"运动，不考虑人居环境的"村村通公路"建设；村民经济条件改善后的"拆旧立新"和"标新立异"等，这些行为都在破坏传统村落的古风古貌。

三、传统村落的保护与再生策略

（一）政府主导，政策照顾，制度保障

考虑传统村落保护的现实性和迫切性，村委、乡镇政府由于在政策、制度、资金、技术、规划认识等方面的局限难以肩负起传统村落的保护与发展的责任。建议传统村落保护工作由县级及以上政府直接负责，镇、村两级共同参与，建立健全传统村落保护相关法规与监督机制，加大保护专项资金的投入，提供专业的技术指导。

（二）整体保护，构建区域层面的保护格局

从区域历史文化的大视野中去把握传统村落产生演变，延续传统村落所根植的乡土文化；从区域层面，对传统村落所依附的山水环境进行整体保护，延续其场所特征，保护其标志性的景观要素和空间格局。

---

① 冯骥才. 传统村落的困境与出路[J]. 民间文化论坛, 2013（1）: 7-12.

（三）物质环境更新与村民生活改善相结合

传统村落保护不是将建筑原封不动地保护起来，"人"依旧是最核心的，是古村落赖以延续的根基。传统村落的发展不应该将原居民迁出，而是研究如何在保护的前提下，更好地改善居民物质生活环境，促进居民交往。

（四）坚持保护为主、适度开发的原则

正确处理保护与开发的关系，在保护的前提下实现可持续利用，达到二者"双赢"，将有价值的历史文化遗存转化成未来发展的机遇，并根据村落现状优势来合理发展。坚持适度开发的原则包括：一是由于文化遗产是不可再生资源，应在有效保护和不可以耗尽的前提下使用；二是文化遗产保护应与经济发展协调起来；三是将文化遗产保护与生态环境保护、农村产业发展统筹考虑，同步规划，综合治理。

（五）注重特色产业发展，发展村落经济

发展村落经济，增加村民收入，能为村落复兴提供物质保障，是传统村落摆脱困境的着力点。目前以都市居民为主要市场的古村落旅游正蓬勃发展，欠发达、起步较晚的传统村落可以通过文化旅游带动发展，利用悠久的历史建筑物、完整性的街巷空间格局、独特的地域文化，让游客在充分感知自然山水景观的同时，体验到传统村落蕴含的深刻的地方文化，促进村落经济发展。

（六）加强非物质文化遗产的宣传保护

在对非物质文化遗产详细调查基础上，运用文字、照片、录像、网络等方式，建立完整遗产档案；设置非物质文化遗产专项基金，注重传承人的培养，支持成立文艺社团，设立村落文化展示馆，新增公共活动表演场所，通过新闻出版、主题宣传、广告媒体等进行展示宣传等。

索引

聚落（村落名称）	地点	现存主体聚落形成年代	类型	规模（单位：平方公里）	户数/人口	民族	级别（历史文化名村名镇、第几批传统村落、文保等级等）	页码
乌拉古镇	吉林市（松花江流域）	1706年	城镇型聚落	188.00	72200人	满族	中国历史名镇名村（2008）、国家级文物保护单位	049
金家满族乡	吉林市	1949年以前	乡村型聚落	151.51	21880人	满族	—	061
叶赫满族镇	四平市	1573年	城镇型聚落	265.00	9371户/24716人	满族	中国历史名镇名村（2009）	065
长财村	龙井市（图们江流域）	19世纪70年代	乡村型聚落	2.16	126户/550人	朝鲜族	延边朝鲜族自治州传统村落	072
龙兴村	安图县（图们江流域）	20世纪30年代	乡村型聚落	7.91	174户/474人	朝鲜族	延边朝鲜族自治州传统村落	080
北大村	图们市（图们江流域）	20世纪30年代	乡村型聚落	7.20	86户/250人	朝鲜族	延边朝鲜族自治州传统村落	086
下石建村	图们市（图们江流域）	1885年	乡村型聚落	19.00	750人	朝鲜族	延边朝鲜族自治州传统村落	098
梨田村	长白朝鲜族自治县（鸭绿江流域）	1909年	乡村型聚落	8.20	200人	朝鲜族	长白朝鲜族自治县传统村落	116
三道阳岔村	白山市临江市六道沟镇（长白山区）	1949年以前	乡村型聚落	187.90	86人/286人	朝鲜族	中国传统村落（2014）	131
锦江木屋村	白山市抚松县漫江镇（长白山区）	1937年	乡村型聚落	5.00	34户/80人	满族汉族	中国传统村落（2013）、省级重点文物保护单位	141
珍珠村松岭屯	白山市临江市花山镇（长白山区）	1949年以前	乡村型聚落	40.18	325户/1071人	汉族	中国传统村落（2014）	148
夹皮沟村	白山市临江市六道沟镇（长白山区）	1949年以前	乡村型聚落	24.20	420户/1062人	汉族满族	中国传统村落（2016）	160
西小山村转头山屯	白山市临江市桦树镇（长白山区）	1949年以前	乡村型聚落	40.00	64户/144人	汉族	中国传统村落（2019）	167
火绒沟村	白山市临江市六道沟镇（长白山区）	1949年以前	乡村型聚落	59.95	105户/327人	汉族	中国传统村落（2019）	174

参考文献

一、专著

[1] 吉林省图们市地方志编纂委员会. 图们市志（1644-1985）[M]. 长春：吉林文史出版社，2006.
[2] 吉林省长白县地方志办公室. 长白朝鲜族自治县志 [M]. 北京：中华书局，1993.
[3] 朝鲜总督府.（近世）韩国五万分之一地形图（1917年绘制）[M]. 首尔：景仁文化社，1998.
[4] 朝鲜总督府. 朝鮮の聚落 [M]. 首尔：1933.
[5] 李澍田. 吉林乡土志 [M]. 长春：吉林文史出版社，1996.
[6] 金泽. 吉林朝鲜族 [M]. 长春：吉林人民出版社.
[7] 石硕. 藏彝走廊：文明起源与民族源流 [M]. 成都：四川人民出版社，2009.
[8] 周立军，陈伯超，张成龙，孙立军，金虹. 中国民居建筑丛书 东北民居 [M]. 北京：中国建筑工业出版社，2009.
[9] 藤山一雄. 满洲民俗图录第三集乌拉 [M]. 满洲修文馆，1940.
[10] 赵勤，吴广孝. 乌拉古镇 [M]. 长春：吉林出版社集团有限责任公司，2011.
[11] 张成龙，金日学. 长白山脉"山水城市"建筑文化与形态研究 [M]. 长春：长春出版社，2012.
[12] 日本建筑学会. 图说集落 [M]. 东京：都市文化社，1989.
[13] 韩国蔚山大学工科大学建筑学. 中国东北朝鲜族聚落及住宅调查研究——长财村 [M]. 蔚山：蔚山大学出版部，1995.
[14] 金俊峰. 中国朝鲜族民居 [M]. 北京：民族出版社，2008.
[15] 芦原义信. 街道的美学 [M]. 尹培桐，译. 天津：百花文艺出版社，2006.
[16] 藤山一雄. 满洲民俗图录第三集乌拉 [M]. 满洲修文馆，1940.
[17] 李澍田. 长白丛书 乌拉史略 [M]. 长春：吉林文史出版社，1995.
[18] 赵勇. 历史文化村镇保护规划研究 [M]. 北京：中国建筑工业出版社，2008.
[19] 阮仪三，王景慧，王林. 历史文化名城保护理论与规划 [M]. 上海：同济大学出版社，1999.
[20] 胡俊. 中国城市：模式与演进 [M]. 北京：中国建筑工业出版社，1995.
[21] 吴良镛. 北京旧城与菊儿胡同 [M]. 北京：中国建筑工业出版社，1994.
[22] 彭一刚. 建筑空间组合论 [M]. 北京：中国建筑工业出版社，1995.
[23] 彭一刚. 传统村镇聚落景观分析 [M]. 北京：中国建筑工业出版社，2005.
[24] 张复合. 中国近代建筑研究与保护（三）[M]. 北京：清华大学出版社，2004.
[25] Young-hwan, Park. 都市住居研究会. 異文化の葛藤と同化-韓国における「日式住宅」[M]. 东京：建筑资料研究社，1996.
[26] Robert Ezra Park, Ernest Watson Burgess. Introduction to the Science of Sociology [M]. Chicago: University of Chicago Press, 1921.
[27] Gordon, Milton. Assimilation in American Life[M]. New York: Oxford University Press, 1964.
[28] Glazer, Nathan and Daniel P. Moynihan, eds. Ethnicity: Theory and Experience [M]. Cambridge: Harvard University Press, 1975.
[29] [英] 罗宾·乔治. 科林伍德. 艺术哲学新论 [M]. 北京：工人出版社，1988.
[30] 史蒂文·蒂耶斯德尔，蒂姆·希斯 塔内尔·厄奇. 城市历史街区的复兴 [M]. 张玫英，董卫，译. 北京：中国建筑工业出版社，2006.

二、报告

[1] 前桥市立工业短期大学 持田研究室. 農家の四つ間取りの研究 [R]. 东京：日本新住宅普及会住宅建筑研究所，1976.

三、连续出版物

[1] 魏存成. 中国境内发现的高句丽山城 [J]. 社会科学战线，2011.
[2] 王绵厚. 高句丽的城邑制度与山城 [J]. 社会科学战线，2001.
[3] 张士尊. 清末"韩民越垦"与清朝"移民实边" [J]. 学术交流，2007.
[4] 徐明勋. 朝鲜族迁移东北过程初探 [J]. 黑龙江民族丛刊，1985（03）.
[5] 李元元，切排. 关于河西走廊多民族文化互动模式的分析——以阿克塞、肃北、天祝三县为例 [J]. 西北民族大学学报（哲学社会科学版），2011（03）.
[6] 张凤婕，朴玉顺. 造就东北地区汉族传统民居特色的社会文化环境初探 [J]. 沈阳建筑大学学报（社会科学版），2011（01）.
[7] 李世明. 乌拉古镇"后府"砖雕与石刻寓意探究 [J]. 美术大观，2019.
[8] 金日学. 朝鲜族民居空间特性研究 [J]. 吉林建筑工程学院学报，2011.
[9] 王纯信. 长白山漫江木屋探查、研究与保护 [J]. 通化师范学院学报，2013. 34（2）.
[10] 侯雁飞，翟敬源. 乌拉古镇历史文化遗产及价值探析 [J]. 北方文物，2010（1）.
[11] 刘希，佟菲. 吉林地区满族民居建筑雕刻工艺特征与文化传承研究 [J]. 科技展望，2016.
[12] 张丛葵，常乐. 历史文化名镇名村的保护与发展——以吉林省乌拉古镇满族镇保护规划为例 [J]. 规划师，2008.
[13] 刘晓林. 吉林乌拉古镇旅游景观设计策略探析 [J]. 旅游经济，2012（10）.
[14] 赵龙梅，朴玉顺. 浅谈井干式民居的构造特点——以吉林省抚松县锦江村为例 [J]. 沈阳建筑大学学报，2012.
[15] 黄亚平，陈瞻，谢来荣. 新型城镇化背景下异地城镇化的特征及趋势 [J]. 城市发展研究，2011（8）.
[16] 冯骥才. 传统村落的困境与出路 [J]. 民间文化论坛，2013（1）.
[17] 吴良镛. 关于建筑学未来的几点思考 [J]. 建筑学报，1997（2）.
[18] 肖帅，程龙. 吉林乌拉古镇满族镇的"三府"建筑 [J]. 古建园林技术，2010.
[19] 西村伸也，野口孝博，陆伟，朝野刚，铃木晋. 中国东北地区（大连、沈阳）住宅空间与居住方式研究——以炕和房间构成及居住方式为中心 [J]. 日本建筑学会大会学术讲演概要集，1994.
[20] 野口孝博，月馆敏荣，西村伸也，森下满，池上重康，冈本浩一，山下义行，邹广天，周燕. 以炕为中心的哈尔滨市近郊农村住宅空间构成及居住方式——中国东北部寒地居住方式研究1 [J]. 日本建筑学会大会学术讲演概要集，2002.
[21] 计文浩，野口孝博，西村伸也，月馆敏荣，陆伟，罗玲玲，森下满，池上重康，冈本浩一. 沈阳近郊农村住宅炕居住方式与空间构成——中国东北部寒地居住方式研究1 [J]. 日本建筑学会大会学术讲演概要集，2003.
[22] 山田文宏，西村伸也，野口孝博，月馆敏荣，林文洁，川岸升，棒田惠. 炕的认识及居住方式：关于中国东北农村居住空间构成研究1 [J]. 日本建筑学会大会学术讲演概要集，2006.
[23] 棒田惠，西村伸也，野口孝博，月馆敏荣，周博，川岸升，林文洁，山田文宏. 空间领域形成与炕、厨房构成考察——关于中国东

北农村居住空间构成研究2［J］. 日本建筑学会大会学术讲演概要集，2006.

［24］Jin Ri-Xue, Park Yong-Hwan. A Study on the Spatial Structure of the rural Dwelling Houses of China's Korean Ethnic［J］. Journal of Korean Society of RURAL Planning, 2009（12）.

［25］Jin Ri-Xue, Park Yong-Hwan. The research on the kitchen spatial structure in the rural China Korean ethnic group and their cooking and dietary way［J］. Journal of the Korean Housing Association, 2010（2）.

［26］Jin Ri-Xue, Park Yong-Hwan. The Research on the Spacial Formation and Evolution of 'Litian' Village Along the Yalu River［J］. Journal of the Architectural Institute of Korea Planning & Design, 2010（4）.

［27］Jin Ri-Xue, Zhang Yu-Kun. A Research on The Spatial Characteristics and Changes in Farmhouses of Ethnic Korean Chinese Origined From Ham kyeong do［J］. Journal of Korean Society of RURAL Planning, 2016, 27（2）.

四、连续出版物的析出文献

［1］周立军，卢迪. 东北满族民居演进中的文化涵化现象解析［C］//第十五届中国民居学术会议论文集. 西安：中国民族建筑研究会，2007（7）：152-155.

［2］郑潇. 历史性建筑与街区的改造与再利用［C］//建筑与地域文化国际研讨会暨中国建筑学会2001年学术年会论文集. 北京：中国建筑学会，2001（11）：338-348.

五、学位论文

［1］郑元喆. 高句丽山城研究［D］. 吉林：吉林大学，2010.

［2］苏光宇. "闯关东"之东北移民及其文化初探［D］. 济南：山东大学，2010.

［3］王飒. 中国传统聚落空间层次结构解析［D］. 天津：天津大学，2011.

［4］吴飞. 辽朝屯田制度研究［D］. 石家庄：河北大学，2014.

［5］董蕊. 清代吉林城的历史变迁［D］. 长春：东北师范大学，2018.

［6］李晶. 朝鲜族的认同意识研究［D］. 北京：中央民族大学，2007.

［7］迟明照. 近代东北自然环境与东北习俗文化［D］. 吉林：吉林大学，2007.

［8］饶旭鹏. 多民族杂居地区文化变迁研究［D］. 兰州：西北师范大学，2003.

［9］张所超. 乌拉古镇中心镇区建筑保护与更新研究［D］. 吉林：吉林建筑大学，2017.

［10］张浩. 基于文化生态学的吉林省传统村落保护规划研究［D］. 吉林：吉林建筑大学，2017.

［11］邢媛媛. 生态安全格局下的吉林省东部乡村聚落景观构建研究［D］. 吉林：吉林建筑大学，2018.

［12］崔晶瑶. 吉林省长白山地区传统村落保护与更新研究［D］. 吉林：吉林建筑大学，2018.

［13］梁玲玲. 小城镇建设中文物古迹保护研究［D］. 保定：河北农业大学，2001.

［14］金正镐. 东北地区传统民居与居住文化研究［D］. 北京：中央民族大学，2004.

［15］金日学. 中国朝鲜族居住空间的特性及变迁研究——以东北三省朝鲜族村落和住宅为研究对象（The research on the rural living space characteristics and evolution of Chinese Koreans -Focusing on the Chinese Koreans' villages and houses in provinces of Northeast China）［D］. 首尔：韩国汉阳大学，2010.

［16］Yang Seung-Jung. 中国朝鲜族农村居住空间特性研究——以吉林省龙兴村为中心［D］. 首尔：韩国汉阳大学，1997.

［17］郝吉. 朝鲜族传统村落在民俗旅游开发中的保护与更新——以龙井市长财村为例［D］. 吉林：吉林建筑大学，2017.

［18］林今花. 图们江北岸朝鲜族聚落空间及住宅形态变迁［D］. 清州：韩国清州大学，2008.

［19］韩聪. 气候影响下东北满族民居的研究［D］. 哈尔滨：哈尔滨工业大学，2007.

［20］卢迪. 东北满族民居的文化涵化研究［D］. 哈尔滨：哈尔滨工业大学，2008.

［21］王秋实. 严寒地区新夯土建筑设计与实践［D］. 吉林：吉林建筑大学，2017.

［22］乐东昭. 基于行为尺度的传统聚落外部空间研究［D］. 北京：北京建筑大学，2014.

［23］许诺. 湖南滨水传统村落空间组合研究［D］. 长沙：湖南大学，2014.

六、报纸

［1］周长庆，李泽. 探访"长白山最后的森林部落"［N］. 新华每日电讯，2004.

后记

"中国传统聚落保护研究丛书"是一套汇集全国各地优秀传统村落资料与村落保护经验的宝贵丛书。本丛书以省（区）为单位编写，以1949年以前的传统聚落为主要调研和编写对象，从聚落形成与发展、人文地理、空间格局、类型特点、功能构成、群体组合、聚落风貌、传统聚落保护策略等方面对传统聚落进行详尽地梳理和介绍，再现我国住居历史发展中人民的智慧成果，为中国传统居住文化的传承与发展提供更全面、翔实的研究资料。本书为其中的一个分册。

在吉林传统聚落的编写过程中，写作团队首先对吉林省各地区传统村落进行了摸排式调研，因为现有资料中很多村落人文信息并不翔实，村落历史无从考证，需要我们利用大量时间和人力去调研相关的基础信息。经过长达一年的调研，我们对吉林省各地区的聚落概况有了初步认识，经过多维比较筛选出若干典型聚落作为本书的编写对象。其筛选原则是首先关注村落的等级，考察其是否为国家级传统村落、名镇名村及重要的历史文化街区等；其次关注聚落人文的延续情况，关注特定人群在特定环境中的特定的地域文化形态；最后还要关注传承与演变，从发展的观点审视聚落的变因及时代意义，总结经验，提出合理的保护与更新策略。在典型聚落的选取过程中矛盾是必然的，比如有些国家级传统村落虽然景色优美，但常住人口较少，人文环境薄弱，历史文脉断裂，后期打造的痕迹较为明显；相反有些村落虽然没有名山大川，但朴素的人文世代传承，形成了独特的民族及地域文化。因此，在本书中也选择一些没有"称号"但特色较明显的聚落作为研究对象进行了调研与分析。

《中国传统聚落保护研究丛书　吉林聚落》一书共包含了三部分内容。第一部分为聚落的起源与历史演变，通过大量的考古学案例介绍吉林地区不同朝代典型聚落的特点及历史演变；第二部分为当代吉林省传统聚落特点与变迁分析，从地域分布、聚落选址、布局、空间、结构、脉络等方面进行详细分析；第三部分为聚落保护与再生的问题与对策，从理论与实践两个层面具体提出符合当代新型城镇化发展道路的传统聚落保护与更新策略。

鉴于吉林省传统聚落研究起步较晚、理论相对匮乏、调研任务繁重等客观原因，本书在研究与写作过程中联合了许多相关部门、学校的专家、老师和学生们参与编写工作。本书的作者金日学（大连理工大学）、李春姬（吉林建筑大学）负责前期调研、资料整理、文字撰写、联络协调、文字汇总等基础性研究工作。金承协（大连理工大学）、庄敬宜（吉林建筑科技学院）、张成龙（吉林建筑大学）、韩东洙（Hanyang University）、李之吉（吉林建筑大学）、张俊峰（吉林建筑大学）、吕静（吉林建筑大学)、李天骄(吉林建筑大学)、王一(吉林建筑大学)、金龙(吉林建筑大学)、金光虎(延边大学)、金俊峰(沈阳建筑大学)、尹禧相(延边大学科学技术学院)、Yang Seung Jung(Induk University)、Kim Seung Je(Kwangwoon University)、朴星德(吉林省延边东北亚建筑设计院有限公司)等专家学者为本书提供了宝贵的图文资料与技术指导。还有吉林建筑大学的研究生郝吉、张所超、崔晶瑶、何萍、赵晓琳、李未、周奥博、刘伟刚、周博生、张晃玮、张丽娜、黄茜楠、王雪哲、刘广鹏、魏伟平、郭京虎、屈潇楠、姜昆、宫秀峰、吴婉琳、张瑞桐、韩宇鑫、韩旭、吴玉迪、许馨月、李厚璞、郑童心、杨志奇、侯迎曦、洪瑶、王曦莹、张仕宽、刘义彤、孟令昭、鞠端阳、王光亚,长春工程学院研究生蒋忠良、于浩、董玉莹,以及吉林建筑大学的大学生创新创业课题组成员丁张超、李童谣、王琳、杨国楷、董欣媛、韩志惠、计昊天、董立玮、梁敏劼等本科学生参与了大量的前期调研与测绘、资料收集工作与部分内容的编写工作,其中郝吉同学负责长财村保护与发展部分的撰写,张所超同学负责乌拉古镇保护与发展部分的撰写,崔晶瑶同学负责锦江木屋村保护与发展部分的撰写。此外,吉林省文化和旅游厅、吉林省博物院等部门为本书撰写提供了聚落历史考古方案面的文献资料,各县市乡镇的主管部门为本书撰写提供了大量的传统聚落基础数据。历时三年经过反复修改和完善,《吉林聚落》终于完成。本书的面世与前面的许多部门、专家、老师、同学们的辛勤付出密不可分,凝聚着他们的心血和汗水。

尽管此书还存在着许多不够完整、不够深入、不够确切的缺憾,但它也是我们对吉林传统聚落的第一次系统汇总。希望这部书能够肩负起无比光荣的使命与责任,为吉林省传统聚落的保护与传承做出重要贡献。

图书在版编目（CIP）数据

中国传统聚落保护研究丛书. 吉林聚落 / 金日学，李春姬著. —北京：中国建筑工业出版社，2021.12
ISBN 978-7-112-26082-9

Ⅰ.①中… Ⅱ.①金… ②李… Ⅲ.①乡村地理—聚落地理—研究—吉林 Ⅳ.①K928.5

中国版本图书馆CIP数据核字（2021）第074483号

本书是一部研究1949年以前吉林地区传统聚落形态与居住文化的图书，包含了吉林地区古人类住居遗址空间形态考究与不同历史时期聚落形态的特点分析以及满族、朝鲜族、长白山等不同民族、地域传统聚落与民居形态的解析，纵横涵盖了吉林地区的各种聚落文化，具有普遍性与代表性。作者历经十年时间从地域及民族二维进行吉林传统聚落考究，调研了传统聚落200余个，测绘整理出传统聚落总平面30余张，绘制出传统民居平面630套。这些资料首次系统整理与精选，融入本书的各个章节中，资料内容新颖，历史跨度大，类型丰富。本书的完成将对吉林省传统聚落保护与传承、传统村落建设、乡村人居环境提升起到重要参考与指导作用。本书可供建筑、城乡规划、风景园林、文文地理、文物保护等相关专业的读者及文化旅游爱好者阅读。

扫一扫
观看本卷聚落视频资源

责任编辑：胡永旭　唐　旭　吴　绫　贺　伟　张　华
文字编辑：孙　硕　李东禧
书籍设计：付金红　李永晶
责任校对：王　烨

中国传统聚落保护研究丛书
吉林聚落
金日学　李春姬　著

*

中国建筑工业出版社出版、发行（北京海淀三里河路9号）
各地新华书店、建筑书店经销
北京锋尚制版有限公司制版
北京富诚彩色印刷有限公司印刷

*

开本：889毫米×1194毫米　1/16　印张：21　插页：7　字数：548千字
2022年12月第一版　2022年12月第一次印刷
定价：208.00元（含视频资源）
ISBN 978-7-112-26082-9
（36717）

版权所有　翻印必究
如有印装质量问题，可寄本社图书出版中心退换
（邮政编码100037）